Det Vita Ljuset

En Oändlig Potential

Det Vita Ljuset

EN OÄNDLIG POTENTIAL

Att förstå lagen om samhörighet

HELENA STEINER-HORNSTEYN

ACTIVALE BOOKS

Utgiven av Activale Books
8466 Lockwood Ridge Road, Suite 203
Sarasota, FL 34243 / USA
Email: activale@gmail.com
Website: www.FindingYourInnerLight.com

ISBN: 978-0-9965689-6-8

Originalets titel: *The White Light — A Limitless Reality*
Understanding the Law of Togetherness

Översättning: Inga och Karl Gustaf Levander

Omslag: Margaret Copeland

Omslagsbild: Helena Steiner-Hornsteyn

Alla berörda namn är fingerade och överensstämmer inte med verkligheten.
Alla händelser däremot är verkliga.

Innehåll

Förord

Jag undrar i mitt stilla sinne, är Helena Steiner-Hornsteyn en framtidsmänniska? Hennes förklaring att det finns en nåbar, oändlig, potential bortom tid och rum, en samlande enhet, inom var och en av oss, i allt levande känns rykande modernt och påminner om kvantfysikens. Kanske är det dit vi är på väg? Kanske det är människans framtida uppgift, att se och förstå och förlita sig på livets oändliga potential som finns inom allt och alla. Kan det ge oss underbara healinggåvor och försätta oss i harmoni med vår omvärld. Är det svaret på vår längtan?

Den här boken är en hyllning till oss alla och de underbara möjligheter som livet ger. Helena Steiner-Hornsteyn berättar levande och enkelt om hur livet ingrep i hennes eget öde och steg för steg förde henne in på healerns okända väg. Hon ville vara vanlig, hon kämpade emot. Men till slut fogade hon sig, och blev livets ödmjuka lärjunge och tjänare. Hon upptäckte att samma vita ljus som hon hittat inom sig själv finns inom alla levande varelser. Hennes healingmetod består i att inte stå i vägen utan låta ljuset göra sitt.

Hennes önskan är att föra människor tillbaka till oss själva, en utveckling som hon själv har genomgått. Hon står inte vid sidan om och pekar, utan befinner sig mitt i det gnistrande sprakande livet — ljuset. Hon gör inte anspråk på att ha utforskat och förstått det. Återger bara de effekter som hon genom sin tillit och oförvägenhet fått bevittna. Hennes berättelser om människor, men också om djur — hundar, katter, hästar, kor, som hon mött och hjälpt till att läka, blir kvar länge hos mig efter att jag lagt ifrån mig boken.

"Vår framtid kanske inte står att finna i den tid som ligger framför oss. Den kanske finns att hittas i våra inre dimensioner, där all högre kunskap hör hemma och där vi kan vidareutforska olika versioner av liv, tid och rymd. Det finns alltid så mycket mer insikt och vetande bortom vår begränsade mänskliga horisont", skriver författaren.

— ANNA BORNSTEIN

Författarens Förord

D enna bok representerar en hel livstids erfarenhet av andliga upplevelser om hur man kan tillämpa de andliga insikterna för att hjälpa sig själv och andra. Jag hade aldrig planerat att gå in på den väg som kom att bli min livsbana. Jag hade aldrig hört talas om begreppet healing eller att det fanns en möjlighet att praktiskt tillämpa de andliga principerna. Jag kom från en värld av materialism och filosofiska begränsningar och hade ingen religiös tro. Men Anden ville annorlunda och jag fick gå igenom den ena påfrestande och oväntade livsförändringen efter den andra för att jag skulle ändra mig och få en bättre förståelse för livet. Helt obegripligt studerade jag plötsligt till präst, blev prästvigd, doktorerade inom området tills jag slutligen landade på min ovanliga yrkesbana som andlig healing coach, ett för mig tidigare helt okänt arbetsfält.

Vi lever i en värld av begränsning och för vissa kan innehållet i boken förefalla ofattbart. Ändå var det så det hände. För att komma in på det sanna området av andlighet måste man bryta sig ut ur den gamla ramen av begränsning, helt ge sig hän och uppleva världen på ett nytt sätt utan att döma, kritisera och värdera. Först då kommer vi till den medvetenhet där man kan UPPLEVA Ljuset...Ja, att det finns en Gud...Men inte den Gud som vi har fått lära oss om av andra. Utan Gud som en positiv kraft som finns inom oss alla och som alltid har funnits inom oss: Vårt inre Ljus. Använt på rätt sätt kan det Ljuset framkalla det goda och hälsosamma i vårt liv och skapa just de mirakel, som vi läser om i Det Vita Ljuset — En verklighet utan gränser. En medryckande och spännade resa om hur vi kan finna och använda Ljuset för vårt eget bästa var vi än befinner oss.

Mina healingerfarenheter är baserade på individuella healingsessioner med mer än 40,000 kvinnor, män och barn över hela världen samt min egen omfattande resa genom livet.

— HELENA STEINER-HORNSTEYN
Sarasota, Florida, USA

"Om vi inte skriver in medicinsk behandlingsfrihet vid sjukdom i konstitutionen kommer läkekonsten en dag att urarta till en hemlig diktatur där privilegiet att läka och hjälpa andra förbehålls en liten grupp medicinskt utbildade, men förbjuds alla andra. I vår konstitution måste frihet att välja läkemetod tilldelas samma vikt som religionsfrihet."

— Dr. Benjamin Rush, läkare, politiker, och undertecknare av The Declaration of Independence/ USA år 1776. Invald 1797 i Kungl. Svenska Vetenskapsakademin som utländsk ledamot. (Wikipedia)

∞

"Unless we put medical freedom into the Constitution, the time will come when medicine will organize into an undercover dictatorship to restrict the art of healing to one class of men and deny equal privileges to others; the Constitution of the Republic should make a Special privilege for medical freedom as well as religious freedom."

— Dr. Benjamin Rush, politician, social reformer, physician and signer of the Declaration of Independence (USA) in 1776.

Prolog

A llt skedde så snabbt när jag tappade balansen och föll överbord att jag först inte förstod vad som hade hänt. Bara att jag plötsligt befann mig i oceanens stora vågor och kämpade febrilt för att hålla mig ovanför vattenytan. Jag kippade efter luft medan jag virvlade runt, runt i vattnet och försökte förstå vad som var upp och vad som var ner när vågorna fick mig i sitt grepp. Saltvattnet trängde sig in i min näsa och mun, och jag fick svårt att andas. Jag blev mer och mer medtagen och min kropp började kännas väldigt tung. Det var med ansträngning som jag försökte andas — om jag bara kunde få vila ett litet, litet ögonblick.

Plötsligt förstod jag att jag inte skulle kunna klara det längre. Min kropp blev bara tyngre och tyngre. Jag behövde luft, mer luft. När jag märkte hur krafterna började försvinna slöt jag ögonen och slutade att kämpa emot. Ingenting betydde något längre. Det spelade ingen roll, jag kunde inte längre på något sätt kämpa emot de stora vågorna.

I det ögonblicket blev vattnet stilla omkring mig, vågorna slätades ut och ett stort klot av ljus trädde fram i

1

luften precis framför mig. Ögonblicket senare blev jag helt innesluten i ljuset och när jag tittade upp uppenbarade sig plötsligt två stora änglar, en på var sida om mig. De bar fotsida vita dräkter och deras hud verkade så ren och klar, precis som genomskinligt vitt porslin.

Änglarna svepte in mig i något som liknade en gyllene kappa och jag upplevde genast att jag var varm och trygg. Jag bara visste att allt till slut skulle bli bra. Änglarna talade om för mig att de tänkte föra mig till en speciell plats där jag kunde känna mig trygg och säker och att jag inte skulle bekymra mig. Från det ögonblick de hade sagt så kände jag mig trygg och lugn. Och utan att tveka slöt jag ögonen igen och slappnade av fullständigt för nu visste jag att allting skulle bli bra.

Jag kommer inte ihåg hur jag kom dit, men helt plötsligt befann vi oss på en äng fylld med stora, blå blommor och jag hörde musik strömma ut från de träd som omgav ängen. Allt jag såg var så skinande och ljust, som om det var gjort av Ljus.

Så snart jag klev ut i det gröna gräset på ängen flög små vita och blå fåglar ut från träden som omgav mig. Fåglarna satte sig på mina armar och axlar och började sjunga. Jag kände att de sjöng bara för mig.

Jag frågade änglarna om jag var i himlen. Änglarna svarade att jag var i "Landet mellan Dimensionerna."

Jag hörde dem aldrig tala till mig i ord — inte heller hörde jag någonsin mig själv tala till dem med ord — men jag visste att vi talade med varandra. Allting var så behagligt varmt och ljust och ett strålande ljussken lyste igenom allt som visade sig omkring oss.

Medan jag vandrade ytterligare några steg tillsammans med änglarna, berättade de för mig att jag hade fått ett val att jag kunde antingen komma med dem och fortsätta mot det Stora Ljuset, eller också, om jag föredrog det, gå tillbaka till samma värld som jag just lämnat bakom mig.

Det kändes så tryggt att vara tillsammans med änglarna. Jag såg ingen anledning att inte fortsätta tillsammans med dem mot det Stora Ljuset, så jag gick vidare med en ängel på var sida om mig.

Medan vi fortsatte mot Ljuset for plötsligt en skarp smärta genom mitt hjärta. Och helt oväntat dök den värld upp framför mig, som jag hade skapat under åren med alla mina handlingar och drömmar, och jag mindes genast hur jag innerst inne njöt av mitt liv.

Ansiktena på dem som jag älskade visade sig för min inre blick och smärtan i hjärtat tilltog. Jag blev förvånad eftersom jag inte trodde att det kunde vara möjligt att känna den typen av smärta när man är tillsammans med änglar. Men änglarna talade om för mig att hjärtat är den enda delen av vår kropp där känslor fortfarande kan upplevas när vi befinner oss i Landet Mellan Dimensionerna eftersom hjärtat är den plats där vi gör våra val, våra sanna val.

Jag fortsatte att gå tillsammans med änglarna mot något som verkade vara en soluppgång när ytterligare ett hugg av smärta for genom mitt hjärta, vilket gjorde det omöjligt att gå vidare. Jag stannade, oförmögen att ta ett enda steg till, och änglarna slutade också att gå.

Plötsligt hade jag gjort mitt val: Jag ville inte följa med dem längre. I den stunden kände jag ett behov av att göra mycket mer med mitt liv och förstod att det fortfarande fanns ett sätt där jag skulle kunna skapa mig en ny framtid i en värld som jag fortfarande kände att jag älskade så mycket.

Från ett ögonblick till nästa kändes det som om en gnista av Ljus hade börjat skina inom mig och jag tog det som en uppmuntran att börja om från början med mitt liv. Jag var mer än säker på att jag ville ha mitt liv tillbaka, och jag fylldes av en stark längtan som flödade genom mig: Jag var beredd att börja om på nytt. Men den här gången skulle jag skapa min tillvaro på ett annorlunda sätt.

Änglarna sa ingenting. Jag visste att de observerade mig medan de väntade på mitt slutliga beslut och jag förstod att de hade kommit med mig enbart för att hjälpa mig med mina val. Jag kände mycket starkt att det var viktigt att jag gjorde mitt eget val.

Nästan omedelbart var vi tillbaka på ängen med all musik och de små fåglarna i träden. Fåglarna sjöng fortfarande men de flög inte mot mig för att hälsa på mig som de gjort tidigare. Änglarna tog av mig min gyllene klädnad och jag kommer ihåg hur jag genast blev medveten om min kropp igen. Jag kände en lätt kyla och den behagliga värme som jag hade njutit så mycket av tidigare var nu borta. När jag vände mig om för att säga adjö till änglarna märkte jag att allt jag hade sett runt omkring mig, änglarna, fåglarna och den vackra ängen, plötsligt var borta — hela bilden av Landet Mellan Dimensionerna hade fullständigt försvunnit på bara ett kort ögonblick.

... och jag vaknade långsamt upp.

I mitt nyvaknade tillstånd uppfattade jag fortfarande allting runt omkring mig som i ett vitt dimmigt skimmer, men det bleknade snabbt bort allteftersom sekunderna flöt förbi. Jag tog några djupa andetag och allting kom långsamt tillbaka till mig:

Jag hade gått igenom en tandoperation för att ta bort en besvärlig visdomstand, och när jag sakta vaknade upp från min anestesi på uppvakningsavdelningen kändes det som om jag hade varit på en lång, lång resa och besökt en annan värld. Och det var kanske inte så långsökt. Som jag fick veta senare på dagen hade anestesin tagit ett starkare grepp om mig än väntat, och det blev en del bekymmer för det kirurgiska teamet, men i slutändan gick allt bra.

Bara några veckor tidigare hade min första man omkommit i en bilolycka, och jag blev en ögonblicklig och oförberedd änka. Från det ena ögonblicket till det andra hade jag hamnat i en värld där allt hade rasat samman för mig, och jag var orolig och vilsen över hur jag skulle handskas med mitt liv. Som ett resultat av min makes död var jag övertygad om att jag hade misslyckats på min livsväg och att det inte fanns något mer jag kunde göra med mitt unga liv.

På många sätt kändes det som om jag hade befunnit mig i trygghet ombord på ett stort fartyg och hade kastats ner i ett stormigt hav där stora hotfulla vågor rullade in över mig, överväldigade mig, och nästan kvävde mig till döds.

Var historien med änglarna verkligen en dröm?

Eller var det en verklighet i en annan dimension i mitt inre?

Officiellt har jag valt att kalla mitt äventyr med änglarna för en dröm. Men djupt inom mig visste jag att jag hade förts in i en dold verklighet som finns inom vårt inres många dimensioner.

När jag med all den kunskap som jag har i dag ser tillbaka på drömmen tror jag att jag upplevde en annorlunda verklighet inom den djupaste delen inom mig själv, "mitt sannaste Jag", en plats som jag har kommit att se som en glänsande kärna av Ljus någonstans inom mig.

Med tiden har mitt förhållande med det inre Ljuset fördjupats och har fått mig att se på min värld på ett annorlunda sätt, och därmed skapat en djupare och mer utbredd verklighet för mig. Jag vet att var och en av oss har en chans att uppleva just den här gränslösa verkligheten, om vi bara har mod att ge den en chans.

Genom drömmen väcktes en stark känsla till liv inom mig, en högre form av förståelse för någonting odefinierat och stort, som jag bara kan kalla "Någonting Mer." Detta Någonting Mer var så mycket större och mer djupgående än mitt mänskliga resonerande.

Jag tror att vi alla har möjligheter att finna den hjälp vi söker, om vi vänder oss "inåt" och kontaktar våra *sanna* känslor, innan vi kastar oss ut i världen och bort från oss själva. För när vi försöker leta efter vår framtida lycka och framgång finner vi snart att källan till den sanna lyckan finns just *inom* oss.

Och när den starka längtan efter att vår dröm ska gå i uppfyllelse blir tillräckligt stark kommer denna dolda källa inom oss att göra sig påmind inför oss och då kan vi se på livet och verkligheten med nya ögon. Nu många år senare tror jag till och med att det Vita Ljusets dimension inte bara lever inom oss alla, utan vi är också omgivna av den. Den är energin i "det som är" omkring oss och vi är alla en del av samma energi. Vi är en del av "den" och "den" är en del av oss igenom evigheten — en evighet som vi, återigen, redan är en del av.

För de flesta som hör historien för första gången kommer mina upplevelser i Landet Mellan Dimensionerna att te sig sagolika. Men för mig visar de en magnifik del av det mångdimensionella jaget och hur fascinerande livet kan vara när vi inser den gränslösa storheten inom oss.

Effekten av min ängladröm blev att jag sammankopplades med någonting större och bättre, långt utöver mina mänskliga föreställningar, och något som också visade mig att vi är så mycket mer än bara en fysisk kropp. Det som vi kallar för vår själ och som vi inte riktigt kan definiera på grund av begränsningen hos våra mänskliga ord, denna själ består egentligen av en verklighet långt bortom vårt intellektuella förstånd och uppfattningsförmåga.

Men framför allt fick jag ett budskap om Kärlek. Villkorslös Kärlek. Jag lärde mig att jag ska följa känslan i mitt hjärta när jag gör mina val — utan att döma och utan förutfattade meningar. Och utan begränsning.

Naturligtvis hade jag fortfarande många frågor om verkligheten. Vad är verklighet, var börjar den och var tar den slut? Verkligheten anses vara det som finns runt omkring oss, det som vi kan se, höra, beröra och känna, sakers aktuella tillstånd. Men hur är det med erfarenhet? Vad händer om min erfarenhet skiljer sig från andras erfarenhet och jag ser min verklighet som verklig — vilket den naturligtvis också är. Har någon rätt att säga att den här verkliga delen av mig själv inte gäller eftersom han eller hon inte har haft min erfarenhet?

Vem bestämmer vad som är verklighet? Eller vår unika verklighet?

JAG?

Du?

Någon annan?

Och varför någon annan?

Min verklighet baseras på min egen erfarenhet som sträcker sig över en hel livstid. Oavsett vilken kunskap jag fick och vad jag lärde mig under min tidiga barndom, så är min egen erfarenhet genom åren fortfarande grunden till hur jag accepterar och förstår livet runt omkring mig. Och detta är vad jag kommer att berätta om på de följande sidorna.

1

Liv eller Död — Ljusets sätt att ingripa i en stund av fara

"I mig finns en plats som ser allt och vet
allt. Det är mitt inre ljus, Urkraften
inom mig. Detta är min högre potential
— och min allra bästa vän"

D et var en tidig fredagsmorgon under den värsta morgon-
rusningen på motorväg I-95, en högtrafikerad, bred trafik-
led som skär genom södra Florida som ett kraftfullt energiband
med sex körfält söderut och sex körfält mot norr.

Jag var på väg mot Palm Beach, beläget omkring en timmes
körning norr om Miami för att som vanligt ge privata konsulta-
tioner och en föreläsning för en grupp i området.

Just den här dagen verkade trafiken vara mer intensiv än
vanligt, men naturligtvis, det var ju fredag morgon och luften
var laddad av upphetsade bilister som alla hade bråttom och ville
komma fram så fort som möjligt. Jag var tvungen att inte bara
rikta all min uppmärksamhet på alla framrusande bilar omkring
mig, utan även se till att min egen körning anpassade sig till

den intensiva trafikströmmen. Trafiken var nyckfull och det var omöjligt att hålla rätt avstånd mellan bilarna, men så brukade det vara på just den här motorvägsträckan som bland många anses vara en av de farligaste vägarna i hela västvärlden. Långsamt försökte jag arbeta mig över till filen längst till vänster, där jag inbillade mig att jag skulle få köra mer ostört. Men det var omöjligt att byta fil i den täta trafiken, så jag blev kvar där jag befann mig mellan en lastbil och stor jeep i väntan på möjligheten att så småningom flytta vidare till de andra körfälten.

Jag var nöjd med min dag, mitt arbete och mitt liv. Jag var framgångsrik som coach i energihealing och arbetade dagligen med klienter från hela världen, mest per telefon och Internet, och körde belåtet vidare medan jag tryggt nynnade med i de latinska tonerna som strömmade ut ur bilradion från min favoritstation i Miami.

Jag vet inte vad som utlöste det, förmodligen en nyhetsglimt på radion, vilken som vanligt tog upp de senaste politiska händelserna och privata skandalerna. Medan en tanke ledde till en annan påmindes jag plötsligt om ett rättsfall som jag hade hört talas om några dagar tidigare: En äldre kvinna hade felaktigt tagit över en fastighet från en mycket yngre kvinna, en ensamstående mor som var den rättmätiga ägaren. Men den äldre kvinnan hade anlitat ett juridiskt team från den advokatbyrå som tidigare under året hade donerat en stor summa pengar till omvalskampanjen för den sittande domaren för att representera henne. Naturligtvis, som jag såg det, var domaren därför partisk med de advokater som hade stöttat honom i valet och dömde mot den yngre kvinnan, som förlorade sin egendom.

Det borde inte vara så — den yngre kvinnan var den rättmätiga ägaren till fastigheten. Det verkade uppenbart att en rättegång inte ens borde ha ägt rum. Tvisten i fallet var så orättvis och så emot varje begrepp om mänsklig ärlighet att en våg av genuin ilska sköljde genom min kropp. Rättsfallet var inte mitt problem, men jag har aldrig hanterat orättvisa handlingar bra, och en explosion av känslor började rusa genom mitt sinne, ta över mina tankar och flöda genom hela min kropp. Jag kommer fortfarande ihåg min ilska, jag var inte bara arg på domaren, advokaterna och den äldre kvinnan som hade gjort sina oseriösa påståenden, utan jag var också genuint besviken på hela rättssystemet som gjort det här möjligt.

Och all den energi som jag brukar omsätta i handling att hjälpa och kurera andra människor förändrades dramatiskt till en mycket negativ och destruktiv energi. Jag kunde inte släppa taget. Jag hade svårt att acceptera att en försvarslös och oskyldig person ännu en gång skulle vara hjälplös i vårt materiella samhälle av makt och favörer. Svårast för mig att acceptera var att sådant händer om och om igen i vårt samhälle, och att vi maktlösa bara måste acceptera att det förekommer. Jag nästan darrade medan jag höll i ratten och reagerade inte tillräckligt snabbt inför det plötsliga "plinget", ett ljud som jag aldrig hade hört förut under körning. Jag minns än idag hur det där "plinget" kom från någonstans inne i instrumentpanelen framför mig ...

Jag var helt koncentrerad på den tunga trafiken runt omkring mig, men något ögonblick senare insåg jag att alla varningssignaler på instrumentpanelen lyste rött. Jag hade aldrig sett något liknande hända tidigare under körning, så när jag såg det förstod jag därför inte att något kunde vara förfärligt, fruktansvärt fel med bilen. Ytterligare några sekunder gick och bilen fortsatte att rulla framåt med samma höga hastighet som tidigare. Till och med lite för fort för den trafik som jag var omgiven av, så jag försökte sakta ner genom att trampa på bromsen. Men ingenting hände. När det inte fungerade försökte jag ännu en gång. Återigen hände ingenting. Jag kunde inte ens trampa ner bromspedalen. Ögonblickligen förstod jag att bromsarna låst sig, de fungerade inte, de var helt ur funktion. En iskall kyla svepte över mig. Jag befann mig mitt i rusningstrafik på en överbelastad motorväg, och jag kunde inte ens sakta ned farten på den bil jag körde.

Jag greps av panik. Vad hade hänt? Vad var det för fel? Vad kunde jag göra?

Panikslagen tryckte jag på alla knappar jag kunde tänka mig. Och jag blev ännu mer nervös när jag insåg att ratten inte heller fungerade. Den var också låst. Jag kunde inte ens öppna fönstren för att signalera till andra medtrafikanter att jag hade problem. Inte heller blinkers eller något annat fungerade. De röda lamporna på instrumentpanelen var endast varningslampor som talade om för mig att även om systemet var anslutet, så fungerade det inte. Och vad var det för nytta av att veta det när det inte fanns något jag kunde göra?

Ingenting fungerade vad jag än gjorde. Alla sorters tankar rusade genom mitt huvud... Hade motorn skurit? Men startnyckeln gick inte att vrida om, den satt fast — liksom allt annat i bilen. Jag försökte både det automatiska och manuella sättet att växla tillbaka till parkering, till neutral, till.... någonting... till "vadsomhelst." Tyvärr var växellådan också låst och bilen förblev stadigt fast i samma växel.

Bilen förlorade lite fart, vilket saktade ner trafiken bakom mig, och skapade redan ett osäkert tillstånd på körbanan.

Bilder från hela mitt liv blixtrade förbi, och tankar rusade genom mitt huvud allt snabbare. Panik är en otrolig mekanism för att sätta våra sinnen i spinn. Hela mitt liv passerade snabbt revy. Jag upplevde att jag höll på att förlora mitt liv och hjälplöst letade jag efter något att klamra mig fast vid, men jag förblev desperat i min ensamhet.

Trafiken tätnade omkring mig, fler lastbilar med ännu mindre utrymme mellan fordonen — en osäker "stötfångare mot stötfångare"-situation utan något utrymme för någon annan bil att tränga sig emellan.

Vägen hade varit ganska rak hittills, men nu började den svänga åt höger. Jag kunde ju inte styra och var tvungen att stanna kvar i mitt körfält för att följa trafiken. Men hur skulle jag kunna göra det?

Jag var tvungen att inse den fruktansvärda sanningen: Jag befann mig i en skenande bil mitt på en sexfilig motorväg under veckans mest intensiva rusningstrafik på en av de värst trafikerade vägarna i världen. Bilen jag körde var en leasad rejält utrustad helt ny bil och gjord för att hålla under lång tid. Ingenting hade gått fel förut, och ingenting kunde man anta skulle gå fel.

Nu hade hela datasystemet slagits ut och allting hade avstannat inne i bilen, även om hjulen fortfarande snurrade framåt i hög fart.

Bilen började skära in i filen på min vänstra sida. Jag kunde inte hjälpa det, det bara hände. Det fanns ingen chans att alla andra bilar skulle kunna stanna på sekunden.

I det ögonblicket *visste* jag bara att jag skulle orsaka en fasansfull trafikolycka. Jag skulle dö och många andra skulle bli skadade, kanske dödade .... All trafik skulle stå stilla under flera timmar framöver och man skulle ge mig skulden för vårdslös körning, och ingen skulle veta vad som verkligen hänt. Min familj skulle få höra att jag hade förorsakat en hemsk olycka, och de skulle behöva leva med den belastningen till slutet av sina dagar. Även i det här förtvivlade ögonblicket var det oacceptabelt för mig.

"Nej, nej, nej!" skrek jag. "Så får det inte vara!" Jag svettades, mitt hjärta rusade. "Nej, nej! Inte nu, inte nu ...!"

Jag minns inte om jag skrek det, eller bara andades det. Jag hade ingen aning om vad som skulle ha varit rimligt eller möjligt (eller omöjligt) för att klara av den här situationen, även i en bil där allt fungerade korrekt. Jag vet inte ens varifrån jag fick styrkan att protestera och att så blankt tillbakavisa det oundvikliga.

Märkligt nog gjorde jag det ögonblickliga valet att vända stunden av djupaste förtvivlan till ett ögonblick av Ljus, och ingenting annat än Ljus. Ingen tvekan, ingen rädsla — bara omge mig själv med intensivt glänsande Ljus, och helt låta Ljuset ta över och ta hand om hela situationen. För mig är det Vita Ljuset Anden, Källan, Urkraften, Gud, den högsta makten i universum — en energi så enorm att vi bara kan förstå den som ett rent Vitt Ljus bortom alla gränser.

Jag är fortfarande inte helt säker på vad som hände, men på något sätt förändrades allting som höll på att ske omkring mig genom mitt innerliga rop på hjälp. Det ropet kom från djupet av mitt hjärta, i själva verket en bön för att det som höll på att ske skulle förändras och ta en annan riktning. Just i det kritiska ögonblicket satte jag Ljuset först, rent och klart utan tvivel, vilket gjorde att saker och ting skedde på ett annorlunda sätt.

Det blev ingen stor krasch.

Bara Ljus.

Överallt ...

Det är allt jag kommer ihåg.

Även om några år har gått sedan allt det här hände kan jag fortfarande minnas hur jag, så fort jag tagit beslutet, blev medveten om ett bländvitt lysande Ljus runt omkring mig. Jag var en del av det Ljuset och det var en del av mig och det fanns bara vi. Det verkade som om jag hade fått omedelbar kontakt med något större och mäktigare än mig själv.

Då jag tänkt tillbaka på just det ögonblicket har jag förstått att jag åstadkom en förändring i min verklighet. Inom bråkdelen av en sekund förändrade jag min stund av död och förödelse och beslöt spontant att det ödet var oacceptabelt för mig. I samma ögonblick valde jag att vara i Ljuset långt borta från allt mörker

— att fullständigt ge mig hän åt Ljusets kraft, och villkorslöst förlita mig på att allt skulle gå bra. För det fanns ingen annan väg.

Några ceremonier var inte nödvändiga, inte heller fanns det någon tid för riter eller speciella ord. Min begäran var rakt på sak och från hjärtat. Jag litade på att Ljuset skulle finnas där för mig och fylla varje cell av min varelse med denna högsta energi. Det fanns inte någon tid för annat. Inga andra möjligheter. Bara släppa taget, tona in, och förlita mig på Ljuset så skulle jag vara trygg och säker.

Jag kapitulerade. Jag accepterade. Jag hade total tillit. Omedelbart. Just i det rätta ögonblicket.

Ödmjukt och med en stark längtan efter att vara i Ljuset lät jag det hända — och ignorerade helt det som dessförinnan var ämnat att ske. Universums högre kraft återställde nu allt omkring mig till ett tillstånd av balans, där inget annat betydde något eller ens existerade. Det enda som gällde var att jag befann mig i en solid *gemenskap* med Anden, Gud, Urkraften, Ultimata Kärleken, Universums vita Ljus — kalla det vad du vill, det finns fortfarande bara en enda yttersta makt. Jag hade lämnat allt i händerna på denna Högre Makt, eftersom jag visste att det fanns absolut ingenting annat jag kunde göra utifrån mina mänskliga begränsningar.

Så snart Ljuset tog över kände jag mig skyddad och säker, åtminstone tror jag mig minnas att jag gjorde det, eftersom jag inte riktigt kan komma ihåg de följande minuterna. Jag befann mig fortfarande i förarsätet och visste att bilen rusade över de andra körfälten, nästan som om jag från ovan kunde se hur den korsade snabbfilen längst till vänster för alla snabbkörande bilar. Jag hörde tutande signaler och gnisslande däck från bilar som försökte bromsa, men jag såg ingenting — även om jag vet att mina ögon måste ha varit öppna. Jag körde inte bilen. Ingen människa skulle ha kunnat hantera den uppgiften, att på ett säkert sätt föra mig över körfält efter körfält, alla fyllda med tät "stötfångare-mot- stötfångare"- trafik i hög hastighet. Alla vet att det inte finns något utrymme för varken avbrott eller förändring av något slag i en intensiv rusningstrafik i ett storstadsområde.

Allt hände inom bråkdelen av en sekund: Från det ögonblick då jag insåg att jag befann mig på en överfull motorväg i en ohejdbar och okontrollerbar bil, som var helt oemottaglig för alla åtgärder, och där jag visste att det inte fanns någon väg ut. Till det ögonblick då Ljuset tog över och levererade mig säkert över alla filer till andra sidan vägen, var bara en fråga om sekunder. Några sekunder som jag i samma ögonblick fått som gåva av Universum, så att jag snabbt kunde bestämma mig för vem jag verkligen var, kunde lita på min tro och uppnå frid i mitt hjärta. Det var dags att tala om vilken riktning jag hade valt för att bekräfta min levnadsväg.

Under de korta sekunderna hade jag visat vem jag egentligen var och vad jag stod för, så jag beslöt mig för att göra ett nytt val, mot Ljuset och bort från de mörka konsekvenser som jag var på väg emot. Jag hade valt att be om extra tid i den här verkligheten som jag lever i just nu, och lyckligtvis fanns där precis en bråkdel av en sekund kvar för mig att göra mitt slutgiltiga val att fortsätta i den här livstiden. Det var mitt val att ta kontakt med det Vita Ljuset och få det att omge mig. Det var också mitt val att låta det lysa över mig, att acceptera det som en del av mig och förstå hur jag var en del av det.

Ingen tid för ceremonier eller bön, ingen tid för affirmationer, ingen tid att följa mänsklig logik och absolut ingen tid för tvivel. Det här var viktigt och rakt på sak.

Jag hade absolut ingen makt över situationen, även om jag fortfarande höll mina händer på ratten, och alla som såg mig från andra bilar måste ha trott att jag hade kontroll över min situation. De hade ingen aning om sanningen i det ögonblicket. Jag var lugn, fullständigt lugn — kanske var jag helt enkelt förlamad av chocken. Det Vita Ljuset hade dragit in mig i sin egen speciella frekvens, och det kändes bra på det sättet. Jag kan inte ge någon annan förklaring till det som hände. Det är lätt att använda alla de beskrivande och vackra orden åratal senare. Naturligtvis tänkte jag dem inte vid den tidpunkten. Det var ett ögonblick i tiden då jag hade gjort ett val och jag levde intensivt det valet i just det ögonblicket. Ingenting annat var acceptabelt.

När jag återfick fattningen var jag plötsligt ute ur de livligt trafikerade körfälten och bilen fortsatte att rulla vid sidan om norrgående trafik i körfältet för nödläge vid sidan av barriären som delade norrgående trafik från sydgående trafik. Hur bilen hade undvikit den breda betongväggen anser jag vara en del i miraklet. Utan repor och helt oskadd saktade bilen ner och några minuter senare stannade den helt. Den hade bara rullat vidare av sin egen tyngd i lagen om rörelse — "Det som är i rörelse förblir i rörelse om det inte påverkas av en annan kraft." Och det är precis det som hände. Motorn var fortfarande inte igång. Med ett djupt andetag av lättnad satt jag bara kvar i mitt säte som förlamad och oförmögen att röra mig.

Jag tog ett nytt djupt andetag.

"Tack, tack, tack ..." utbrast jag, helt utmattad. "Käre Gud, jag vet vem du är, jag vet att du existerar. Du visade mig vem du är. Tack, tack!" Jag hörde mina ord, men var omedveten om att det var jag som talade.

När min chock avtog försökte jag starta bilen igen, men nyckeln gick fortfarande inte att vrida om. Utan att tänka på hur jag skulle ta mig bort från vägkanten där jag hade blivit stående, ringde jag upp leasingföretaget och klagade på bilen. Jag lät dem veta att det var deras uppgift att föra hem den. Jag ville aldrig se den bilen igen! Samtidigt fångade något min uppmärksamhet: Cirka femtio meter framför mig, i samma nödkörfält jämsides med mittbarriären, backade en stor truck mot mig. Långsamt och med extra omsorg närmade den sig mig i den smala filen. Fortfarande förvånad såg jag hur den stannade bara någon meter framför mig och kunde då tydligt läsa den stora skylten på baksidan av lastbilen: Department of Transportation of Florida. Det var en stor bärgningsbil med lyftkran på flaket, en truck som är till för att lyfta upp och ta bort bilvrak från olycksplatser på vägarna! Föraren klev ut och kom fram till mig för att fråga om han kunde ge mig lift, så att jag kunde komma av motorvägen. Jag var tvungen att le. På ett sätt, och under omständigheterna, verkade det nästan övernaturligt. Hur tunn är skillnaden mellan en olycka och ett mirakel? Bärgningsbilen hade stått i beredskap, som om den väntade på ett samtal beträffande mig och mitt kommande öde. Men eftersom jag hade ändrat mig och omständigheterna, hade jag också ändrat mitt öde. Lastbilen som varit beredd att hämta ett blodigt bilvrak hade nu fått "i uppdrag" att föra mig, vid gott liv, till en ny symbolisk början — att gå från ett speciellt slut till ett nytt levnadslopp. Allt på grund av att jag hade gjort valet att lita på Ljuset i det kritiska ögonblick då det fortfarande fanns tid att göra det.

Hade ödet planerat att lastbilen skulle vara där hela tiden? Väntade den på mig för att ge mig en chans att välja en ny verklighet så att min bil inte blev ett vrak och jag inte ett offer? Jag har kommit att inse att i just det ögonblicket var valet mitt för jag hade skapat en alternativ verklighet för mig genom mitt förtroende för Ljuset och min starka längtan efter att alltid vara förbunden med denna högre kraft. Allting som visade sig runtomkring mig var det perfekta slutresultatet av mitt nya Nu, allt planerat för att visa mig att vår verklighet beror på en rad av många val. Och just de valen lever redan inom oss. Ofta presenteras de för oss som en inre röst, en inre drift, instinkt. Medfödda förmågor har betydelse. Känslor från vårt hjärta har betydelse. Det är där våra sanna beslut tas. Jag är säker på att jag överlevde i det ögonblicket bara på grund av ett beslut som jag gjorde under bråkdelen av en sekund, där jag fullt och tydligt litade på en plötslig förnimmelse av kärlek och tillit till Ljuset, en känsla som levde i mitt hjärta.

Lastbilschauffören erbjöd sig att köra mig till närmaste biluthyrningsfirma, där jag kunde hyra en bil för att fortsätta till min destination. Jag var djupt tacksam för mitt mirakel. Så lätt livet kan bli när du följer känslor från djupet av ditt hjärta. Hur nära ligger chanserna mellan liv och död, eller som det kan vara, mellan ett gott liv och ett inte så gott liv. Jag tror fortfarande att det finns ett ultimat val, som redan är uppgjort för oss, när tiden har kommit för oss att lämna vårt liv och vår verklighet. Detta är ett grundläggande beslut som gjorts av Universum, ett beslut som det inte är meningen ska ändras, inte heller går det att ändra. Det är vad det är: Det liv vi har levt leder mot ett slut baserat på våra många handlingar och hur vi använt vår tid. Det som kommer in emellan är resultatet av våra val på det ena eller andra sättet. Var och en av oss kan göra livet till det vi önskar att det ska vara.

"Änglarna var med dig", utbrast föraren. "Det finns ingen annan förklaring till att du klarade dig genom det som hände." Han förklarade att han hade kört bakom mig och hade sett en del av detta otroliga händelseförlopp.

"Jag vet", svarade jag. Vi båda *visste* och sa inget mer. Vissa saker kräver inga fler ord och inga fler frågor. Jag kände mig fortfarande ganska svag efter händelsen och var inte beredd att säga mycket mer.

"Och nu, vart ska jag köra dig?" frågade han med ett vänligt leende. "Jag kan släppa av dig varsomhelst nära motorvägen."

Fyrtiofem minuter senare, i en helt ny hyrbil, var jag tillbaka på Interstate I-95 på väg mot Palm Beach, lyssnande på min latinska radiostation där jag nynnade med i de bekanta tonerna, nästan som om ingenting hade hänt bara minuter tidigare. Det var otroligt, jag kom fortfarande i tid till mina morgonmöten.

Fast den tacksamhet som jag kände över att ha överlevt händelsen hade ännu ett stort grepp om mig, fortfarande stillsamt chockad över att ingen skada hade skett med mig eller någon annan person på vägen. Så tunna väggarna kan vara mellan våra verkligheter, nästan som genomskinliga slöjor och ändå så kraftfulla. Och så trånga är beslutens dörrar, beslut som gör att saker och ting händer på det ena eller andra sättet. Jag vet det. Hade jag inte valt att arbeta med Ljuset och istället krupit djupare in i panikens skal och tilllåtit rädslan att dominera mina känslor, hade det inte blivit något utrymme kvar för Ljuset, och jag skulle nu ha varit borta från den här dimensionen på Jorden. Det fanns bara två alternativ för mig: att utplånas eller att överleva. Det fanns ingenting mittemellan. Jag var tvungen att lita på det jag önskade — helhjärtat. Eftersom jag placerade mig i Ljuset och släppte taget sköts all rädsla och allt mörker åt sidan. Tilliten var grunden för att mitt beslut bar frukt under just den bråkdelen av en sekund. Utan tillit har du ingen tro. Endast dogm, och dogmen tillhör inte ditt hjärtas villkorslösa kärlek. De hör inte alls ihop, så enkelt är det.

Min tacksamhet var oändlig, och min tro på Ljusets kraft växte sig ännu starkare under de kommande dagarna. Men, jag kunde inte hjälpa det: Det hade varit en hemsk upplevelse, och i mina böner av tacksamhet kunde jag inte låta bli att flika in: "Kära Gud, tack för din hjälp. Men snälla, snälla, jag tvivlar inte på att du finns. Du behöver inte försätta mig i den här typen av prövning aldrig någonsin igen. Jag vet vem du är och jag kommer aldrig någonsin att glömma det."

Några dagar senare hörde jag från leasingföretaget. Man meddelade att när de hämtade bilen senare på dagen hade den startat på första försöket utan svårighet, och tekniker genomförde en grundlig inspektion för att ta reda på vad som kunde ha gått fel på motorvägen. Det var trots allt en nästan helt ny bil där allting var datakontrollerat (liksom alla nya bilar på marknaden idag). Till slut drog man slutsatsen att det inte var något fel på bilen. Mitt svar till dem stod fast: Jag ville fortfarande inte köra den igen och lyckligtvis förstod man det.

Att på något sätt få veta att det inte var något fel med bilen var precis det som jag hade förväntat att de skulle säga, så jag var inte förvånad. Jag visste att orsaken inte kunde ha varit ett vanligt mekanisk fel. Bilen skulle inte ha reagerat på det sättet om det hade varit fallet — det skulle ha varit en alltför lätt förklaring för mig. Snart skrevs bilen över till någon annan och jag är säker på att de nya ägarna inte haft problem med den sedan dess.

Så vad hände när jag körde bilen? Varför jag och varför just då? Jag var tvungen att leta efter intuitiva svar, eftersom tekniken inte hade gett mig några acceptabla lösningar. Det tog mig ett tag att förstå och snart gick det upp på mig:

Problemet var inte bilen, problemet var JAG SJÄLV. Och energin. Energiproblemet var återigen: JAG. Medan jag körde i en glad och avslappnad stämning hade jag inga problem med bilen, men när jag plötsligt började tänka på det särskilda rättsfallet med den unga kvinnan som förlorade sitt hus och hem på grund av en partisk domare, gick min harmoniska sinnesstämning över till ett tillstånd av fokuserad ilska, en energi med mycket låg frekvens.

Den negativa energin ersatte den mycket höga glada sinnesstämning som jag hade upplevt stunden innan. Jag hade helt enkelt skapat ett kraftfullt energifält av motsatser som styrdes av intensiv negativ kraft, och det var den energin som jag skickade ut till bilens känsliga elektronik. Som ett resultat av orsak och verkan kom de två energierna i konflikt med varandra, och det som var närmast mig (ratten och all elektronisk utrustning) hamnade i en energikonflikt, och systemet kollapsade — oförmöget att fungera längre. Så fort som jag lugnat mig och lämnat bilen kom hela systemet tillbaka i balans igen.

För mig som healer och energiarbetare lät det vettigt. Jag arbetar dagligen med det som jag kallar energi, så för mig var frisläppandet av energier en godtagbar förklaring. Vi består inte bara av vår fysiska kropp utan också av ande, sinne och själ, en kombination av en anmärkningsvärd kapacitet och struktur. Sammanställningen av de förmågorna utstrålar en viss energi under hela vår livstid (en energi som bör vara i balans för att man ska må bra). De har också en mottagarsida som påverkas av våra egna känslor, handlingar och sinnesrörelser, liksom också av energin i världen som omger oss. Såsom energivarelser är vi ett paket med roterande energi: mottagande, absorberande, producerande och avgivande energi. Vi kan också avsiktligt omvandla energi från en frekvens till en annan genom en innerlig positiv önskan, vision eller lust.

Tyvärr kan denna kraft också verka negativt när vi börjar producera negativa tankar, känslor eller sinnestillstånd. Rädsla är både en riktning och en avsikt, likaså är ilska, och alla andra känslor. När jag skapade mitt innerliga rop på hjälp till Ljuset, en intensiv avsikt på mindre än en sekund, försvann den mörka energin och Ljusets inriktning, en ljus avsikt, tog över. Lyckligtvis hade jag fortfarande bråkdelen av en sekund kvar i den här verkligheten, där vi nu lever, för att ändra avsiktens riktning och få allt tillbaka i balans igen.

Vi vet nu att våra tankar, känslor, önskningar, sinnesrörelser — allting inom oss, är energi i rörelse. Vi befinner oss i en ständig energirörelse. Negativa känslor producerar negativ energi, vilken består av lägre frekvenser. Den energin kan vara mycket destruktiv, beroende på den styrka och den intensitet som den producerar. Ilska, hat och rädsla aktiverar negativ energi och skapar grunden för disharmoni inte bara runt omkring oss, utan också inom oss, och kan göra oss till negativa kraftverk som ständigt producerar destruktiva energier, speciellt för oss själva.

Positiva känslor producerar positiv energi och är av en högre frekvens. Positiv energi "lyser" och ger välbefinnande och tillfredsställelse. För att kunna läka och skapa gynnsamma förändringar i våra liv, måste vi öppna oss för det Vita Ljuset och bli dess kanal och pipeline. Så snart vi befinner oss i enhet, dvs. i en samhörighet med Ljusenergin, sätter helandet i gång, för nu skapas en ny uppbygglig energi som för våra liv tillbaka i balans.

Glad och positiv energi fungerar alltid som vår helande kraft och är vid varje tillfälle början på god hälsa, lycka och till och med framgång.

Det hela verkar vettigt enligt Lagen om Samhörighet, där Lika inte bara drar till sig Lika, utan när de är tillsammans producerar de ännu mer av "lika" — och mångfaldigas flera gånger i styrka. Det Vita Ljuset, "Kärlek och Ljus", Urkraften-Gudsenergin, är den högsta frekvens som finns, och den överträffar allt. En del individer, både män och kvinnor, har mycket högre frekvenser än andra. Ju andligare du är, desto högre är din frekvens. Det är ett faktum. Ju högre din frekvens, desto mer sannolikt är det också att du kommer att uppleva Ljuset på ett eller annat sätt. Du kan vara andlig utan att praktisera andlighet — du föddes helt enkelt på det sättet. Och med tiden och allteftersom du mognar, kommer du gradvis att väcka din andliga visdom och utveckla den för att bli den som du var tänkt att vara. Det innebär inte att du måste bli en guru, healer eller präst. Det betyder bara att du kommer att bli mer medveten om livet runt omkring dig och gör dina beslut i enlighet därmed.

Många som är framgångsrika inom affärslivet är, utan att de vet om det, mycket andliga och arbetar ständigt intuitivt både i beslutstagande och målsättning. Jag ser det dagligen.

Vanligen ger sig min energi tillkänna som positiv och mycket kraftfull. Jag använder regelbundet Ljus-energin för att hjälpa och hela andra. Jag hade ingen aning om att jag på samma sätt skulle kunna skapa kraftfulla och destruktiva energier bara genom att befinna mig i en negativ sinnesstämning. Det var en lärdom som nästan kostade mig livet.

Och det var precis det som hände. Medan jag körde bilen och plötsligt förändrade mitt humör och blev emotionell och upprörd blev jag ett fungerande negativt kraftverk, och allting i min väg fick ta emot mina negativa kraftstrålar. Det dröjde inte länge förrän det känsliga datasystemet hos den rullande bilen kände av den negativa energin och reagerade, eller kanske protesterade — och hela det tekniska systemet slogs omedelbart ut. *Jag gjorde det*, jag skapade "drivmedlet", bilen råkade vara i vägen.

Så fort jag förändrade mina känslor och med en intensiv längtan från mitt hjärta kontaktade det Vita Ljuset, laddade jag om mig med en annorlunda energi. Ljuset besvarade omedelbart och infann sig ögonblickligen, och förde genast in ny helande balans till situationen. Det blev helt enkelt ett utbyte av energier: att vara i det negativa, be om det positiva — och det positiva tog genast över.

Det här är det som jag gör varje dag med mina klienter. De kommer till mig eftersom de befinner sig i en svår situation och har en önskan att må bättre, med sig själva, sin kropp, sitt arbete eller med sin omgivning. Jag besvarar deras önskan och förvandlas till ett instrument för en Högre Makt som vill hjälpa min klient, och från den stunden kanaliserar den Högre Makten helande energi genom mig till personen som behöver den. Utan detta andliga samband skulle ingenting hända — jag skulle bara vara full av intellektuella teorier och antaganden, logik och spekulationer, och snart skulle jag bli tömd på all min mänskliga kraft. Det är därför som vissa terapeuter ibland kan bli så trötta för att de arbetar från den mänskliga sidan av sig själva, utifrån logiken. Å andra sidan, när informationen kanaliseras direkt från Anden går den vidare med lätthet och glädje, och både givaren och mottagaren känner sig avslappnade och fulla av energi.

DET VITA LJUSET

När min klient har ett särskilt problem tonar vi båda in oss på situationen. Den kan vara relaterad till deras fysiska välbefinnande, deras yrkesmässiga eller personliga liv, eller deras sinnestillstånd i allmänhet. Min avsikt är villkorslös och av det "högsta goda". Inom några sekunder överväldigas jag av en positiv energi av Kärlek och Ljus. Från och med då kanaliserar jag det som det är meningen att klienten ska ta emot för att återställa balansen inom dem och förbinda dem med sitt "högsta goda". Jag, personen Helena, utför inte arbetet. Jag är bara ett instrument för en högre makt som vill återställa allt i balans igen. Ingen av oss som lever på denna jord är tänkt att vara i smärta, vara sjuk och fattig eller att tyngas av problem. Jag tror verkligen att vårt syfte här i denna verklighet är att bli påminda om att vårt ursprung är som andliga varelser. Dessutom är jag övertygad om att vi alla är en kanal för denna högre makt, där var och en har fått en möjlighet att njuta av lycka och en bra framtid. Det finns dock en förutsättning för att det ska fungera: vår önskan måste vara absolut villkorslös och som healers får vi aldrig försöka ta makten över någon annans liv.

Några månader efter min upplevelse på motorvägen fann jag av "en tillfällighet" min förstående och erfarna tekniska expert på bilreparationer, en ägare till en populär bilverkstad i Södra Florida. Hon var mycket framgångsrik inom sitt område att förstå sig på bilar — och hon var vacker, välklädd, gick i höga klackar bland sina kunder och anställda och var sensitiv för andra människors känslor och välbefinnande. Jag berättade min historia för henne om vad som hände på motorvägen, om att motorn plötsligt

29

stängde av och ingen kunde hitta något fel på bilen. Hon lyssnade intresserat på det jag hade att säga, och så snart jag avslutat min historia log hon.

"Det var inte bilen", utbrast hon, "det var DU!"

"Ja, det var Du som gjorde det. Du var orsaken till att bilens system kollapsade", upprepade hon, som om hon trodde att jag inte skulle tro henne.

Och hon berättade om kunder som kom in med sina bilar, gång på gång, och räknade up allt som var fel på deras bilar. Och naturligtvis kunde man inte hitta någonting. Hon fann också att de med många klagomål ofta befann sig i psykiskt pressande tider av något slag, som en allvarlig sjukdom, skilsmässa, finansiella problem eller oro för någon annan som de brydde sig om — till exempel en make, ett barn eller en förälder som hamnat på sjukhuset.

Hon hade till och med börjat berätta för en del av sina kunder att deras bilproblem orsakades av deras egna känslor, och påminde dem om att problem kan vara smittsamma. Hon hade varit med om många fall där stress i någons liv hade överförts inte bara till deras kroppar utan även till deras bilar, eftersom energier av samma slag automatiskt dras till varandra och tillsammans blir ännu starkare...

"Så snart som jag pratar lite längre med mina kunder brukar jag komma underfund med varför deras bilar också har problem", fortsatte hon. "Det beror på att de av någon anledning oroar sig för mycket över någonting, kanske kräver de för mycket av sig själva. Bilars känsliga datasystem snappar upp energierna från sina ägares humör och känslor och orsakar en obalans i systemet. Så enkelt är det!"

Detta gäller inte bara bilar, det är också fallet med vanliga hem — eller kontorsdatorer eller annan känslig elektronik och utrustning. Vår sinnesstämning betyder mycket mer än vad vi tror. Jag minns hur jag, när jag blev änka och överväldigades av sorg och självömkan, fick den ena fortkörnings- eller parkeringsboten efter den andra. Och hur husets elsystem gick sönder, min dammsugare slutade att fungera utan någon uppenbar anledning, även min katt förlorade sitt grepp och föll ner till marken från en hög balkong. Alla sorters problem kom in i bilden, såsom familj och relationsproblem, juridiska problem, hälsoproblem. Det gick plötsligt upp för mig att kanske min egen sinnesstämning, mitt sörjande och självmedlidande, hade gjort mig till en negativ överförare, orsaken till varför alla dessa problem kom i min väg. Så jag ändrade min attityd. Det var inte lätt, i själva verket var det en förödmjukande upplevelse, eftersom attityder är vanor och vanor är svåra att förändra, särskilt negativa vanor. Från den dag då jag började föra in Ljuset i mitt liv, och föreställde mig att Kärlek och Ljus lyste omkring mig, försvann problemen sakta som om de aldrig hade existerat. Till och med katten fick en fantastisk återhämtning.

Energi är en anmärkningsvärd angelägenhet. Under lyckliga tider märker ingen min felparkering eller fortkörning och om jag gjort en felaktig vänstersväng kunde jag lätt prata mig ur den med bara ett leende. Naturligtvis kan små trafikförseelser, bilproblem och sjukdom av något slag hända ändå. Saker händer, och de har inte nödvändigtvis något att göra med din sinnesstämning. Problem händer. Detta är den värld vi lever i. Men det är mycket mer sannolikt att problem kommer din väg under stressiga tider när du känner, tänker och upplever stress och det är bra att vara medveten om det.

Vad är Ljuset?

Jag kallar det Gudsenergin, Urkraften, Universum, ditt Högre Jag, gnistan av den eviga livsenergin inom var och en av oss, källan till överflöd och kärlek, kunskap och insikt. Vi är tänkta att använda den här kraften som en kanal för det Högsta Goda. Jag har en känsla av att vi har fått vårt liv här på Jorden för att ta reda på hur vi ska leva vårt liv på ett positivt och kärleksfullt sätt. Är våra goda intentioner goda kan det Vita Ljusets Energi förvandla negativa energier till positiva och kan användas av oss när som helst för att hjälpa och läka.

Min första bild av Gud gavs till mig av min lärare i första klass, en ogift kvinna och gudsfruktig person. Hon delade sin tro med alla sina elever och utmålade Gud som en gammal man uppe i himlen med vitt hår och stort, vitt skägg. En man med strikta sympatier och antipatier och en mycket konservativt syn på vår värld. Han gillade inte ens flygplan, eftersom (som vår lärare berättade) de störde lugnet i himlen där han bodde. Den bild som hon gav oss skrämde oss barn, och jag personligen blev mycket rädd för denna supermakt som var så väldigt intresserad av att straffa mig för det jag gjorde fel. Den känslan stannade kvar hos mig under en lång tid, fram till mina tonår. Då övergick min rädsla i tvivel och jag blev i stället ateist och var vid den tiden stolt över det. Jag såg det inte som en verklighet att Gud, som ett begrepp av en överdriven människa, kunde finnas överallt samtidigt, till och med över hela planeten. Hur kunde han täcka så mycket utrymme och övervaka så många människor, och varför kunde vi inte se honom? Varför var Gud en man och inte en fågel? Fåglar kunde flyga överallt och se så mycket mer från sin position högt uppe från himlen. Och varför ville han straffa alla? I protest mot denna tro bestämde jag mig, efter min konfirmation i den svenska kyrkan, att bli ateist, eftersom mina alltmer intensiva religiösa studier snarare hade bekräftat mina tvivel mer än de hade övertygat mig om denna Guds närvaro.

Den här tron passade mig bra tills Anden/ Ljuset kom till mig personligen under mina sena tonår, och påkallade ett *Uppvaknande*. Tyvärr var jag inte någon villig elev och blev tvungen att gå igenom det ena uppvaknandet efter det andra, tills jag en dag, äntligen, äntligen började förstå. På många sätt anser jag att det var här som mitt verkliga liv började.

2

Livsförändrande möten i natten

Med tiden förstod jag:
Jag hade fått ett budskap att vi alla
har en medfödd inre direktlinje till himlen
Och det kunde inte ha berättats i enkla ord.
Det måste upplevas i form av personlig erfarenhet.

D et som jag nu tänker berätta har funnits inom mig som en stor fråga i flera decennier. Det har inte varit en fråga om misstro och tvivel, utan en fråga om varför detta hände just MIG? Och varför hade just jag blivit inblandad överhuvudtaget? Även om mötet jag kommer att beskriva kan synas helt overkligt så var det helt obestridligen en realitet. Jag förstod innerst inne att det var en STOR händelse och att jag hade mött en Närvaro större än mitt mänskliga förnuft kunde beskriva. Trots att jag kände att upplevelsen hade varit oerhört viktig för mig, visste jag inte vad jag skulle göra med den.

I

Det hela började när jag var en ambitiös ung student i de sena tonåren, nästan ett år efter att jag tagit studenten i Sverige. Jag var långt borta från hemmets trygga vrå och gick på en förberedande skola i Schweiz, mitt första steg in i den internationella utbildningsvärlden. Efter det hade jag planerat att fortsätta studierna vid andra europeiska universitet för att en gång i framtiden förverkliga min dröm att bli diplomat.

När detta hände delade jag bostad i en gammal villa nära universitetet med andra kvinnliga studenter. Mitt liv var ett typiskt studentliv med studier, sport och sociala sammankomster, tillfälliga avbrott för stressfulla examenstider följda av härliga ferietider.

Jag kommer aldrig att glömma den kalla klara vinternatten när jag plötsligt vaknade mitt i natten, medveten om en oförklarlig närvaro i mitt sovrum. Jag visste inte vad som fått mig att vakna, det var helt mörkt i rummet och mina sinnen varslade om att något inte stod rätt till. Känslan av att det fanns en främmande närvaro någonstans i rummet var så uppenbar och jag var orolig för jag visste inte vilka de var och varför de var där. Jag låg i min smala, omoderna järnsäng belägen i ett hörn av rummet och stirrade nervöst in i tapeten framför mig, alltför rädd för att våga vända mig om för att se vad som hände bakom mig. Minuter av osäkerhet flöt förbi. Jag blev mer och mer nervös och snart slog mitt hjärta så hårt att jag trodde att det måste höras i hela rummet. Jag kunde knappt andas av rädsla. Jag blundade och låtsades sova i hopp om att"det okända" skulle lämna mig ifred och försvinna. Efter några minuter som kändes som en evighet kunde jag inte hantera spänningen längre: Jag beslöt mig för att möta det okända, vad det än må vara. Plötsligt och utan tvekan satte

35

jag mig upp i sängen och vände mig om, osäker på vad jag skulle råka ut för eller vad som skulle möta mina ögon.

Vad jag såg var helt oväntat och jag blev sittande med öppen mun i stum förvåning. Det som jag uppfattade framför mig kan bara beskrivas som en sällsam "närvaro", inte alls den fara som jag hade befarat: Till min förvåning möttes mina ögon, istället för av främlingar, av en stor brinnande eld mitt i mitt rum!

En eld?

En vad då??

En eld.

En eld?

Hur kunde en eld börja brinna mitt inne i mitt rum?

Jag var förvirrad — och var det verkligen en eld???

Jag var helt stum och så hänförd av den oväntade och okända energimassan framför mig att jag glömde titta runt i rummet om det fanns något eller någon annan närvarande. Det oförklarliga ljuset, som såg ut som en eld, fångade min fulla uppmärksamhet, och efter att ha observerat den en stund verkade den av någon underlig anledning att lugna ner mig. Fascinerad och fortfarande med vidöppen mun förstod jag snabbt att det inte kunde röra sig om en vanlig brasa. Det var tydligt att det var ett fenomen utöver det vanliga. Där fanns ingen värme, ingen rök, och lågorna förblev på samma ställe hela tiden, roterande inom sig själva på ett sätt jag aldrig sett förut. Lågorna var nästan vita, lite blekt blå eller lila, med gnistor virvlande runt i ett livligt flöde utan att röra sig bort från mig eller emot mig. När jag vid senare tillfällen har tänkt tillbaka på den här stunden, påminns jag om att det är så här jag föreställer mig elektrisk energi — en rörelse och ett uttryck för ett konstant "att-vara" tillstånd, som man avsiktligt kan styra i en speciell riktning.

Jag var inte nervös längre, bara lite förbryllad. Kanske också nyfiken på ett barnsligt sätt, undrande över varifrån den här märkliga energin hade kommit och varför den var så fascinerande. Av någon underlig anledning verkade lågorna så bekanta, nästan som om vi hade träffats förut!

Vad de vita lågorna representerade och varför de hade valt att visa sig i mitt sovrum hade jag ingen aning om. Efter den första oron släppte jag snart taget och bara iakttog "elden" i vördnad. Mina ögon var som fastnaglade vid denna gnistrande, flammande närvaro. Förstenad och helt fascinerad önskade jag att de lysande lågorna skulle stanna kvar hos mig, för av någon anledning fick deras ljus och närvaro mig att känna mig trygg.

Men så plötsligt blev jag återigen alldeles uppskakad. För just då hörde jag ...

Rösten!

Helt oväntat strömmade en kraftfull röst, fylld med en mäktighet långt utöver en vanlig mänsklig rösts förmåga, ut ur elden. Det var ett ögonblick så hisnande att det bara kan beskrivas som otroligt. Det som skrämde mig mest av allt var att Rösten talade direkt *till mig*. Jag kunde känna den djupt ner i min kropp, till roten av mitt hjärta. Och det som den hade att säga var avsett för mig! Där fanns inga tvivel.

DET VITA LJUSET

Energin i Rösten var så direkt och trängde så djupt in i mitt medvetande att det skrämde mig helt otroligt. Mest just därför att den var så personlig och berörde någonting långt inne i min själ, som jag avsiktligt inte ville veta av. Ja, innerst inne visste jag att Ljuset ville påminna mig om någonting, men det vägrade jag att acceptera. Jag ville inte vara med längre.

"Ta bort mig härifrån", ville jag skrika för att komma ifrån de ord som kom ut från ljusets lågor. Jag försökte verkligen att skrika så högt att alla skulle kunna höra mig, men inte ett ljud kom över mina läppar och jag förstod att jag var fångad i en situation långt bortom min kontroll. Allt jag ville göra var att kasta mig ut genom väggen bakom mig och försvinna in i min vardagliga bekvämlighetszon. Jag var ung och okunnig och hade under tonåren satt en ära i att skapa en zon inom mig av det som passade just mig — en bekväm plats utan åtaganden och engagemang, en plats där jag inte ville bli störd.

När Röstens ord strömmade ut från den "Brinnande Busken", (som jag senare har börjat kalla mitt första möte med Ljuset), ville jag springa, springa, springa långt bort, så långt bort som möjligt. En mystiskt talande eld mitt i mitt sovrum, mitt i natten — det var för mycket att hantera för en ung kvinna fortfarande opåverkad av livets många komplikationer och omständigheter.

"Lämna mig ifred, snälla, snälla, jag vill inte höra på dig", ville jag skrika högt och höll händerna för öronen för att stänga ute de ord som de lysande lågorna försökte delge mig. Men mina ord stannade vid tanken, de blockerades i mitt sinne och kunde inte passera över mina läppar.

38

"Jag vill inte! Jag vill inte!" upprepade jag för mig själv. Vad jag inte ville höra och vad jag inte ville göra hade jag absolut ingen aning om. Men mina känslor var äkta och kom från djupet av mitt hjärta.

Det som störde mig mest var att elden, den Brinnande Busken, det flammande ljuset, hade försökt att berätta något viktigt. Jag kände att det ville tala om att jag var en del av ett odefinierat *Något Mer* som jag medvetet inte kände till, men djupt inom mig visste jag det redan och kände starkt att jag alltid hade letat efter det. Jag hade också en känsla av att det bad mig om ett engagemang, att jag skulle visa inför mig själv vem jag egentligen var. Ja, jag. Jag var den som var tvungen att ta ansvar.

Ingen annan.

Att ta ansvar för vad?

Vad var det jag skulle ta ansvar för och vad skulle jag göra? Medvetet hade jag vid den tiden absolut ingen aning.

Men varför jag? Vad ville uppenbarelsen säga mig och vilket budskap hade jag vägrat att höra? Återigen, som ung och oerfaren hade jag ingen aning. Jag kunde inte komma på någonting mer som jag trodde att jag borde veta!

Min ovilja att lyssna var uppenbar och direkt därefter försvann Ljuset, den Brinnande busken, nästan ögonblickligen. Under processen hade jag täckt mig med kuddar och filtar som skydd mot ljuset från den Brinnande Busken. Jag ville inte se det, jag ville inte höra det, jag ville inte ha något med det att göra. Jag ville glömma bort vårt möte.

Utmattad och förvirrad föll jag snart i sömn igen och vaknade inte förrän nästa morgon. Så fort jag vaknat började jag leta efter ledtrådar för att få reda på vad som hade hänt under natten i mitt sovrum. Det fanns inga brännmärken eller något annat i rummet som indikerade vad som kunde ha ägt rum. Men vattenglaset på mitt nattduksbord hade fallit i golvet under tumultet när den Brinnande Busken talade till mig. Det fanns inga andra spår kvar förutom mitt minne av händelsen och mina känslor fyllda av tvivel och osäkerhet om vad som inte var verkligt och vad som kunde vara en befintlig verklighet. Hade upplevelsen någon som helst verklig betydelse?

Under de följande dagarna skulle det ha känts bra att sitta ner med mina vänner och dela erfarenheten med dem, men vad kunde jag säga? Var detta en historia som man överhuvudtaget kunde berätta för andra?

Inte mycket hade hänt. Bara en oförklarlig talande eld i mitt sovrum som säger något till mig som jag inte kan förstå och dessutom inte vill höra. Jag var inte ens säker på vad rösten hade försökt att berätta för mig och varför den hade upprört mig så mycket. Hela upplevelsen på natten var oförklarlig och ju mer jag tänkte igenom den, desto tokigare verkade den, en historia som inte var värd att berätta för någon.

Inte bara hade jag vägrat att acceptera vad den Brinnande Busken försökte tala om för mig, jag hade även hållit händerna för öronen. Jag visade tydligt att jag inte var intresserad av några nya tankar eller vägar. Helt klart ville jag inte ha något med det att göra. Inte nu. Inte idag. Inte i morgon. Kanske aldrig. Och jag var helt övertygad: Ljuset som jag hade upplevt skulle bara leda in mig på en väg som jag inte var villig att gå, en obekant väg som stred mot principerna för vad jag ansåg vara min fria vilja. På ett extraordinärt sätt hade mitt möte med Ljuset berört en plats, djupt inne i själva själen av mitt hjärta, den mest privata delen av mig själv, platsen för all tidigare kärlek, känslor och tro, och där jag verkligen inte ville bli störd.

Så jag berättade inte för någon och mitt liv fortsatte som förut.

Men blev det så?

Åtminstone ett tag i varje fall så trodde jag det. Tillsammans med mina vänner, alla lika samhällsovetande som jag, hade vi satt upp mål för vår framtid. Vi skulle leva spännande och glamorösa liv, och alltid vara framgångsrika, för det var just så som vi föreställde oss att ett lyckligt liv skulle se ut. Därför gjorde jag mitt bästa för att uppfylla dessa mål och på den vägen bortsåg jag helt från den överraskande uppenbarelsen av det Vita Ljuset och att det skulle kunna vara en del av mitt framtida liv.

Men det var inte så lätt att begrava min erfarenhet med Ljuset i glömskans hav. Efter en tid fick jag en känsla av att jag blivit en av deltagarna i någon typ av "brädspel", där allt var förinställt att ske på ett visst sätt beroende på hur jag rullade min tärning. Ibland kunde jag fastna på ett ställe, eller gå vidare — allt beroende på hur jag slog tärningen. När jag så småningom insåg att jag var huvudpersonen i det spelet började jag följa min instinkt och flyta med i det flöde av möjligheter och val som öppnade upp sig framför mig. Alla skapade för att hjälpa mig att bli mer medveten. När jag började förstå spelets regler kom jag långsamt till insikt om att mitt liv var utstakat av en kraft som jag bara kan beskriva som en *högre avsikt*. Men för att gå framåt var jag den som måste slå tärningen — ingen annan kunde göra det åt mig.

Så småningom blev det klart för mig att syftet med spelet var att gå framåt oavsett vad som visade sig på min väg, och det kunde jag bara göra om jag var i samklang med detta ospecificerade, som jag kallade "Något Mer." Och när jag var i samklang med min värld och mig själv var det så mycket lättare att spela spelet, ja, det kändes till och med riktigt givande.

På nätterna kunde jag stå och titta upp mot de otaliga glittrande stjärnorna på det stora himlavalvet och starkt känna att jag tillhörde detta oändliga Universum. Jag kunde då föreställa mig hur Universum var fyllt med världar som i sin tur var fyllda med kunskap och dimensioner långt utom räckhåll för våra jordiska begränsningar.

Vem som kan ha varit hjärnan bakom detta brädspel är det mysterium, den historia, som jag nu tänker berätta. När jag idag tänker tillbaka på händelsen med den brinnande busken känns den väldigt klar och till och med helt begriplig. Men det finns ett villkor: Man måste ha ett öppet sinne och vara öppen för nya idéer och intryck för att följa processen.

(När jag i efterhand läser dessa rader hoppas jag att mina läsare förstår att det jag skriver gäller inte bara mig utan det gäller oss alla. Varje individ, var och en av oss, har möjligheten att utforska och få kontakt med våra inre krafter. Vi har alla ett ljus, en urkraft, av obegränsad kunskap inom oss och att det är meningen att vi ska finna den kontakten.)

II

Efter mitt möte med den Brinnande Busken och utan att till en början inse det, började mitt sätt att leva långsamt att förändras på flera sätt. Spontant började jag söka mig till vackra platser i naturen där jag kunde sitta och reflektera över livets hemligheter, ofta nära en sjö eller flod eftersom jag upplevde rinnande vatten vara extremt inspirerande. Eller så besökte jag gamla kyrkor och historiska platser i staden där jag tände ett ljus och filosoferade en stund. När jag gjorde det började jag uppleva en stark frid inom mig. Det drag av ateism som hade märkt min filosofiska inställning under tonåren hade försvunnit och jag började känna en djupare relation med något djupt inom mig som jag bara kunde kalla en kontakt med "Någonting Mer", en känsla som jag hade vägrat att erkänna under mina skolår.

Jag började få kontakt med en "Plats av Ljus" som jag kände lyste inom mig och även omkring mig, som om någon eller något följde med mig hela tiden. Det var lätt att tro att jag aldrig var ensam. Dessa stunder av gemenskap, att tona in med Ljuset och uppleva en känsla av enhet, blev värdefulla för mig. Men ändå fanns det ingen som jag kunde dela mina erfarenheter med. Alla andra i min värld tycktes jaga karriär och materialistisk framgång och av gammal vana fortsatte jag att följa samma spår tillsammans med dem. Även om jag hade valt att vara en av dem letade jag ändå efter en djupare mening med mitt liv, fortfarande utan att förstå vad det handlade om och varför jag bodde på den här planeten.

Vad hade hänt och vad var Ljuset som jag sett i mitt sovrum? Om det var så viktigt, varför hände det mig? Varför hände det inte alla andra också?

Ja, varför jag? Och varför hade jag aldrig hört talas om något liknande förut?

Jag kände till berättelsen i Bibeln där Moses konfronterades med den Brinnande Busken och hur Rösten som strömmade ut från busken gav honom instruktioner hur han skulle leva och leda sitt folk. Men jag såg inget samband mellan min upplevelse och Moses och Bibeln, så jag gjorde inga som helst jämförelser. Åtminstone inte då.

Detta är en stor värld full av upprepningar och repriser och allt som händer runt omkring oss har på något sätt hänt förut. Varför hade ingen någonsin skrivit en bok om den Brinnande Busken, det Vita Ljuset? Efter Moses måste det ha hänt flera andra genom historien. Ett sammanträffande med Ljuset är trots allt en möjlighet för oss alla. Men kanske bokförlagen genom tiderna inte velat publicera berättelser som verkade vara en upprepning av bibliska händelser? Det kanske kunde vara stötande för deras religion eller för andras religion. Och att störa någon annans religion kan vara, och har alltid varit, ett mycket känsligt och riskfyllt kapitel.

Jag var full av tvivel och misstro — så jag behöll det som jag upplevt helt för mig själv. Där fanns så mycket osäkerhet och till en början ville jag bara glömma det som jag hade erfarit.

Även om jag upplevde många stunder av tvivel under de dagar, månader och år som följde, blev jag ofta påmind om fascinationen och den förundran som for igenom mig när Ljuset hade dykt upp i form av det som jag alltid kommer att kalla den Brinnande Busken. Och när minnet kom över mig infann sig samtidigt en känsla av djup tacksamhet som gjorde mig medveten om att det finns ett hemligt band av samhörighet mellan mig och detta Något Mer, en närhet som jag fortfarande inte riktigt förstod. Så småningom började jag acceptera att detta band hade skapat en djupare mening med mina dagar, och jag började tro att jag kanske hade hittat en värdefull partner som jag kunde spela det spel med som jag hade blivit inbjuden till att leva.

Minnet av den glimmande elden återkom ständigt och skapade en slags trovärdighet i mina tankar, en helig närhet av något större och kraftfullare än jag någonsin hade stött på tidigare. Så småningom började jag kalla Närvaron för Ljuset. Det här var inget jag hade längtat efter. Det bara hände! Jag var helt oförberedd när det hände, men jag kände genast att det gav mer mening till mitt liv. Där fanns inga tvivel.

Med tiden kom jag att förstå att det svar jag hela tiden hade letat efter helt enkelt var:

"Mig."

Den andliga delen av oss som jag kallar vårt Högre Jag, "Jag
Är ljusenergin!' Anden, Gud, Urkraften inom mig." Källan som
vi alla kommer ifrån och som vi alla fortfarande bär inom oss.
"*Mig*", mitt, ditt, vårt "Jag Är" — ljuslågan som alltid skiner
inom var och en av oss alla. Ja, inom dig också.

Hur skulle jag hitta den? Hur kan vi, var och en av oss, hitta
den?

Svaret är: Genom hjärtats resa. Mitt hjärta, ditt hjärta, vårt
hjärta, allas hjärta...

Och genom att med ett öppet sinne gå den villkorslösa för-
ståelsens väg.

Emellertid måste var och en göra sin egen resa och försöka
utforska! Ingen annan kan göra den åt oss. Det måste vara din
egen upplevelse.

Till slut var det möjligt att förstå det som hade hänt i mitt
sovrum i min studentbostad den där kalla vinternatten. Vad Lju-
set ville säga var att:

Någonstans inom dig, ja, inom var och en av oss, finns en
kraft, en energi, en källa till ett högre vetande som ständigt vill
komma i kontakt med vårt mänskliga jag. En kraft som vill få
oss att förstå att vi egentligen är andliga varelser som lever en
mänsklig erfarenhet. Kraften försöker också tala om att jag, du,
vi alla, leds framåt som om vi vore drivna av en osynlig motor,
och att denna energikälla är villig att lysa i vårt liv. Men för att
komma så långt är vi tvungna att öppna upp, frigöra vårt sinne
från gamla programmeringar och utvidga vår medvetenhet.

Naturligtvis hade jag vid den tiden ingen aning om vad som menades med en andlig varelse. Och vad var medvetenhet? Efter många år av reflektion och eftertanke förstod jag slutligen innebörden av den Brinnande Busken: Jag hade träffat Anden. Det jag hade upplevt var inte en brand, utan den Högre Kraften *inom mig* som plötsligt hade valt att framträda inför mina fysiska ögon för att ge mig en kraftfull påminnelse: "Jag är Ljuset, Källan till allt som är. Jag bor inom dig och inom alla. Jag är ditt Högre Jag. Jag ser vad du ser, och mest av allt, jag ser vad du inte ser. Jag hör vad du hör och även det du inte hör. Jag är din bästa vän och lyssnar på alla dina ord och känslor, dina drömmar och även din rädsla. Vänd dig inåt, lyssna på ditt hjärta, lita på det goda och du kommer att finna *Mig.*"

Det är meningen att vi ska vara i kontakt med denna inre källa av högre kraft, inte bara för lycka, tur och framgång, utan för att hålla oss friska och i balans, leva i fred och harmoni. Dessa meningar ovan har blivit grunden för min healingmission. Jag skulle aldrig ha förstått deras betydelse på något annat sätt än genom min egen upplevelse och den direkta anslutningen till Ljuset som jag fått ynnesten att uppleva.

Den Brinnande Busken tog kontakt med mig för att leverera ett budskap och berätta den verkliga sanningen om mig, vem jag var och hur jag kan forma mitt liv till ett mera komplett liv. Var och en i hela vårt Universum utgör en del av denna sanning.

Eftersom du och jag spelar samma roll i samma mänskliga gemenskap, så var Ljuset inte bara min budbärare utan också din budbärare, din anslutning och din bästa vän. Så det gäller också dig, oss alla. Det är inget att vara rädd för. Aldrig. För detta är vår universella sanning.

Men varför fick jag och inte du en påminnelse från den brinnande busken? I åratal har min publik och mina privatkunder ställt mig den frågan, och jag har i min tur bett Anden att ge mig ett svar.

Varför jag?

Varför spelar jag någon roll? Det tog mig många långa år att förstå, och slutligen, när jag vände mig till Anden, tror jag att jag fick svaret:

Ljuset dök upp som en påminnelse från alla mina tidigare drömmar genom många tidigare livstider, dolda minnen som fortfarande lever i djupet av min själ. En stark relation till Ljuset under en viss livstid försvinner bara inte — den finns kvar där i en eller annan form som levande energi och följer oss genom evigheten. Därför kan energin från gamla drömmar, önskningar och föregående livstider fortfarande vara en del av den du är idag. Den ligger och jäser i vårt inre kosmos där den längtar efter att bli förverkligad.

Medvetenheten försvinner aldrig. Den kan undertryckas ett tag, men den är energi och energi dör aldrig. Din fysiska kropp kommer att dematerialiseras, men Anden, Ljuskällan inom dig, den högsta energin av alla, kommer aldrig att lämna dig på efterkälken. Den kommer alltid att finnas kvar i Evighetens enorma omfattning.

Undangömt i själen hos mitt hjärta — liksom det också kan vara undangömt i själen hos ditt hjärta — ligger ett speciellt minne av stor betydelse och starka känslor som i en Törnrosasömn väntar på att föras tillbaka till livet. Denna dolda kvarleva från gamla tider då du var så nära Ljuset är fortfarande levande någonstans inom dina många dimensioner. Det är detta "Något Mer" som du längtar efter och vill möta igen, men du har ingen aning om hur eller att det kan vara så.

Under många av mina inkarnationer har jag arbetat med det Vita Ljuset i en önskan att hjälpa och hela de behövande, för att i slutet av inkarnationen behöva lida för min tro och verksamhet. Det har lämnat kvar ett viktigt kraftfält i min själ — en inre längtan att få kommunicera med Ljuset igen. Men jag var rädd för att göra det eftersom jag i så många inkarnationer fått lida för min tro och mina förmågor. Så när Ljuset dök upp igen framför mig ville jag därför inte, eftersom det väckte till liv en del av mina undermedvetna minnen. Minnen av besvikelse som jag ville lämna bakom mig i det stora okända havet av det förflutna. Det är märkligt hur det fungerar, eftersom allt detta i det förgångna var för mig helt obekant och omedvetet i det här livet. Jag hade helt enkelt ingen aning om det och ville tydligen inte veta av det heller.

Varför kom det plötsligt upp i ljusan dager?

Svaret låg närmare till hands än jag hade förstått: När den Brinnande Busken visade sig för mig hade jag nått en punkt i mitt liv då jag planerade min framtida karriär och av bekvämlighet valt samma drömmar och mål som mina kamrater: Vi drömde alla om ett enkelt liv fyllt med lyx och rikedom. Det var det som vi bäst kände till och som vi programmerats att sträva efter av vår omvärld. Men mitt undermedvetna hade hört mina planer och började snart reagera:

"Se upp — de världsliga planer som du gör upp för ditt liv är faktiskt inte det du innerst inne söker. Det finns andra planer som väntar på dig i hjärtat av din själ. Planer som det är meningen att du ska uppfylla, planer som funnits i ditt hjärta sedan många livstider tillbaka."

Personligen visste jag det inte, men Anden visste.

"Din själ har längtat efter att få vara tillsammans med Ljuset, och vi ska hjälpa dig att hitta det igen."

Men minnena från att ha litat och trott på Ljuset och ha arbetat med det i tidigare liv var inte de bästa. För då hade makthavarna falskeligen anklagat mig för att vara en trollkvinna på grund av mina dåvarande healingkrafter. Fylld med smärta och skräck avslutade jag mina dagar i det livet[1] och jag erinrade mig att Ljuset inte hade kommit till min undsättning. Naturligtvis ville jag inte lyssna på Anden igen och helt klart ville jag inte ta del av något liknande ännu en gång, så jag svarade snabbt:

"Försvinn, gå härifrån! Du skrämmer mig! Jag vill inte ha med dig att göra. Inte nu, inte i morgon, inte någonsin! Försvinn ur min åsyn!"

---

[1] Läs mer i *Constant Awakening* av Helena Steiner-Hornsteyn

Detta var anledningen till att jag inte ville lyssna på Ljuset när det dök upp framför mig i mitt studentrum och förklaringen till varför jag blev så rysligt rädd.

Under åren efter att jag hade avslutat mina studier, kastades jag in i ett liv med fester och glamour genom ett äktenskap av lyx och resor, det drömliv som jag trodde jag alltid velat ha. Genom giftermålet hade jag kommit in i den internationella jetset kretsen och jag trodde glatt att jag hade uppnått mina mål. Föga anade jag att ur Universums synvinkel hade jag inte ens snuddat vid mina mål. Jag hade en lång, lång väg framför mig att gå.

Plötsligt gick min make bort i en bilolycka. Allt gick så fort, bara inom några sekunder var ett liv förbi. Jag trodde mitt liv var slut. På många sätt hade jag rätt. Åtminstone det som jag trodde var mitt liv hade försvunnit.

Men jag reste mig igen, torkade bort mina tårar och började om mitt liv. Det var inte lätt att börja från första början. Främst tack vare att jag kände de rätta personerna i de så kallade rätta positionerna fick jag högt kvalificerade professionella uppdrag och skickades till andra länder som kontraktsförhandlare i affärsvärlden. Jag var ung, orädd och hade inget att förlora, och uppskattade till fullo min goda tur att ännu en gång få leva ett liv som jag trivdes med.

Under mina stilla stunder försökte något inom mig, en stilla inre röst, att få kontakt med mig, men jag viftade bort det och bara rusade vidare utan att vara säker på vad jag letade efter —

förutom det jag redan ansåg vara så viktigt som fysiska bekväm-
ligheter och någon annan att älska.

Det var extraordinära år och jag levde ett intressant och täm-
ligen tillfredsställande liv — åtminstone trodde jag att det var år
av lycka. Där fanns fortfarande många misslyckanden och besvi-
kelser, även djup sorg, allvarlig smärta och förtvivlan. Ibland
kände jag att jag fick mer än min beskärda del av olycka och var
besviken på Andens goda vilja. När allt kom omkring så var min
avsikt att göra gott och inget annat än gott, så jag gjorde mitt
bästa för att söka efter "det goda" som jag alltid väntade mig
skulle skina i slutet av tunneln.

Snart kom jag till insikt om att jag var satt under utbildning
i livets skola, där jag fortfarande spelade ett brädspel, ständigt
pressad att rulla tärningen på ett speciellt sätt för att finna nya
vägar och möjligheter. Det gav mig många nya värdefulla lärdo-
mar som ingen doktorsexamen någonsin kunnat erbjuda. Utan
att inse det går vi alla igenom den utbildningen i det här livet
för vår själs utveckling — alltid mot ett högre medvetande. Hur
mycket vi lär oss beror på vår inre önskan och vår själs syfte,
meningen med vårt liv.

Ingen träning är så bra som de verkliga upplevelserna. Endast
den egna erfarenheten, att själv gå igenom och övervinna våra
hinder, utvecklar oss och ger oss slutligen visdom. När vi stude-
rar mänsklighetens historia förstår vi att det är genom erfaren-
heten som vi människor utvecklas. Tyvärr har vi varit mycket
långsamma elever när det gäller att förstå respekt och konse-
kvenser, särskilt konsekvenser — ett område där vi alla behöver

mera vägledning. Det är något som man borde få lära sig i skolan. För innan vi förstår att leva ett liv med respekt för varandra och förstå att ta ansvar för konsekvenserna av vårt handlande, kommer mer fred i världen inte att vara möjligt.

III

Mitt nästa möte med Det Vita Ljuset inträffade flera år senare. Efter några år som ung änka, där jag gjort mitt bästa för att komma över sorgen och minnena av min avlidne första man, hade jag hittat min nya kärlek. Jag var nu gift med min andre man, Hans-Wilhelm, en tysk filosof. I mitt förhållande med Hans-Wilhelm insåg jag snart att jag hade kommit hem. Jag förstod också att vår förbindelse var mer än en tillfällighet. Vi kom från så vitt skilda världar, så olika sociala värderingar, att vår matchning verkade vara helt omöjlig. Jag var trots det helt övertygad om att han tillhörde min livsplan, eftersom endast Anden kunde ha gjort vårt möte möjligt.

Att möta Hans-Wilhelm förändrade mitt liv. Jag tror att våra långa och djupa samtal om Anden och om världen bortom vår egen verklighet återuppväckte den andliga sidan hos mig, den sida som jag undertryckt så länge. Jag upplevde nu en känsla av själslig tillfredsställelse som jag som vuxen inte känt tidigare. Jag hade äntligen funnit en inre frid och var villig att utvidga mitt livs erfarenheter. Kanske att bilda familj och skaffa barn skulle ge en djupare mening i mitt liv? Hittills hade mina dagar varit fullspäckade med jäkt och prestation, men i mitt hjärta fanns alltid en inre längtan efter "Något Mer." Vad detta "Något Mer" skulle kunna vara var jag fortfarande inte helt säker på, men kände att jag befann mig på en ny väg som jag trivdes med och där jag kände mig trygg.

Den här speciella dagen hade Hans-Wilhelm och jag varit ute och vandrat i bergen, innan vi satte oss ner för en lugn middag på ett pittoreskt litet värdshus vid Wolfgangsee i de österrikiska Alperna nära den tyska gränsen, där vi hade tillbringat några avkopplande dagar. Vi delade en kanna av husets vin vid ett bord under träden utanför värdshuset och njöt av solnedgången denna vackra höstdag. Trötta efter dagens utflykt gick vi tidigt till sängs ovetande om att ännu en gång skulle något hända som kom att avgöra hur min fortsatta levnad skulle gestalta sig. Anden, i form av det Vita Ljuset, kom återigen på besök för att hjälpa mig att förstå meningen med mitt liv.

Under den senare delen av natten vaknade jag plötsligt upp av ett starkt ljus i vårt sovrum på hotellet. Närvaron av ljuset var så stark att jag var övertygad om att det av någon konstig anledning, fanns många människor i rummet och att deras uppmärksamhet var riktad mot mig. När jag lyckats samla mig och bli mer medveten om situationen insåg jag att jag var helt omgiven av starkt ljus. Förskräckt satte jag mig upp i sängen, oförmögen att göra någonting, och genast började vågor av vitt ljus rulla mot mig. Jag riktigt kände vågrörelsen välla över mig. Så fort som en ljusvåg hade nått mig "öppnades" den upp och täckte mig med ännu mer ljus. Genast efter att en våg hade nått mig var nästa våg på väg

54

rullande mot mig. Det fanns ingen möjlighet att fly undan ljuset även om jag försökte. Men jag tyckte om ljuset, det kändes bra. Och jag upplevde en stark känsla av inre trygghet när det svepte över mig, precis som om vi hörde ihop.

Trots att det starka ljuset sken så intensivt fortsatte Hans-Wilhelm att sova vid min sida, men han rullade snart över och vände ryggen mot mig som om han inte ville bli störd. Det verkade faktiskt som om han sökte sig till mörkret på andra sidan sängen för han ville bli kvar i sin sköna sömn. Det föll mig aldrig in att väcka honom. Det fanns heller ingen anledning att göra det. Ljuset skrämde mig inte. Allt kändes så rätt och naturligt, jag var till och med nyfiken på vad som skulle komma härnäst.

Just när en stor våg rullade mot mig och kraftfullt öppnade sig framför mig hörde jag *Rösten*.

Så väl jag minns den Rösten.

Det var *Rösten*, samma Röst som jag hade hört i mitt sovrum flera år tidigare i den kalla vinternatten när jag som ung student fick uppleva mötet med den Brinnande Busken.

"Var det en mansröst eller en kvinnoröst?" Jag brukar få den frågan från en kvinnoröst ur publiken när jag nuförtiden berättar historien på mina föreläsningar. Jag är van vid frågan. Jag har fått den många gånger, alltid ställd av en ung kvinna, aldrig en man, aldrig en äldre kvinna.

"Nja, helt säkert var det inte en kvinnas röst. Jag är lika säker på att det inte var en mansröst. Det var en röst jag bara kan definiera som Han-Hon-Den-Det-Allt! Och den talade samtidigt alla de fyra språk jag har lärt mig." Numer kommer mitt svar nästan rutinmässigt.

Sen brukar jag höra en mansröst ur publiken ropa: "Men det är inte möjligt!"

Varpå jag alltid svarar:

"För Gud är allt möjligt!"

Det brukar avsluta min ordväxling med publiken under den här delen av min presentation. Konstigt, under alla mina år på föreläsningsturné har aldrig en kvinna fällt kommentaren om vad som är möjligt eller inte möjligt i Andens värld.

När jag var student och hörde Rösten tala till mig i mitt studentrum hade jag varit utom mig av rädsla. Men inte den här gången. Även om rösten var mer kraftfull och rakt på sak än tidigare kände jag ingen rädsla — ingen alls. I stället for en känsla av fullständigt lugn genom hela min varelse, som om jag hade förärats en nyckel till en hemlig dimension och nu hade fått äran att öppna dörren.

Rösten talade:

"Glöm inte det Första Budet."

Sedan följde en kort paus, liksom för att hämta andan, innan den fortsatte:

"Du ska inte ha några andra gudar före Mig!"

Varje person som hör den här rösten kommer att bli övertygad om att detta är den Högsta Sanningen. Inga ord kan någonsin beskriva storheten av den här erfarenheten.

"GLÖM INTE DET FÖRSTA BUDET:
DU SKA INTE HA NÅGRA ANDRA GUDAR FÖRE MIG."

"...före mig, före mig..." fortsatte att ringa i mina öron.

Orden ekade genom mitt huvud om och om igen:
"Du ska inte ha några andra gudar före mig..."

På grund av det sätt som orden förmedlades — genom en våg av ljus som explosivt öppnade upp sig framför mig, och helt klart och tydligt framförde budskapet — kunde jag inte komma med någon invändning. Det var helt enkelt inte nödvändigt. Meningen var kristallklar.

"Glöm inte det första budet.
Du skall inte ha några andra gudar före mig!"

Det var ett budskap som det var meningen att jag skulle höra. Absolut och direkt från Källan.

Inom ett kort ögonblick förstod jag att jag hade fått grundregeln till en otrolig vetskap om hur man kan göra sitt liv till ett bra liv. En grundregel för framgång utan paragrafer och logiskt numrerade förklaringar. Jag hade priviligierats med en otrolig insikt, en kunskap som helt hade missförståtts av vår värld, eftersom vi tolkar allt nytt som vi hör och ser grundat på det som vi tror att vi redan vet.

Innebörden stod helt tydligt klar för mig: Vart vi är på väg med vår tillvaro beror helt enkelt på vad vi sätter *först* i våra liv: *Vårt personliga jag*, där kultur, utbildning och social bakgrund har företräde och påverkar hur vi tänker och känner om vissa saker, därför att vi anser att det är vårt ansvar att göra det. Och kanske styrs vi också av gammal vana hur det ska vara.

Eller *vårt andliga jag*, där vi släpper vår mänskliga begränsning och accepterar vår samhörighet med Andens obegränsade positiva kraft. Eftersom Anden och jag är en del av varandra blir vårt sätt att se på vår omvärld mer obegränsat och villkorslöst.

Det finns alltid ett val för oss om hur vi ska gå vidare.

∞

Medan vågor av ljus rullade mot mig väcktes en känsla inom mig som jag inte hade erkänt tidigare. Jag kunde bara identifiera den som total ödmjukhet. Med tacksamhet och ödmjukhet var jag villig att släppa taget om mitt mänskliga resonerande, och villkorslöst och utan att döma lyssna till Anden. Jag kunde släppa personliga argument och acceptera att denna makt är så mycket större än den kunskap som jag fått genom min mänskliga kultur och utbildning.

Och viktigast av allt: Jag förstod att ödmjukhet är att veta att vi aldrig kan få sanningen direkt från Anden när och om vi har beslutat att stanna kvar i ett tillstånd av mänskligt intellekt, mänsklig logik eller filosofisk indoktrinering.

I den stunden släppte jag mina mänskliga begränsningar och fortsatte att bada i Ljusets starka energi medan orden ekade genom mitt huvud — tills de så småningom helt tonade bort. Varje våg som rullade in över mig förde med sig ännu ett meddelande, ofta ett svar på frågor som jag undrat över i flera år och där jag aldrig hittat ett godtagbart svar. Det ena explosiva meddelandet efter det andra rullade mot mig — explosivt eftersom varje påstående levererades i ett plötsligt utbrott av ljus som genast verkade gå rakt in i min själ.

Jag befann mig i djup vördnad.

"Vem är du som talar till mig?" ville jag veta, samtidigt som ännu en våg av Ljus rullade mot mig.

"Det är jag, ditt "JAG ÄR" som talar...
Ljuset som lyser inom dig och genom hela Universum.
Det "JAG ÄR" som lever genom allt som är.
Du känner mig redan som ANDEN."

Detta var för stort för mig. Jag förstod inte. Jag behövde veta mer:

"Men *VEM* är du?"

"Jag är JAG ... Jag är ditt "JAG ÄR" och allas "JAG ÄR" inom var och en. Jag hör allt och ser allt. Jag vet allt.

Livet, livskraften, som lyser inom dig...och alla"

"Men VEM är du?"

"Jag är Skapelsen av allt som är."

"MEN VEM?"

"Jag är — JAG ÄR —ditt Högre Jag."

"Jag förstår fortfarande inte ..."

"När du börjar släppa taget om det gamla kommer du att förstå: JAG är "Det HÖGRE JAGET" i dig. Ljuset inom dig som håller dig vid liv. Din kropp kommer en dag att försvinna, men ditt "JAG ÄR" kommer aldrig att göra det.

Jag är ditt liv, nu och för evigt. Jag är den högsta sanningen om den du är. Alltid.

"JAG ÄR" — är överallt, inom var och en och alla ... Särskilt så. Allt och alla.

Jag är ditt Högre Jag och jag lyser igenom evigheten, din och allas.

"JAG ÄR" — är Ljuskällan, evigheten inom allt och alla.

En plats som vet allt, ser allt, hör allt ... Detta är sanningen om vad och vem du är. Och som alla är.

"JAG ÄR LJUSET" — är din väg och din sanning. Förstår du nu?"

DET VITA LJUSET

Allt i det ögonblicket kändes så rätt, så naturligt. Ja, så var det menat. Ett lugn svepte genom mig och jag förstod hur viktigt det var att alltid sätta det goda, Ljuset, först i alla sammanhang. Vi har redan så mycket mörker med alla våra behov, brist på vetande, smärtor, svagheter och tvivel.

"Ja, JAG ÄR LJUSET, är Andens energi inom var och en av oss. Den lever inom dig och allt som har liv i en samhörighet av tidlös kraft."

⌒◯⌒

JAG ÄR!

"Ja, tillåt dig att lysa! Hedra ditt JAG ÄR!
Den du har skapats till att vara!
JAG ÄR LJUSET är Skapelsen inom var och en av oss!
JAG ÄR LJUSET är Kärleken och Ljuset som bor i vårt hjärta. Det
är meningen att vi ska låta det lysa.

⌒◯⌒

Är detta vad det betyder att du inte skall ha andra Gudar före MIG?

Jag behövde höra det igen: Vad det betyder i våra tider är:

"Placera Ljuset, den positiva energin med de goda drömmarna och
önskemålen om Kärlek och Ljus FÖRST i ditt liv.

61

Låt LJUSET, Kärlekens och det godas styrka få bestämma hur du agerar och känner innan du låter bekymmer regera över ditt liv. Sätt Ljuset först, skjut dina problem åt sidan och gör dem inte till en prioritet under din dag. Naturligtvis ska du ta hand om dina problem, men fyll ditt sinne med Ljus först — det ger dig kraft och styrka.

Uppmärksamma vad du sätter först i livet, kärlek eller hat, det goda eller det onda. Det positiva eller det negativa. Lär dig att göra val som gör din dag till en bättre dag.

Detta är vad det betyder. Detta är vad du bör komma ihåg."

Jag tog ett djupt andetag.

Ögonblickligen såg jag sanningen: Vi bör leva i enlighet med den viktigaste regeln i Universum:

Placera Kärlek och Ljus, det GODA, *först* i allt det som vi gör och tänker.

I stället tar vi in mörkrets krafter, rädsla och dåliga nyheter och låter dem styra oss genom våra dagar, veckor och år, och glömmer att Kärlek och Ljus kan föra oss in på en bättre väg.

∞

Efter att Ljusvågorna hade lämnat efter sig meddelanden som det var meningen att jag skulle minnas om hur man skulle leva sitt liv, framträdde plötsligt framför mig en vision av planeten Jorden som i ett flöde av ljus.

Människor levde över hela planeten men på vissa ställen fanns människor som lyste med extraordinär ljusstyrka, nästan som stjärnor. Jag fick veta att de var "budbärarna", de upplysta. De var människor som hade gjort valet att leva i ljuset, och även om de levde långt ifrån varandra, var de alla fortfarande sammanlänkade. Vart de än reste i världen fann de alltid varandra, de drogs till varandra på grund av sin höga vibrationsfrekvens. De kan aldrig hejdas från att hitta varandra.

Visionen blev ljusare och klarare än tidigare och individer som hade valt att stanna kvar i ljuset började lysa mer intensivt. Snart var styrkan av deras ljus så stark att de började stiga allt högre och högre — långt över planeten Jorden. Och när de gjorde det tog de varandra i händerna i en cirkel och skickade sin kärlek till Jorden — innan de förvandlades till riktiga stjärnor.

Jag njöt av visionen och önskade att Vågorna av Ljus skulle fortsätta lite längre, men de försvagades när visionen om vår planet kom i sikte. Så snart visionen av planeten Jorden och alla stjärnorna försvann, försvann även alla spår av ljus omkring mig och rummet var snart tillbaka i mörker. Men inte helt — gryningen till en ny dag kunde redan anas genom de fördragna gardinerna och små strålar av dagsljus sipprade in längs gardinernas sidor. Allt jag nu kunde höra var stillheten i rummet och min mans andetag bredvid mig. Han vaknade aldrig upp för att möta Ljuset. Jag däremot, hade upplevt mitt livs största resa.

Uppiggad och inspirerad erinrade jag mig att en av ljusvågorna hade fört med sig budskapet att jag skulle gå ut i livet och berätta för andra. Jag tog ett djupt andetag. "Gå ut i världen och tala om för dem att göra — vad?" viskade jag för mig själv. Jag tvekade plötsligt och passionen jag hade upplevt bara några ögonblick tidigare, när jag var omgiven av Ljus, var som bortblåst.

Var det tänkt att jag skulle göra ett åtagande? Var jag beredd för det?

"Berätta för andra om vad då? Skulle de förstå eller ens vara intresserade? Skulle jag vara tillräckligt bra? Skulle andra ha lust att lyssna?" Vad hade jag fått lära mig? Jag var inte säker på någonting längre.

"Skulle andra få nytta av kunskapen?"

Naturligtvis, i hög grad. Skulle de gynnas? Ja, oerhört. Om de bara brydde sig om att lyssna skulle det ge dem inre frid och kärlek till andra i deras omgivning och vi skulle få fred på Jorden. Det skulle gynna alla människor på vår vackra Moder Jord.

"Brydde jag mig?" Naturligtvis. Jag hade gjort plats för Ljuset i mitt hjärta, så det kunde stanna kvar där och tala till mig direkt. Naturligtvis brydde jag mig. Men jag var inte säker på om jag var beredd att övertyga andra. Och ville jag?

Hur skulle det överhuvudtaget gå till?

Entusiasmen jag hade upplevt bara några ögonblick tidigare var nu ersatt med tvivel. Jag levde ett bra och lyckligt liv. Varför skulle jag gå ut i världen och medvetet be om problem? Folk ändrar helt enkelt inte sina vanor bara för att något skulle kunna gynna och hjälpa dem. Och när en person börjar acceptera en tro, är han eller hon fortfarande inte villig att följa den tron, om inte vänner och bekanta är inne på samma väg. Mycket få bland oss vågar gå sanningens väg ensamma.

Ljuset hade uppmanat mig att lysa — men hur lyser man? Det verkar logiskt att du lyser när du har Kärlek, Ljus och övertygelse. Hur kan du lära andra en sådan sak om de inte tror på Kärlek och Ljus? Hur lär man ut Kärlek och Ljus och en känsla? Vi lär oss bara genom egna erfarenheter och genom att släppa gamla blockeringar. Är det syftet med våra liv, att lära oss Kärlek och Ljus genom egna erfarenheter? Att göra vårt liv till en ständig strävan efter Kärlek, en Villkorslös Kärlek?

Vad är det viktigaste vi måste lära oss om Ljuset? Att sätta Ljuset först i våra liv. Prioritera det Goda och Positiva. Tillåta det att visa oss sin styrka genom att eliminera mörkrets negativa krafter. Låta Ljuset vägleda oss i våra beslut. Nu och alltid, i synnerhet under svåra tider. Det betyder att vi sätter lösningen i främsta rummet innan problemet har fått grepp om oss. Det betyder att vi lyssnar på det positiva i vårt liv innan vi lyssnar på det negativa. Det betyder att lyssna till vårt hjärta och inte på vår rädsla.

Det betyder att lyssna på vår glädje och inte till våra tårar.

Det är faktiskt ganska enkelt!

Detta är innebörden av Första Budet. Inte en separation såsom vi sett den förut, utan en gemenskap, en enhet, en samhörighet. Ett budskap om att när vi upplevt en situation av hat eller missnöje, så bör vi släppa det och lämna det bakom oss. Älta det inte, se framåt mot en lösning och låt istället Ljuset lysa över ditt liv. För det är just det som det handlar om i vårt gränslösa Universum: Att sätta Kärleken och Ljuset först. Hur många gånger ska det behöva sägas innan vi kan börja förstå?!

Orden från Ljusvågorna ringer än i dag i mina öron och har kommit att bli den grundläggande principen för mitt healingarbete. När någon går igenom svåra perioder och är osäker på vad som blockerar honom eller henne från framgång, frågar jag alltid, vad det första är som de tänker på när de vaknar på morgonen?

Till sin förvåning inser de flesta snart att de har gjort sitt problem till "guden" i sin dagliga rutin. De har satt problemet först och fortsätter nu att låta sina negativa tankar styra sitt dagliga liv. Problemet är det första som kommer in i deras tankar när de vaknar på morgonen, och det sista som de tänker på innan de somnar. Och vad händer om de skulle vakna upp mitt i natten? Deras speciella problem dyker återigen upp i deras tankar och det blir svårt att somna om. Inte undra på att de har svårt att känna sig glada eller bli friska.

Alla chockas när de inser hur viktigt det är att följa första budet, det vill säga att välja Ljuset, att sätta det positiva först i sitt liv. En gammal biblisk kunskap som fungerar ännu.

Ljuset har övertygat mig om att det finns en källa till gränslös kunskap inom varje levande varelse. Denna otroliga energi kallas JAG ÄR LJUSET och är Vår Skapares starka Närvaro inom var och en av oss. Och jag förstår också att den energin är min varelses sanna verklighet, vilket gör mig till en andlig varelse i fysisk form. Kärnan i den här energin är en frekvens så hög att jag med mitt begränsade mänskliga förstånd bara kan uppfatta den som — Vitt Ljus. Ju starkare kontakt vi har med vårt inre Ljus, desto högre är vår frekvens och samordnat stiger vår medvetenhet för en bättre värld.

Denna högre makt inom var och en av oss hör till evigheten och kommer en dag att gå tillbaka till evigheten när min mänskliga kropps mission i den här verkligheten har uppfyllts. Vårt medvetande, som är tänkt att expandera i detta liv, kommer också att återvända till evigheten och fortsätta in i "livet efter detta."

Det är så enkelt och rakt på sak. Varför gör vi det så komplicerat?

I den här processen blev jag återigen påmind om betydelsen av ödmjukhet. Det betyder helt enkelt att släppa taget och lyssna på Ljuset utan mänsklig bedömning och resonemang. Det innebär att vi måste vara absolut villkorslösa och komma ihåg att det finns en yttersta makt som är större än vi är, oavsett vilka vi är och oavsett hur mycket vi tror att vi vet genom vår mänskliga hjärna. Att förstå ödmjukhet är att veta att det är omöjligt att höra sanningen direkt från Den Högre Kraften, så länge vi stannar kvar i vår mänskliga logik och indoktrinering. Vi måste vara vördnadsfulla inför Ljusets kraft och acceptera att Ljuset fanns före oss. Ljuset skapade storheten i vårt mänskliga sinne och allt det vi känner som vår värld. Att vara ödmjuk innebär att släppa taget om vårt mänskliga ego, att vara helt villkorslös och lyssna på vad Ljuset har att säga. Och låta denna högre makt — inte vårt fysiska ego — tala till vårt hjärta och vägleda oss i våra gärningar.

Efter att Vågorna av Ljus hade försvunnit från vårt sovrum var det uteslutet att somna om, så jag bestämde mig för att ta en tidig morgonpromenad över bergssluttningarna. Naturen pulserade av fräschhet denna tidiga timme, luften var klar och daggen glittrande på marken. Djur gick förbi mig utan att visa rädsla. Jag kände en nära samhörighet med dem, men de verkade inte bekymra sig om min närvaro. Rädsla är för dem en känsla av skydd, en naturlig mekanism för att hålla dem och deras avkomma borta från fara. De verkade inte störas av min närvaro och att jag korsade deras väg under deras dags första timmar. De hade frid.

Och så även jag.

IV

Medan jag njöt av naturen tänkte jag på Hans-Wilhelm. Varför vaknade han inte? Hur kunde han undvika att inte väckas av allt Ljus som strömmat över oss?

Energin hade varit så hög att jag nästan kunde höra den i min kropp. Skulle jag ha väckt honom? Han var den berömda

filosofen och en expert på området. Vad skulle han säga när jag berättade för honom om Vågorna av Ljus och den information de hade gett mig? Hans-Wilhelm och jag hade vanligtvis underbara samtal tillsammans och jag såg fram emot att få dela min erfarenhet med honom. Jag var säker på att han skulle ge mig svar på det jag fortfarande undrade över.

Och det där med Första Budet? Hur var det nu? Varför var det så svårt att komma ihåg vad jag en gång kunde så bra? Vi hade fått lära oss de Tio Budorden från Gamla Testamentet i grundskolan och återigen när jag konfirmerades i Svenska Kyrkan som tonåring. På den tiden kunde jag verkligen mina Tio Budord som då framstod som helt vettiga för mig. Jag tycker fortfarande att de är helt förnuftiga, för de talar om för oss hur vi bör uppföra oss gentemot varandra för att skapa ett lugnt och harmoniskt samhälle. De har ingenting med religion att göra.

Jag var mycket angelägen om att dela min otroliga upplevelse med Hans-Wilhelm och var säker på att min erfarenhet skulle leda till många nya och inspirerande utbyten av idéer under lång tid framöver.

Jag fann det som jag trodde var det perfekta ögonblicket senare under dagen. Hans-Wilhelm bjöd mig på en båttur på sjön, bara vi två i en romantisk liten roddbåt med traditionella graveringar på sidorna och i aktern. När vi kom tillbaka var jag nöjd och belåten efter roddturen, och effekterna från ljuset tidigare på morgonen dröjde sig fortfarande kvar runt omkring mig.

Med ett lätt leende och rakt på sak frågade jag Hans-Wilhelm helt spontant:

"Hur lyder Första Budordet?"

"Du skall inga andra Gudar hava jämte mig", svarade han med samma ord som han en gång hade fått lära sig i kyrkan, uppenbarligen förvånad över min ovanliga fråga. "Varför frågar du?" frågade han med ett leende, fortfarande road av min fråga.

Jag visste inte hur jag skulle börja. Plötsligt verkade allt så overkligt. På ett enkelt sätt berättade jag för honom om Vågorna av Ljus som rullat in över mig och fört med sig alla dessa meddelanden om den sanna innebörden av det Första Budet till mig. Jag var begeistrad:

"Har jag mött Gud?" skämtade jag med ett skratt, fortfarande övertygad om att erfarenheten hade varit mycket speciell.

Till min förvåning delade inte Hans-Wilhelm min iver. Bara några ögonblick tidigare hade han lett och verkat mycket glad, men nu var hans ansikte plötsligt kallt.

"Du får aldrig berätta om den här upplevelsen för någon" var det första han sa. Han verkade oroad.

Jag var chockad och visste inte vad jag skulle säga. Jag hade aldrig sett honom reagera så här förut. Han sa också något om att världen inte kan hantera den här typen av information, och det skulle bara skapa nya problem för oss. När allt kom omkring så var Hans-Wilhelm på den tiden den erkände experten på gudomlighet, inte jag, så jag lät honom tala.

"Genom historien har människor dödats på grund av den här sortens upplevelser", fortsatte han. "De kommer att jaga eller håna dig och oss. Vi kommer inte att vara säkra." "Men vi lever i en modern tid", försökte jag inflika. "Vi reser världen runt i flygplan, tittar på TV, använder telefon, och vi kan tro vad vi vill." Jag förstod inte. Varför ville han inte att jag skulle berätta för någon?

Hur jag önskade att jag aldrig sagt något till honom. Det här var inte vad jag hade förväntat mig.

Jag bytte snabbt samtalsämne och nämnde vår kommande resa till USA i hopp om att han skulle glömma mina kommentarer. Och allt var lugnt ett tag.

Men några minuter senare vände sig Hans-Wilhelm mot mig och sa som en avslutning: "Du måste lova att aldrig berätta för någon om det som hände."

Han förklarade inte varför och väntade inte heller på mitt svar.

Detta var finalen till min stora upplevelse. Sista versen, sista ordet och slutet på ett otroligt budskap som jag fått som en personlig gåva av Universum. Jag hade blivit förmanad att inte tala med någon om det, aldrig någonsin igen.

Hur ofta har det hänt oss att inte ha fått tala ut om våra andliga upplevelser?!

Så jag lät det vara.

Vi tog aldrig någonsin upp ämnet igen. Inte vid något tillfälle. Inte en enda gång. Det var borta för alltid från vårt gemensamma liv.

Enligt hans önskemål delade jag aldrig min erfarenhet med någon annan. Men innerst inne kunde jag inte glömma. Allteftersom tiden gick, trängde sig budskapet allt djupare inom mig och effekterna av mitt möte med Ljuset blev allt starkare. Så jag kunde inte och skulle inte glömma.

Istället utvidgades min medvetenhet om livet runt omkring mig. Jag blev säkrare än någonsin tidigare på att jag hade väckt till liv energin av detta oförklarliga, detta "Något Mer", som jag hade anat fanns någonstans. Långsamt började jag förstå att detta "Något Mer" var verkligt, och fanns inom var och en av oss. Jag förstod också vikten av att vara ansluten till detta "Något Mer."

Mina erfarenheter med den Brinnande Busken och Vågorna av Ljus bildade en säker och trovärdig plattform inom mig om vem jag verkligen var, och vilka vi alla kan vara. Jag förstod också att jag bara var mottagaren av ett budskap, som skulle föras vidare till andra. Och snart hade jag skapat en ny fast förbindelse i mitt undermedvetna till den Högre Kraften. En relation som inte bara stärkte mig — den bekräftade också min tro att det verkligen finns en högre makt som är en del av mitt liv.

När allt kommer omkring hade jag fått förstahandsinformation om Ljuset som ingen kunde ta ifrån mig.

När jag till slut åratal senare började på min väg som healer, blev "Jag-Är-Ljuset-Principen" min sanning och själva grunden för mitt healingarbete. Det fanns ingen tvekan i mitt sinne att det var så det var tänkt att vara ...

V

Medan jag skrev det här kapitlet var jag inbjuden att hålla ett föredrag på en internationell konferens i Norge. Nu hade många år passerat av tankar och kontemplation sedan min erfarenhet med Vågorna av Ljus, men de var fortfarande en del av min dag, varje dag, varje minut på dagen. De hade format mig till den som jag nu var. När jag såg publiken framför mig fick jag plötsligt en ingivelse att berätta hela sanningen, utan att hålla tillbaka information som jag alltid gjort under tidigare år. Jag kände att det var dags.

Dags för vad?

Dags att dela med mig av resten av historien, så som den verkligen hände. Jag hade vid det här laget berättat händelsen många gånger på föreläsningar och workshops på båda sidor av Atlanten. Jag hade också skrivit om den i min tidigare bok, *Constant Awakening*, men jag hade aldrig nämnt alla omständigheter runt det inträffade förut. Den här gången skulle jag inte låta tillfället passera förbi.

Jag kommer nu att berätta hela historien:

Varifrån kom budskapet som jag fick? Varför har den här erfarenheten på bara några minuter fått ett så starkt fäste i mitt sinne, att den sakta men säkert expanderat till ett helt nytt tros-

73

system? Varför försvinner aldrig de ord jag hört för så länge sedan i glömska? Vid den här konferensen lämnade jag tillfälligt de frågorna åt sidan, och för första gången berättade jag hur det inträffade verkligen utspelade sig för alla dessa år sedan. När jag först skrev boken *Constant Awakening* var vår värld en annan värld, fortfarande mycket skeptisk mot all form av frigörelse från gamla trossystem. Jag var tvungen att respektera att vår värld var, och i viss mån fortfarande är, en värld omgärdad av kontroller och begränsningar, där vi måste följa vissa riktlinjer för vad vi får tro, skriva och säga.

Nu, för första gången, kände jag att jag vågade offentliggöra det jag under många år inte varit beredd att berätta för världen, inte i min tidigare bok och heller inte i mina föreläsningar och workshops.

Det speciella meddelande som rösten delgivit mig och som jag inte hade haft mod att ta upp tidigare var detta:

"Religion är det största *missförståndet* på planeten Jorden!"

Med budskapet kom flera förklaringar, direkta och enkla, men ändå framstår de som mycket viktiga.

Så fort jag hade uttryckt den enkla meningen inför min publik stod alla överraskande upp och applåderade spontant.

Jag kunde inte låta bli att le. Ja, tiderna har förändrats. Förut kunde man inte säga sådana saker. Jag vill ändå be om ursäkt till alla de goda människor som är djupt troende och tillber en kärleksfull Gud. Jag menar då rakt inte er, och snälla ni, fortsätt att läsa resten av historien. Jag är säker på att i slutändan är vi överens — jag tror också på en kärleksfull Gud.

Rösten sa *MISSFÖRSTÅND*. Den sa inte *misstag*, och den sa inte *fel*.

Missförstånd är något annat. Det är att vara ärlig och uppriktigt känna att du har rätt.

När vi går tillbaka i historien påminns vi om allt lidande som oskyldigt troende har fått utstå från makthavare som krävt att livet skulle levas på ett speciellt sätt i religionens namn. Religion har blivit ett medel för vissa ledare att styra inte bara andra människors egna trosuppfattningar, utan också att att ta kontroll över deras personliga liv, deras tankar, pengar och frihet. Religionerna har uppkommit genom människors naturliga känslighet för andlighet. Människor har alltid haft en inre önskan att vara i förbindelse med Något Högre och Bättre, det är en del av vårt naturliga jag. De som ville utöva kontroll över andra använde just den andliga ådran hos människorna för att nå sina mål. Tradition var dessutom av stor betydelse och en av grundprinciperna för religionens fortlevnad. Religionen har skapats av män och deras uppfattning om sin värld. Inte av kvinnor, och inte av män *och* kvinnor tillsammans. För att lättare leda andra till en speciell tro skedde detta ofta genom att beröva dem deras frihet på samma gång som man elegant skapade en stark känsla av rädsla. Grundprincipen var att få kontroll över andra genom att reglera deras livsåskådning och hur man skulle leva sitt dagliga liv. Det var viktigt att passa in i omgivningens traditioner och alla påbud som religionens ledare hade bestämt.

Och så har det förblivit på vår jord.

Den viktigaste delen som jag aldrig vågat berätta för någon tidigare var att det inte var Vågor av Ljus som väckte mig. Det som väckte mig var Ljusvarelser som trädde in i vårt sovrum, en entré så kraftfull att jag uppfattade toner precis som ett mäktigt stycke musik när de dök upp.

Jag vet inte hur de kom in — dörren öppnades aldrig. Plötsligt var de där, omgivna av ljus. Det var mycket tydligt att de ville ha min uppmärksamhet. Allting hände så fort. Jag visste att de kom för min skull. Vilka dessa varelser i Ljuset var och varför de valt att komma till mig vet jag inte, men jag fick den information som det var meningen att jag skulle få. Det var *budskapet* som var det viktiga och som skulle föras ut i det fria, inte att berätta för världen vilka de var och varifrån de kom. Poängen är överlevnaden av vår vackra värld så full av underbara underverk, där det också ska finnas utrymme för människor att leva i harmoni med varandra.

Vilka var budbärarna?

Änglar?

Andliga guider?

Utomjordingar?

Dimensionella varelser?

Jag blir er svaret skyldig eftersom jag hoppas att vi ska förstå att vår värld är en värld av obegränsade möjligheter, där föreställningskraften är viktigare än faktakunskap någonsin kommer att vara. Den vidrör en aldrig sinande källa av kreativitet djupt inom oss — den ser även genom dimensionerna. Föreställningsförmågan står i direkt förbindelse med den andliga sfären genom

gränslösa insikter, åsikter och visioner. Den öppnar många fler
dörrar framför oss än vad vanlig kunskap någonsin skulle kunna
göra. Den förmågan kan ge visioner om fler lösningar, svar som
ständigt finns tillgängliga för oss — allt som krävs är att ha en
öppen själsläggning. Alla nya uppfinningar, alla nya möjlighe-
ter och planer, har börjat med vår föreställningsförmåga och ett
öppet sinne utan begränsningar.

Tillsammans med allt annat som hände före och efter Ljusets
intåg i mitt liv hade jag hittat mitt svar. Svaret är lätt att förstå —
som alltid när man har ett öppet sinne. Vi är alla en del av "Något
Mer", en gränslös universell kraft, var vi än befinner oss i denna
värld så full av många möjligheter. Den kraften som jag ser som
"Något Mer" är egentligen "Jag Är", själskraften i Universum.
Jag ser den som det Vita Ljuset, Gudskraften, Urkraften, den
energi som styr hela detta obegränsade Universum. Du kan kalla
den för vad du känner för, du kan även ge den ditt eget hemliga
namn. Kraften bryr sig inte. Den är vad vi gör den till.

Det som är viktigt att veta är att den här Kraften inte är så
långt borta som man vill få oss att tro. Den inte bara omger oss
var vi än befinner oss, den finns *också* inom oss alla — dig och
mig och alla andra.

3

Vår medfödda samhörighet med det förflutna, nutiden och framtiden

Flera dagar efter mitt möte med Vågorna av Ljus slog det mig plötsligt att livet runt omkring mig verkade mer intensivt, som om allting omkring mig vibrerade på en mycket högre frekvens. Himlen verkade vara mycket närmare och ännu blåare än tidigare, gräset såg grönare ut och intrycket av dem jag mötte på gatan var så starkt att jag ibland var tvungen att gå åt sidan när de gick förbi. När jag tittade på dem på "ett visst sätt", upptäckte jag små strålar av energi strömma ut från deras kroppar. Ibland kunde de små energistrålarna innehålla bilder och avtryck som jag inte förstod. Men snart tolkade jag det till minnesbilder från det förflutna som fortfarande på det ena eller andra sättet påverkade just den individen.

En ny värld hade öppnats upp för mig. Som på en skärm kunde jag för min inre blick se *igenom* en individ på ett sätt som bara kan beskrivas som otroligt. Inuti den fysiska kroppen hos en individ kunde jag tydligt se geometriska symboler som fyrkanter, cirklar och trianglar. Ibland syntes de till och med i klara färger. Jag kände att symbolerna försökte tala om något för mig, något som till en början inte lät särskilt vettigt, men jag började snart förstå deras innebörd. Ibland brukade jag glatt beskriva mina visioner för min omgivning, vilket de flesta fann ganska roande. Snart förstod jag också att de symboler som dök upp framför mig representerade våra inre organ och deras tillstånd. De olika linjerna här och där visade sig vara blockeringar som i sin tur förklarade varför en person inte mådde bra.

Erfarenheten var både intressant och inspirerande men mest upplevde jag min märkliga förmåga som en naturlig del av den som jag var, och trivdes med det. Vid vissa tillfällen kunde visionerna vara ganska humoristiska, och till allas förvåning brukade jag ibland spontant skratta högt när jag såg "genom" personen som jag läste av. För symbolerna för organen kunde ibland "tala med" mig och förmedla de märkligaste ting om deras tillstånd. Så enkelt det plötsligt blev att förstå varför människor inte mådde bra, orsaken var ju helt tydligt markerad framför mig. Jag uppskattade med glädje den nya värld som hade öppnats upp framför mig.

Plötsligt kom jag ihåg.

Det var så här som jag hade upplevt livet omkring mig som barn. Men allteftersom jag blev äldre, började jag slå bort mina visioner och ville inte acceptera dem längre, eftersom de inte verkade vara till någon nytta varken för mig eller någon annan. De hade också blivit en stark belastning för mig.

"Åh, Himmel, jag kan seeee igen", ville jag skrika ut till världen så snart jag hade förstått min sanning. Det kändes som om jag hade varit på en lång resa till världens ände och att jag nu hade kommit hem. Plötsligt såg jag mig själv i min tidiga barndom, och mindes hur jag då kunde uppfatta olika sorters geometriska symboler inuti människor och hur strålar av energi flöt ut från deras kroppar. Jag kom ihåg hur jag upplevde naturandar i skogen och hur verkliga de var, och hur personer som jag kände från tidigare men som inte längre levde bland oss plötsligt kunde träda fram inför mig och ge mig budskap.

Jag erinrade mig den närhet jag hade känt till elementen i naturens värld när jag var ute i skogen och fick ta emot intuitiva budskap om naturen och hur den fungerar. Jag förstod inte allting, bara accepterade det som en verklighet och hade en känsla av att vara i harmoni med hela skapelsen. När jag gjorde det, fick jag intryck av att andra dimensioner öppnades upp för mig och ville dela med sig mer information till mig. Mina erfarenheter i de stora skogarna, av att lyssna till naturens krafter runt omkring mig ... allt började komma tillbaka till mig.

Jag kom ihåg de små energivågor som strålade ut från alla former av liv och materia. Vad jag inte förstod då, men som jag insåg nu, var att jag kunde "se" energi, och den energin visade sig för mig i form av bilder som dök upp precis som på en stor skärm framför mina inre ögon.

Nu insåg jag att det fanns en stor och spännande värld omkring oss alla, som jag inte hade vågat erkänna tidigare. Varför i hela världen hade jag lämnat denna praktfulla idévärld?

Jag var inte något ensamt barn som behövde uppmärksamhet under mina tidigare år. Mina dagar var fyllda av jämngamla vänner, oftast pojkar. Vi lekte pojklekar, sparkade boll, byggde kojor i skogen, och som ledaren i gruppen löste jag ofta mina problem genom en god fysisk kamp. Jag var lång och stark, större än de andra, så jag klarade mig bra. Mina vänner förstod inte alltid vad jag talade om men accepterade generöst mina ord. De kände att de var tvungna att acceptera allt vad jag sa, annars tvekade jag aldrig att ge mig på dem med mitt mycket effektiva "raka höger" knytnävsslag.

Hur skulle mitt liv ha sett ut om jag hade gjort ett annorlunda val tidigare i mitt liv och vårdat den gåva som jag fått? Trots att många avundades mig och mitt liv var fullt med spännande händelser, så var det liv jag hade valt att leva materialistiskt och ytligt. Inte undra på att jag inte hade frid i mitt hjärta. Inte undra på att jag ständigt hade sökt efter "Någonting Mer."

Jag kunde aldrig erkänna vem jag verkligen var.

Snabbt förändrades mitt liv till en ny och fascinerande värld fylld med underverk, och jag kunde inte få nog av alla nya intryck som dagligen kom min väg. Gradvis förstod jag att "något eller någon", en Kraft som kändes så nära mig, försökte kommunicera med mig. Det var tydligt att den hjälpte mig genom att visa mig vad som var ur balans inom en person (eller till och med en situation) och jag fick också veta varför. Så snart jag såg bilden framför mig som visade mig ett problem, överväldigades jag av en inre önskan, en högre intention, att positivt kunna påverka situationen och få allting tillbaka i balans igen. Jag lät den intentionen ta överhanden och inom bara några få sekunder visades en ny bild inför mina inre ögon. I den bilden var allt i sin ordning igen. Anden hade helt enkelt visat mig en ny verklighet. Och nu hade en healing ägt rum.

Så snart jag förstod innebörden av mina visioner var de inte förvånande på något sätt, bara ett bevis på en osynlig verklighet. Konstigt nog gavs dessa visioner till mig bara när jag tittade på individer på "ett visst sätt."

Jag har alltid haft ett fotografiskt minne och när ett nytt ord kom min väg kunde jag omedelbart se ordet som en del av ett stort fotografi, och brukade då genast förstå sammanhanget. Visioner hade alltid varit en del av mitt naturliga jag.

"Vad innebär det att titta på en individ på "ett visst sätt" och kan jag också göra det?" har varit en återkommande fråga från många nyfikna åhörare under hela min karriär.

"Jag kan bara beskriva det som ett ögonblick av en oerhört fokuserad intention, helt fri från alla slags sidospår såsom misstro, logik eller intellektuellt resonerande. Ett moment där jag helt enkelt ber en Högre Kraft, som är god, att ge mig information", brukade jag svara, inte säker på om de skulle förstå. Men jag fick inga fler frågor.

Att titta på en person "på ett visst sätt" betyder att jag har full tillit till min avsikt att gå in i en "fullständig harmoni", en total samhörighet med en Högre Kraft, som vill hjälpa och göra "hel" igen. Processen tar endast bråkdelen av en sekund och är omöjlig att förklara med ord, eftersom den är så snabb och fokuserad. En annan orsak är att den sker på en helt annan nivå än intellektet och måste komma direkt från hjärtat, från ditt eget villkorslösa hjärta — ingen annan kan göra den åt dig.

Det grundläggande kravet för att befinna sig i villkorslös gemenskap med den Högre Kraften är inte bara *avsikten* utan också: *"Du måste vara DET."* Detta innebär att du måste *vara en del av* processen och uppleva/känna den djupt ner i ditt hjärtas innersta, in the heart of your soul. Det kan inte upprepas ofta nog: Grunden för den här sortens arbete måste vara en djup, villkorslös kärlek och aldrig dogm, logik eller intellekt. Det finns ingen annan möjlighet.

Som vuxen och med mina ovanliga krafter tillbaka började jag nu undra: Hade jag sett det här hela tiden, och hade jag bara skjutit undan min förmåga att se genom dimensionerna eftersom jag som barn hade blivit tillsagd att göra det?

Dag efter dag, vecka efter vecka, upprepades samma tankar i bakhuvudet. Mitt tvivel ville inte försvinna och jag undrade ständigt: Hade mina förmågor funnits där hela tiden? Och i min vägran att acceptera att jag var annorlunda, hade jag tidigare konstruerat en ny och enklare verklighet utan underverk som skulle vara mer acceptabel för andra och lättare för mig att leva med?

Är detta något som händer med många av oss? Att hela tiden känna att vi vet *Mycket Mer* och att någonting fattas i våra liv? Eller uppleva att *Något Mer* väntar på oss någonstans i det stora okända, men vi vet inte vad det är? Så vi håller tyst.

Kanske vi alla kan se så mycket mer än vi förstår, men de som vi litade på i vår tidiga barndom talade om för oss att det vi såg och talade om bara var fantasi, och att det inte hade något att göra med vår verklighet. Och vi tappade vår naturliga tro.

Det hände mig. När jag började skolan fick jag snart höra av mina lärare att mina visioner bara existerade i min fantasi och jag skulle sluta prata om dem. Så det gjorde jag. Jag inte bara slutade tala om dem, jag gav även upp att se det som jag hade sett och blev likadan som alla andra. Det, i sin tur ledde mig till att känna mig osäker och inte säker på vem jag var längre. Tyvärr kom den känslan av osäkerhet om vad man kan säga eller inte säga att påverka mig under flera år framöver.

Jag minns särskilt hur min lärare i andra klass, fröken Lindberg, en kristen fundamentalist, viftade bort mina visioner och definitivt inte delade min stora iver, när jag beskrev något som jag mycket tydligt hade sett framför mig. Hon hade ingen aning om vad jag talade om. Irriterad bad hon mig så småningom att sluta berätta historier som inte var sanna och att det var en synd att ljuga. Inte heller någon annan i skolan lyssnade på mig, så jag fick intrycket att vissa saker var socialt oacceptabla och borde inte diskuteras offentligt — liksom att gå på toaletten eller peta sig i näsan. Till slut följde jag min lärares instruktioner och ignorerade alla mina visioner och så småningom försvann de helt.

Men kanske såg jag dem i alla fall? Kanske fanns de där hela tiden, fast jag medvetet drev bort dem så att de blev osynliga för mina inre ögon? Eller föredrog jag att avvisa den delen av mitt liv? Kanske de flesta av oss är medvetna om energierna runt omkring oss, så vi köper fler böcker och går på fler föredrag för att lära oss mer. Men vi vågar inte ta nästa steg och engagera oss. Det är en fråga om att släppa det gamla och tona in till det som finns bortom vår horisont. Att lära oss att det fortfarande kan vara en del av vår verklighet. Eller så har vi skapat en värld där det är meningen att vi ska förbli okunniga om vårt sanna jag — en värld av oro och rädsla, där andra kan ta över vårt liv och få oss att följa *deras* vägar och riktningar?

Allteftersom jag gav det lite mer eftertanke kom jag att tro att det här kan vara den dolda sanningen om alla människor i den här världen. Vi är alla ursprungligen avsedda att vara levande Ljusvarelser. Vi är alla skapade från Ljuset med en flamma från den födslorätten fortfarande lysande inom oss, men vi har valt att gå i en annan riktning. På många sätt beter vi oss precis som barn som springer iväg hemifrån.

Som utbildad och oberoende vuxen var jag nu villig att acceptera min verklighet och beslutade att gå vidare på den väg som hade uppenbarats för mig.

Numera, när jag ser de tunna ljuslinjerna som strålar ut från människor, uppfattar jag dem som frekvensvågor. Jag vet vad de betyder och förstår också att de är del av den sammanhängande enhet av livskraftsenergi som ger oss liv. De strålar som visar sig är ingenting annat än en utskrift av energi som beskriver vår fysiska kondition och välbefinnande.

Ibland är de strålar som strömmar ut från individer vilda och i oordning, och andra gånger visar de sig i ett flöde av vackra böljande vågor i absolut harmoni. Vid vissa tillfällen är strålarna raka och vid några sällsynta tillfällen är de raka linjerna uppskurna i mindre delar, alltid i en blekt grå-gul färg.

Strålar i ett harmoniskt flöde kommer från en person i frid. Strålar som liknar grenar från en taggig buske tillhör en person i disharmoni, full av stress med känslor och tankar i oordning. Idag förstår jag också att de vågor som strömmar ut från en viss del av kroppen är signaler som låter mig veta att den här delen av kroppen inte mår bra och är inte i balans med resten av kroppen, som till exempel vid mag- eller hjärtproblem eller om ryggraden är sned.

När jag såg raka energistrålar brukade jag bli bekymrad. Tillfällig sjukdom visar aldrig raka strålar. Jag förstod redan som barn att raka strålar inte var bra. Raka strålar innebär ett allvarligt tillstånd där den naturliga livsenergin håller på att tyna bort. De strålarna är ett vanligt tecken på kronisk sjukdom, ofta i slutskedet, men det är aldrig min sak att avgöra vad som är i slutskedet eller inte, och jag skulle verkligen aldrig berätta det för någon om det vore fallet. Om de raka strålarna är brutna i mindre delar är de vad jag kallar "dödsstrålar." De utstrålar en helt annorlunda energi. Färgen är inte heller så tydlig som hos vanliga strålar: Den vanliga gulvita färgen som man annars kan se på alla andra strålar är nu i stället gråaktigt gul.

⚭

När jag var ung flicka gick jag en gång till mataffären med min mormor som bodde på vår släktgård i Västsverige. Jag kommer ihåg det så väl, eftersom mormor nästan aldrig gick till mataffären — hon brukade alltid skicka någon annan att handla åt henne.

Som så ofta, innan tv och internet kom in i våra liv, var det i mataffären som ortens människor samlades för att umgås och höra det senaste skvallret, sitta ner i gamla stolar på framsidan av butiken och se vilka som kom och gick. En av männen, Oskar, kom fram till oss för att säga hej till mormor och hon var glad att se honom. Men när jag tittade på honom började jag gråta. Jag tyckte så synd om Oskar, eftersom jag såg många helt raka strålar strömma ut från honom. Strålarna var inte bara raka, de var också brutna i flera bitar och mycket bleka. Bilden med de brutna platta strålarna och deras märkliga färg fick mig att känna mig så ledsen, och jag kunde inte låta bli att gråta. Några dagar senare hörde jag ett samtal i köket: Oskar hade dött under sömnen strax efter att vi hade mött honom. Ingen visste att han var sjuk. Men jag visste att någonting var fel med honom. Jag visste inte vad, men jag kände att hans kropp kämpade mot någonting och han hade förlorat sin styrka genom att ständigt försöka avvärja det. Det jag hade sett var hur hans kropp hade gett upp och var på väg att lämna den här världen. För ett barn var det svårt att förstå, så jag grät. Det var första gången som jag blev medveten om dödstrålar.

I

Våra mänskliga kroppar kan på många sätt jämföras med en byggnad med många våningar där allting, alla våningar, rör och ledningar måste samordnas för att fungera på rätt sätt. Tidigt i min verksamhet skapade jag en teknik som innebar att när jag såg på en person på ett "visst sätt", kunde jag uppfatta deras *inre fysiska jag* som ritningen till en byggnad, med flera skikt av information om alla elektriska ledningar och uttag, rörsystem, balkar och underlag, ända ner till namnskylten på entrédörren. Den här mänskliga energiritningen kunde berätta en lång historia om min klient och visa mig vad som inte var i balans i hans eller hennes kropp.

Vem vi än är, människa, djur eller växt, är vi fortfarande en del av ett universellt mönster. Det finns antagligen bara ett enda universellt mönster som vi alla tillhör. I grund och botten härstammar vi alla från en och samma grundprincip, och sedan är det upp till var och en av oss att flytta oss framåt och uppåt. Alltid mot någonting större, bättre och ljusare i en evig process av förbättring. Vi består av en konstruktion där allt är enastående samordnat, inte bara det som möter ögat utan också allt i de osynliga dimensionerna, det orörda och det obeprövade. Vi är en extraordinär skapelse med så många möjligheter, var och en av oss på hans, hennes eller dess speciella sätt.

∞

En särskild inställning, sinnesstämning eller känsla hos en individ kan skapa en speciell energi som påverkar situationer eller människorna omkring dem och får dem att verka starkare eller svagare. Jag ser det som ett bevis på att känslor och stämningar hela tiden påverkar vårt välbefinnande. Jag fann tidigt att kärlek och ett gott humör brukade framkalla harmoniska vågor och ett dåligt humör skapa vågor av disharmoni och konflikter. Den värsta energi som vi kan låta bo i vårt sinne är — rädsla. I vår så kallade civiliserade värld har vi fortfarande gjort det till vår vana att leva med rädsla. Vi fortsätter att välkomna negativa och brutala nyheter som dagligen distribueras via media, underrättelser som bara skapar mer rädsla. Det skapar mer oro och fobier och är mycket destruktivt för vår hälsa och välbefinnande. Jag ser hur politiska ledare över hela världen använder rädsla som metod för att vinna fler röster från allmänheten. På så sätt programmeras vi att gå vidare i en viss riktning som vi egentligen aldrig tänkt oss. Eftersom vi är energi och ständigt bygger upp och utstrålar energi, bör vi noggrant bevaka den energi som vi skapar inom oss och vara mer uppmärksamma på vilka energier vi utsätter oss för. Det betyder att vi bör tänka på vilka platser vi besöker, vilka filmer vi ser, vem vi tillbringar vår tid tillsammans med, vilka vi arbetar och sover med, och vilka tankar vi regelbundet tillåter att vandra igenom våra sinnen.

Energierna på vissa platser och runt vissa individer kan påverka oss mycket mer än vi tror. Jag ser exempel på det hela tiden. Allteftersom min sensitivitet för min omvärld ökade började jag se det som jag kallar "Silvertrådarna." De är sublima glänsande lodräta trådar eller strängar ovanför huvudet på alla mänskliga varelser. Ju mer andligt utvecklad en människa är, desto starkare avtecknar sig silversträngarna. Genom att observera strängarna förstår jag genast en persons andliga förmåga, eller med andra ord, strängarna är ett uttryck för en persons andliga nivå. Jag märkte tidigt hur personer som hade en naturlig fallenhet för andlighet, men som av någon anledning inte använde sin andliga anslutning, lätt kunde bli deprimerade, få viktproblem, ha benägenhet för sjukdom och även dras till sådana saker som olyckliga relationer. De flesta av oss är mycket, mycket andligare än vad vi tror.

Beroende på vem du är kan din kosmiska anslutning avgöra ditt välbefinnande och det har ibland visat sig vara livsförändrande att "rätta till" silvertrådarna för att återställa balansen i den fysiska kroppen. Så länge som personen i fråga är villig att ta emot den helande energi som skickas till henne eller honom i processen, har det ibland visat sig vara livsavgörande. Det är egentligen mycket lätt att återställa kraften i Silversträngarna, så länge som man inte kämpar emot.

De som är andligt högt utvecklade kan ibland få problem med sina Silversträngar eftersom de ofta är mer känsliga för olika stressfaktorer runt omkring sig. När en sådan person befinner sig under stress uppfattar jag det som att deras Silversträngar faller ner vid sidan om huvudet som långa hårstrån. För mig är det en så oväntat rolig bild att jag inte kan låta bli att skratta. Som jag har sett det kan stress underminera din självkänsla, och när din personliga självkänsla är borta kan din andliga identitet liksom din fysiska hälsa lätt försvagas. Det tar bara några sekunder för "mig" att kanalisera ny energi till dina Silversträngar så att de kommer på rätt köl igen.

Under många år nämnde jag ingenting om Silversträngarna, då jag trodde att det skulle låta alltför ovanligt för människor att tro på, men så snart jag gjorde det har de flesta varit fascinerade och ville veta mer. Form, storlek och tjocklek på Silversträngarna kan berätta en hel del om allmänntillståndet hos en person och var hon eller han befinner sig, både i sitt känsloliv och i sin andliga mognad.

På senare tid har tanken slagit mig:

Kanske är det meningen att vi alla ska vara seende varelser, och vi är därför mer intuitivt känsliga för livet omkring oss än vad vi tror. Om så är fallet blev vi alla födda med förmågan att känna igen det jag såg redan som barn. Tyvärr har vi anpassat oss till omvärldens tro på vad som är möjligt eller inte möjligt, så vi har förlorat styrkan i vår andliga syn. Kanske man har fått oss till att tro att det är lättare för oss att leva i en begränsad verklighet där vi lyssnar mer till rädsla och våld än till frihetens språk — Kärleken och Ljuset.

II

Mitt äktenskap med Hans-Wilhelm och det liv vi hade byggt upp tillsammans kom snart till ett abrupt slut. Vem skulle ha trott att något som vi hade planerat så omsorgsfullt kunde förändras så snabbt. Plötsligt en tidig kväll, en av de där vackra vårkvällarna när fåglarna har sjungit hela dagen och alla fruktträd är i full blom, var jag ensam hemma och fick ett samtal från det lokala sjukhuset. Jag greps genast av onda aningar och som i en dimma hörde jag de förfärliga nyheterna:

Visste jag att det hade skett en olycka? Jag satte mig ner och förstod inte till en början. "Vem? Nej, Hans-Wilhelm var inte hemma. Vad då? Skulle han inte komma hem?" Förvirrad var jag tvungen att ställa frågan om och om igen. Till sist förstod jag. Chockad och skrämd for det genom mig: Hans-Wilhelm skulle inte komma hem. Aldrig någonsin igen.

Hans-Wilhelm var död. Han hade blivit påkörd av en bil som körde i hög hastighet när han gick över gatan. Föraren brydde sig inte ens om att stanna. Som om ingenting hade hänt körde han vidare.

Så snabbt ett liv kan gå förbi...

På ett ögonblick var den framtid som vi hade planerat tillsammans över, helt undanträngd av ödet. Så snabbt och oväntat, men olyckor är alltid så — döden är det alltid ... Återigen i mitt unga liv var jag plötsligt änka. Och ännu en gång trodde jag att mitt liv var över. Hur var det möjligt att vara så ung och bli änka två gånger?

Jag var slagen i spillror och gick igenom en period av förvirring, kämpade mig igenom varje dag som i ett töcken, åt inte, sov inte ordentligt. Men så småningom, flera månader senare, vaknade jag upp ur min chock och insåg att jag var tvungen att skapa ett nytt liv för mig. När allt kommer omkring är det liv vi lever i dag skapat för dem som lever nu och inte för dem som tillhör det förflutna, och jag visste att jag var tvungen att få ordning på mitt liv. Det var inte lätt, det var i själva verket oerhört svårt, men jag förstod att det inte fanns något annat val.

Hans-Wilhelm hade så många planer för en bättre värld. Han hade träffat politiska ledare i det ena landet efter det andra och diskuterat fred. Hur man skulle ta tag i fredsprocessen på ett förnuftigare sätt och aldrig mer lösa problem genom krig. Det fanns så mycket som vi hade planerat att göra. Jag kunde inte förstå. Varför? Varför? Varför? Jag frågade mig själv. Varför skulle det här hända — honom, mig, oss och världen? Vad i hela världen hade vi gjort för fel?

Efter månader av sörjande förstod jag äntligen meningen med villkorslös kärlek: Jag hade ingen äganderätt till hans liv. Det hade jag aldrig haft och även om jag älskade honom så mycket, var jag tvungen att låta honom gå. Efter djup självrannsakan och febril strävan att försöka förstå livets fortsättning, var jag till slut beredd att ge honom tillbaka till Universum, den plats varifrån han kom. Det som gällde för mig, mitt personliga jag, var att det var dags för mig att börja om mitt liv helt och hållet — ännu en gång, i den värld där det var meningen att jag fortfarande skulle leva. Genom att tänka så blev jag tacksam över att jag hade fått ännu en chans. Den här gången kom det an på mig vad det skulle bli. Slutligen, efter en tid av ensamhet, fann jag att det var dags att gradvis gå vidare med mitt liv, en dag, en vecka, en månad i taget...

Av någon anledning trodde jag att det vita Ljuset, som jag hade kommit att lita på såsom min bästa vän och ständiga stöd, skulle vänta på mig vid horisonten och fick för mig att det var dit jag var tvungen att resa för att glömma min smärta. Fylld av goda avsikter gav jag mig ut på en omfattande resa för att se världen.

Under min resa återkom känslan av min upplevelse med Ljusvågorna vid sjön i St. Wolfgang om och om igen, och jag upptäckte att jag kunde ta emot det helande Ljuset när och var som helst genom att fokusera på själva avsikten. Det kändes bra att vara tillsammans med den strålande Ljusenergin, svepa den runt mig, vilket fick mig att må bra och känna mig trygg och säker. Och jag bara visste, djupt inom mig, att allt skulle bli bra. Ljuset blev snart min nya bästa vän, och sedan dess har det varit min inspiration och beskyddare vid alla tillfällen. Men jag var fortfarande inte beredd att föra ut kunskapen i omvärlden. Jag visste helt enkelt inte vad jag skulle göra med den. Det skulle ta åtskilliga år innan jag började ägna mig åt healing, ett område som jag aldrig hade hört talas om, planerat för eller på något sätt betraktat som en möjlighet. I Universums ögon hade jag tydligen fortfarande en lång tid framför mig av nya erfarenheter och kunskap innan jag kunde anses kvalificerad.

Till slut, vid återkomsten från min långa resa, fann jag att det hade varit onödigt att resa så långt. Ödmjukt insåg jag att lösningen fanns just här och nu — *inom* mig. Ingen annanstans. Det var utan tvivel givande att resa långt bort efter min förlust. Det var också välgörande att möta nya kulturer, skratta tillsammans med nya vänner och vara på väg till nya och sällsamma upptäckter. Ändå är det en myt att vi måste resa långt bort för att hitta lösningar på våra problem. Den lösning som jag hade hittat var att det är viktigt att hedra det förflutna och vårda det som varit, men det är lika viktigt att acceptera att livet här omkring oss är till för dem som lever här och nu och att vi har en skyldighet att leva det liv vi har fått så gott som vi kan. Det är inte meningen att vi ska hållas fängslade i ett grepp från det förgångna.

En del av lösningen, ofta den viktigaste, är att lära sig förlåtelse, ibland den viktigaste av alla lösningar. Förlåtelsen är alltid en del av varje lösning. Det innebär att *villkorslöst och helhjärtat* släppa gamla tankar och känslor, och göra uppriktiga ansträngningar att gå och se framåt.

Först var jag tvungen att förlåta Gud för att ha tagit min make ifrån mig ännu en gång i mitt liv. Jag hade varit förbittrad över att Hans-Wilhelm hade tagits bort från ett liv så fullt av planer och goda avsikter. Istället hade livet getts till en berusad tiggare i parken som inte hade några planer på att göra någon annans liv till ett bättre liv. Jag hade varit mest arg på föraren som orsakat olyckan, men även på läkarna på sjukhuset för att de inte räddade hans liv, och jag var tvungen att förlåta dem för det de inte hade kunnat göra. Jag var även tvungen att förlåta dem som illasinnat försökte stjäla från Hans-Wilhelms dödsbo, i tron att jag inte visste någonting om hans affärstransaktioner. Det är inte lätt att vara en ung och oerfaren änka, speciellt när man bor i ett främmande land. Jag var tvungen att släppa det som varit och lära mig gå vidare utan att se bakåt.

Slutligen var jag tvungen att förlåta mig själv för att jag varit så beroende av min mans närvaro i mitt liv och för att det hade varit så svårt att säga adjö. Förlåtelsen är ett accepterande av villkorslös kärlek i våra liv, ett liv där vi inte dömer längre och vågar släppa taget om gamla blockeringar. Lösningar börjar med vår attityd just här och nu — inte i Kina eller på Hawaii. Inte i att resa till andra platser och tro att våra problem därhemma kommer att lösa sig. Det är meningen att de ska lösas där vi befinner oss just här och nu, det vill säga *inom* var och en av oss. För det är just där, med känslan inom oss, som allting börjar.

Jag visste redan min lösning: Att inte ha andra Gudar jämte "Mig." Att förstå betydelsen av vad jag ska sätta först i mitt liv och lära mig att inte sätta mina brister före det goda i mina vardagliga tankar. Hur skulle jag möjligen kunna röra mig framåt när jag sätter mina brister först i mitt dagliga liv? Jag var tvungen att få tillbaka min livsglädje på ett annat sätt, villkorslöst den här gången, och lära mig att endast Ljuset kan besegra mörkret och göra allt bra igen.

En förlust är ett sår och alla sår behöver tid för att läka. Livet har skapats så att vi kan använda tiden som en metod för att hela och läka, vilket vi mycket lätt glömmer ibland. Tiden är en underbar healer.

Efter att tiden för läkning har passerat är det dags att börja förstå vår samhörighet med "Någonting Mer" och att acceptera att det är meningen att vi alltid ska gå framåt mot framtiden, fortsätta på den väg där vi en gång placerades och göra vårt bästa för att lyckas.

Vi är alla fortfarande en del av samma mönster: att skjuta i höjden som en växande planta, sträva högre, alltid uppåt, uppåt, upp mot himlen och det som är ljust. Detta är vårt syfte: att vara i rörelse, ständigt framåt, uppåt ... och stiga högt i riktning mot Ljuset. Det är Universums struktur och den kommer aldrig att förändras. Vilket ord vi använder för "Någonting-Mer-Kraften" spelar ingen roll, så länge som vi vet att detta "Något Mer" strävar efter det högsta goda — och vi med den.

Ännu en gång fortsatte jag på min väg, satte upp nya mål och gjorde mitt bästa för att sammanfoga mitt liv. Allt eftersom jag mognade insåg jag, även om det kanske låter märkligt för somliga: att i det långa loppet kan det visa sig att en förlust kan vara en gåva. Precis som ett kapital som du sätter in på ditt bankkonto, ger ränta, och skapar ett välstånd. Erfarenhet är en anmärkningsvärd tillgång när man är på väg att försöka hitta sin alldeles egna personliga kontakt med Ljuset.

Genom dessa nya lärdomar hade jag förvandlats till en klokare och bättre människa. Så småningom lärde jag mig att njuta av den mognad som erfarenheten hade framkallat i mitt liv, vilket gjorde mig mer nöjd och tacksam för det som jag fortfarande hade kvar och vägleddes snart till ett nytt liv i en helt annan del av världen.

Hans-Wilhelm och jag hade ofta besökt USA, och jag bestämde mig för att resa tillbaka dit för ett kort besök efter att jag fått ett par inbjudningar att besöka gamla vänner och göra ett gästframträdande på en lokal TV-show i södra Florida.

Ödet hade dock andra planer för mig och mitt korta besök vände oväntat till en hel livstid. Amerika var så annorlunda än Europa. Jag var imponerad av öppenheten inför nya idéer och möjligheter och njöt av att se så många leende människor klädda i färgglada kläder så annorlunda mot Europa vid den tiden. Jag fascinerades av deras "allt-är-möjligt" sätt att tänka, ännu inte så vanligt i den gamla världen.

Bara några dagar innan jag skulle resa tillbaka till Europa mötte jag Jack, en framgångsrik amerikansk affärsman. Vårt möte arrangerades av gemensamma vänner och Jack kom för att hämta mig inför det som han redan hade sagt skulle bli en "snabblunch." Men så snart han stod framför mig och våra blickar möttes fanns det ingen återvändo. Lunch fortsatte till middag och gick vidare till en annan dag och till ännu en dag ... Jack friade redan den andra dagen. Vi gifte oss bara några veckor efter att vi träffats och jag såg fram emot att leva ett lyckligt och glädjerikt liv med min nye make. Det var inte alltid lätt att förstå den glamour och den nästan overkliga kulturen i södra Florida, så annorlunda från tyska traditioner och etikett. Men jag var kär och när man är det klarar man av så mycket mer. Jag fick lära mig acceptans många gånger om och om igen. Mitt liv var nu ett vackert liv med solsken, god hälsa och ljus framtid, och slutligen även moderskap. Jag trodde att mitt liv hade nått sin höjdpunkt och många år förlöpte snabbare än någonsin tidigare.

Då plötsligt, efter åratal av hektiskt socialt leverne, "modus vivendi", kände jag en oförklarlig längtan i mitt hjärta efter en djupare mening med mitt liv och började än en gång att leta efter "Någonting Mer." Som om jag utsatts för signalen från en väckarklocka under en mycket djup sömn, skakades jag plötsligt om och vaknade yrvaket upp till en ny tillvaro, där jag vägleddes med fast hand in i en fullständigt ny riktning. Överraskande nog, inte bara för andra, utan särskilt för mig själv, lämnade jag efter många långa äktenskapsår min make, "kändisliv" och vårt liv i lyx och bekvämlighet. Jag skrev in mig på ett andligt universitet för att påbörja andliga studier. Vid den tiden var det en djupt liggande längtan och någonting jag kände att jag helt enkelt var tvungen att göra, annars fanns det inte något syfte för mig att leva längre. Några år senare doktorerade jag i teologi som på många sätt kom att bli början på ett nytt liv. Inte bara ett nytt kapitel i ett liv, utan en helt ny bok som bygger på frukten av mina erfarenheter under mina tidigare år.

Inte förrän då, som en naturlig följd av ett fullvärdigt liv, kom den dag då jag blev kallad in i den andliga healingens konst för att hjälpa en värld som lider av obalans i sitt system, en hjälp som börjar med en person åt gången. Den ena följde den andra och det fortsatte till tiotusentals. Vid den tidpunkten förstod jag också Universums känsla för humor: Det liv jag nu hade börjat leva, de tankar som gick genom mitt huvud, var raka motsatsen till det liv jag var van vid att leva, och från de planer jag tidigare hade gjort upp för min framtid.

Jag kan bara förklara det på det här sättet: Vi är alla energipaket som vibrerar i vår egen personliga frekvens, vilka uppstått genom slutsatsen och konsekvensen av det liv vi har levt och fortfarande lever, precis som vår planet, precis som hela vårt Uni-

versum. Allting i vårt Universum följer en grundläggande plan
för att så småningom uppnå det högsta målet: att leva i enhet,
en samhörighet med Anden, Universum och de högsta frekven-
serna. Vi har skapats för att vara en del i den planen, vare sig vi
förstår det eller inte, och är avsedda att passa in i det mönstret
genom de val vi gör, dag efter dag, år efter år, livstid efter livstid.

Betyder det att min plan och din plan är sammankopplade?
Lever allt och alla ett liv av universell enhet?
Är det förflutna, nuet och framtiden alla sammankopplade?
Har våra familjegener någon betydelse och fungerar de som
en del i vår plan?
Finns svaret på våra liv i arvet från vårt förflutna? Gömmer
sig koderna för vår framtid någonstans inom oss, inte bara i vår
själ utan också i våra fysiska gener? I så fall är vi en del av en
utvecklingsprocess på många fler nivåer än en enda?

Med tanke på min bakgrund och sociala ställning blev det
jag kom att göra — att bli aktiv i en healingmission — på många
sätt helt ofattbart, nästan komiskt. Ändå var det just healing-
missionen som jag kan beskriva som min ursprungliga plan och
själva meningen med mitt liv — där fanns det inget tvivel i mitt
sinne.

Genom regression och genom att gå tillbaka genom mitt
mångdimensionella jag, upptäckte jag att min strävan hade en
stark förankring i min själ att få leva i samhörighet med Anden
och att healing var en del av mitt liv. Den sidan av mig hade
ännu inte uppnått sin fullbordan och mitt *andliga jag* sökte nu

en avslutning genom att sända undermedvetna signaler om att någonting måste göras för att tillfredsställa min själs längtan.

Det här kan vara fallet för många av oss; vi går omkring med en inre önskan att fullborda någonting, men vi förstår inte varför vi gör det. Vi förstår inte heller vad vi ska göra för att känna oss hela igen.

Jag tror att varje speciell talang som vi har är ett resultat av många livs erfarenheter där vi redan har praktiserat just den förmågan. Det skulle betyda att vi har ärvt våra unika talanger inte bara genom vårt fysiska DNA utan också genom vårt andliga DNA. Vårt fysiska DNA kom till oss genom många generationer inom vår familj, medan vårt andliga DNA skapades inom oss av Anden för eoner sedan, och nu lever det inom oss som cellulära dataminnen djupt ner i vårt undermedvetna.

Även om vi lever och lär under många olika liv, står vi fortfarande i förbindelse med vår gamla fysiska släkt genom energitrådar i rakt ned- eller uppstigande led, energitrådar som har funnits där under många generationer. Bedömer man bara utifrån ett andligt plan har vissa egenskaper och värderingar av omständigheter gått från mor till dotter, till dotterdotter, till dotterdotterns dotter och så vidare genom generationerna. Likaså från far till son, till sonson, till sonsonens son, genom blodslinjerna. Vissa karaktärsdrag stannar vanligtvis inom samma kön, men det är inte alltid fallet. Själslinjer kan hoppa mellan könen genom tiderna. Varför det är så kan jag bara se som en avsiktlig handling från den Högre Avsikten, av skäl som vid tidpunkten bara är kända för Universum. Som sammanfattning: Det var meningen att det skulle vara på det sättet, allt satt i rörelse av den Högre Intentionen.

Gång på gång har jag sett adoptivbarn bli mer en del av en familjeplan än någon kunde föreställa sig vara möjligt. Barn som adopterats in i en familj var på något sätt predestinerade att vara i just den familjen. Det visar mig att det är meningen att alla barn som föds kommer till den här världen enligt en förutbestämd plan. Ingen var ett misstag, och att själen har mer att säga till om än vi anat. Ibland måste biologiska föräldrar lånas för att bli det fysiska förkroppsligandet för en viss barnasjäl och andra föräldrar valdes ut för att se barnet växa upp. Ju fler fall jag har stött på, desto mer har jag funnit att det inte finns några misstag och inget barn kom till den här jorden som ett rent misstag. Återigen, jag vet inte så mycket om de fysiska generna, detta är upp till vetenskapen att avgöra. Men i min egen utforskning av själen har jag funnit att vårt Universum ständigt skapar en kontinuerlig samhörighet. En gemenskap där de före oss och som nu är i andlig materia fortfarande spelar en viktig roll i de, för oss, osedda dimensionerna. De som levt före oss är fortfarande en del av våra liv, mycket mer än vad vi kan förklara med de mänskliga ordens begränsning. Det betyder dock inte att vi ska tillåta dem att på något vis begränsa oss eller störa det liv som vi nu söker att leva. Det förgångna är fortfarande det förgångna.

För att läka en situation i någons liv har det ibland varit nödvändigt att intuitivt hela tidigare generationer inom familjen, för skadan hos den individen kan vara andligt nedärvd från en hel rad av äldre släktled. Gammal smärta och lidande hos tidigare

generationer kan blockera en hel familjs framtida framsteg och
utveckling och måste först helas, innan en person idag kan må
bättre eller få framgång. Speciellt tumörer kan härröra från en
form av belastning genom tidigare familjeled.

Jag har sett vissa sympatier och antipatier, eller oförmåga att
leva ett lyckligt och framgångsrikt liv, följa genom generationer.
Eller hur generation efter generation i en familj har drivits av
samma önskan att uppnå ett visst syfte. Det kan vara att utforska
haven, härska över andra, nå toppen av det högsta berget eller
sjunga opera framför en publik ... Eller också har de besvärats
av samma svårigheter eller en viss rädsla — som rädsla för båtar,
fåglar eller knivar, eller olika besvikelser som följt en familjs
släktlinje. Det är helt och hållet en fråga om medvetenhet och
medvetenheten dör aldrig. Men med den helande Ljusenergin
kan ett sådant öde förbättras och förändras i efterhand. Ibland
har det varit nödvändigt att läka en hel rad med tidigare genera-
tioner för att lyckas kurera en enda individ i dag.

Naturligtvis har sedan varje individ valet — den fria viljan
— att uppnå det medvetande som han eller hon är tänkt att leva.
Min uppgift och varför jag är här på Jorden är att hjälpa andra så
att de känner sig hela igen, medan du kanske har en helt annan
plan för hur du ska leva ditt liv.

Ibland har jag funderat på min egen familj och mitt samband
med dess känslor och avsikter. Det är sorgligt hur vi ser på våra
föräldrar när vi är unga. Vi brukar inte ens försöka uppskatta

eller förstå deras goda arbete och samarbetar sällan med deras ansträngningar.

Inte förrän mina föräldrar gått bort förstod jag deras strävan och principer och hur villkorslösa de var. Jag vet att jag skulle ha haft glädje av att prata med dem i dag och hur mycket vi skulle ha accepterat våra respektive filosofier. När jag var ung förstod jag helt enkelt inte deras villkorslösa kärlek och hur långt utvecklade de var för sin tid (som många kanske tänker om mig idag; skillnaden är att mina föräldrar höll det för sig själva — det gör inte jag!). Som de flesta ungdomar gick mina intressen under deras livstid i en helt annan riktning.

III

Sönerna i min fars familj var historiskt sett ofta officerare i Svenska Armén eller var verksamma inom diplomatin, speciellt i Ryssland och de baltiska länderna. Döttrarna skulle uppfostras väl, få en god utbildning och gifta sig bra. Min far kom från en anrik jordägande familj, en gammal släkt som finns dokumenterad tillbaka till 1200-talet. Han föddes alldeles i slutet av 1800-talet, var välutbildad med flera universitetsexamina. Han bestämde sig tidigt för att leva med sin tid och trodde på kvinnans frigörelse. Han uppmuntrade sina döttrar att utbilda sig väl och skapa sig en egen lönsam karriär med en god pension. Begreppet äktenskap nämndes aldrig i konversationen om vår framtid.

Enligt honom var en akademisk utbildning viktigare. Att gifta sig var en naturlig konsekvens som han trodde flickor skulle göra i alla fall. Han var själv en mycket skicklig man och verkade på högsta nivå inom det svenska försvaret. Inte förrän efter hans död fick jag från flera håll höra att han var en av de tre män som personligen lyckades övertyga Hitlers särskilda sändebud om att Tyskland inte skulle invadera Sverige under andra världskriget. Det skedde genom en hemlig överenskommelse under den kritiska tiden av andra världskriget då hela Skandinavien hotades av nazistisk ockupation. På grund av den hemliga överenskommelsen invaderade inga nazistiska arméer Sverige, inga bomber föll över städerna och inga liv förlorades. Sveriges huvudstads skönhet förblev intakt och Sverige kunde bli en inofficiell fristad för flyktingar från ett mycket oroligt Europa. [Denna handling kan tyckas kontroversiell när det här skrivs nästan ett sekel senare. Men det var en värld i krig, vår fiende skulle annars ha invaderat vårt land och Sverige skulle inte ha kunnat ta emot utsatta och behövande från andra ockuperade länder. Förf. anm.]

Min mor, också från en välbärgad landägande släkt, kom från en familj med spännande personer ofta med stor konstnärlig talang — officiellt erkända författare, konstnärer och uppfinnare. Hon hade gått på en exklusiv internatskola med utmärkt utbildning och talade fyra språk — allt till synes onödigt för en flicka som växte upp bara för att bli gift. Hon var också en fin konstnär och var den som uppmuntrade mig att utveckla min konstnärliga ådra och att ha egen konstutställning redan under tonåren.

Genom århundradena har det funnits kvinnor i hennes familj, legendariskt kända för sin extraordinära visdom, sitt mod och unika andliga insikter, vilket gav dessa märkliga kvinnor lokala politiska eller sociala uppdrag flera århundranden tillbaka — vid en tid då detta oftast inte var avsett för kvinnor. De respekterades för sina visioner och sitt mod att stå för det de trodde var rätt. De var också kända för att hjälpa de fattiga och att finnas där för dem i tider av nöd. Jag är en fortsättning på denna släktlinje av kvinnor och är stolt över det. Min mor och mormor hade stor förstående för mitt andliga kunnande men lyssnade ändå inte så mycket på det jag hade att säga, eftersom de inte kände att det som jag talade om på något sätt var ovanligt utan en del av vardagskunskapen. Idag kan du kalla mina erfarenheter andliga. Vid tiden för min barndom fick de helt enkelt inte mycket uppmärksamhet, kanske ingen alls.

◌

Det jag vet om min familj är genom de äldres berättande. Min mormor tyckte om att berätta om det förflutna och hur man levde och tänkte på 1800-talet. Det var en värld begränsad av vad man kunde göra och inte kunde göra, men människornas uppskattning av naturen och andliga värden var mycket större än vad vi ser idag.

Man respekterade energin hos andra levande varelser och hänvisade till energin runt omkring dem såsom "känslor", och de känslorna var bra eller inte så bra. På så sätt kunde man, bland annat, avgöra om maten var förorenad eller inte, om vilda djur lurade bakom de stora träden i skogen, om avsikterna hos en annan person var goda eller inte goda och så vidare. De kunde också avgöra om en växt var ätbar, om ett barn var på väg att bli sjukt och mycket mer. Idag är vi långt borta från den tidens kunskaper och följer skrivna instruktioner, och använder inte våra medfödda förmågor. Men vi känner alla till begreppet intuition, eller åtminstone innebörden av "magkänsla."

Min mormor och hennes samtida är nu borta och jag har ingen tillgång till gammal personlig släkthistoria, med undantag för dokumenterade namn och år för födelse och död. Det är märkligt hur mänsklighetens historia försvinner med tiden och vi är tillbaka till siffror och statistik utan hjärta och känslor. I vår nuvarande tidsålder lyssnar inte den nya generationen till de äldres berättelser längre, och historien såsom den har berättas av människorna själva börjar sakta försvinna.

∽

Min mormors far, Gustaf, dog när min mormor var en ung flicka och hon ärvde hela gården. När hennes mor, Kristina, gifte om sig bestämde hon sig för att leva med sin nye man i hans hus cirka två timmar därifrån med häst. Ingeborg, min mormor, var då endast 12 år gammal. Hon lämnades ensam i det stora huset med en lärare för skolgång och en kokerska för att sköta hushållet. En förman som bodde i en stuga inte långt från gården med sin fru och 11 barn var hennes affärsrådgivare. Ett flertal arbetare bodde med sina familjer i stugor som tillhörde gården, och de skötte markerna och de stora skogarna som hörde till gården. De var alla beroende av sin unga markägares förmåga om de skulle få mat för dagen, och enligt sägnen arbetade hon hårt och lyckades bra. På något sätt klarade den unga Ingeborg av att sköta gården, inte bara jordbruksmark och djur, utan även de till synes ändlösa skogarna. Årligen transporteras virke på floden genom landskapet till de stora sågverken i Söder för att säljas över hela landet. Min mormor var känd under sitt förnamn, Ingeborg, i hela trakten och redan tidigt byggde hon upp ett rykte som handlade om respekt och visdom.

Kristina, min mormorsmor, deltog på jakterna i skogarna tillsammans med sin nye make och hans manliga följe. Hon valdes också av folket in i lokalpolitiken och var känd för att hjälpa de fattiga och mindre lyckligt lottade, allt mycket ovanligt för en kvinna på den tiden. Som en erkänd visionär räknade man med hennes åsikt och hennes syner och andliga insikter var av betydelse. Man lyssnade på henne. Från tid till annan brukade hon besöka sin unga dotter och kontrollera hur hon skötte släktgården. Allt gick tydligen bra för hon stannade aldrig länge...

Min fars familj var ganska konservativ, bland annat i sin religiösa övertygelse. Min far valde att helt bryta sig loss från den konservativa protestantiska tron inom sin familj för att följa en annorlunda trosriktning. Han brukade studera litteratur från Christian Science (Kristen Vetenskap), ny i Sverige på den tiden, och trodde på hälsosam mat och en sund kropp. Båda mina föräldrar accepterade reinkarnation som en möjlighet, vilket på den tiden var ganska revolutionerande, särskilt inom deras sociala kretsar.

Min mors familj, de excentriska markägarna och konstnärerna, hade vallonskt ursprung av flamländska kalvinister — stränga protestanter som lämnat norra Frankrike och södra Belgien eftersom deras religiösa övertygelse inte accepterades av den lokala katolska befolkningen. Flamländarna anlände till norra Europa i stora skaror och mottogs med öppna armar i sina nya länder. På grund av sina kunskaper inom ingenjörsvetenskap, gruvdrift, jordbruk och träindustri, bidrog de mycket till Sveriges välstånd under flera hundra år. Alla i Sverige är stolta över sina vallonska rötter, och så även jag.

Fastän min mors familj ursprungligen lämnade Frankrike på grund av sin religiösa övertygelse släppte man i generationer den lokala lutherska religionen och gjorde sig fri från religiösa uppfattningar och regler, men som de flesta bybor, gick man i kyrkan på jul, bröllop och begravningar, och hade en egen familjebänk i den lokala kyrkan. Men bänken stod oftast tom.

Utan tvekan var familjen mycket andlig, men det fanns en avsiktlig separation mellan dem och kyrkan — även om man förblev lutheraner som alla andra i Sverige på den tiden. Det var enklast att göra så.

Enligt legenden gick befolkningen i vår by inte så ofta i kyrkan. I ett försök att få en förändring hade kyrkoherden bett biskopen att komma och predika för lokalbefolkningen i byns kyrka, i hopp om att ord direkt från biskopen skulle få dem att gå till kyrkan oftare. Anledningen till att kyrkan var så tom var enligt legenden min morfars farfar, som var mycket inflytelserik i området. Han hade föreslagit att alla skulle må bättre av att be sina böner hemma, vila eller besöka släkt och vänner på söndagarna i stället för att kämpa sig fram på en lång och obekväm väg till kyrkan, vilket kunde stjäla många timmar från deras vilodag, både för dem och deras häst. (Vi har alltid lyssnat på djurens behov i vår familj.) När biskopen kom var kyrkan fullsatt. Även min morfars farfar var närvarande, nyfiken på vad biskopen skulle säga. Biskopen kallade snart församlingen för en samling usla människor och syndare, eftersom de inte gick i kyrkan på söndagarna. Då han hörde detta skakade morfars farfar på huvudet och reste sig. Missnöjd med budskapet till så många goda människor gick han ut mitt i predikan. Med honom följde hela församlingen och lämnade bakom sig biskopen, kyrkoherden, hans fru, kyrkvaktmästaren och byfånen som hade somnat.

Anledningen till att de lämnade var enkel: De ville bli upplyfta och erkända för det goda och ärliga arbete som de utförde under veckan, inte få höra att de var syndare. Efter den dagen hade kyrkan ännu färre besökare och så har det varit allt sedan dess.

Min mormor Ingeborg var alltid på min sida och uppmuntrande mig i alla mina strävanden genom åren. Nu när jag själv är mormor har jag följt hennes exempel att alltid finnas till för mina barnbarn, genom att alltid lyssna på dem och försöka hjälpa till genom att vara på deras sida.

Ingeborg gifte sig med Daniel när hon var sjutton år gammal. Han kom också från en välbärgad jordägarfamilj. Daniel var lång och elegant och det var även Ingeborg. De var ett vackert par. De reste, hade ofta gäster, byggde ut sitt gamla hus och planterade nytt omkring huset. Ingeborg, nu med en make, blev befriad från ansvaret att driva gården och blev istället kulturellt engagerad. Hon bjöd in musiker och konstnärer till långa vistelser för att skapa och visa sin konst i det unga parets nu vackert inredda hem. Deras barn, min mamma och min morbror skickades till dyra internatskolor och fick den bästa utbildning. Daniel var en stor slösare och han köpte dyra konstverk, möbler och pälsar till Ingeborg. En livsstil ganska ovanlig för befolkningen i denna jordbruksbygd. Men tiderna förändrades. Den Stora Depressionen drog över världen med svallvågor även till denna avlägsna del av Sverige. Snart gick investeringarna dåligt, ingen köpte trävaror, pengarna kom inte in och gården höll på att falla i ekonomisk ruin. Med ett brustet hjärta dog Daniel på väg till sjukhuset. Hjärtat hos den en gång så självsäkre och vackre entreprenören hade misslyckats med att hantera all stress under de svåra åren.

Ingeborg gjorde till en början inte något åt den ekonomiska nedgången, och ville inte träffa någon på flera veckor. Gården hade ju när allt kom omkring funnits i hennes familj under flera århundraden. Men plötsligt tog hon sig samman igen — hon tänkte inte ge upp så lätt. Fast besluten att rädda sitt familjearv reste hon sig igen, tog ledningen över gården som förr i tiden och den här gången visade hon sig vara en begåvad affärskvinna värdig den nya tiden. Hennes förman, Jens, var tillbaka vid hennes sida och hjälpte henne att samla ihop bitarna av det som hade förlorats och de lyckades rädda en stor del av godset. Men borta var klenoderna och de många vackra ting som en gång funnits i huset, men Ingeborg tog det med ro.

Efter en kort övergångstid var gården på fötter och fungerade igen. Men nu hade tiderna förändrats ännu en gång. Bara några mil därifrån på andra sidan den svensk-norska gränsen fanns rullande stridsvagnar med tyska trupper. Världen var i krig. Andra världskriget spreds över hela vår vackra planet och vårt hus fylldes med soldater som förberedde sig för att försvara våra gränser. Vi i familjen fick nöja oss med bara ett par rum i vårt eget hus. Det fanns soldater överallt, de hade även tagit över vårt kök för att laga mat åt sina trupper. Det talades om krig och bekymmer, om mat och säkerhet och vad som skulle hända med våra djur, mer bekymrade över djuren än om oss själva. Stängsel, bommar och vägspärrar byggdes överallt och blockerade nu vägar och passager där vi varit fria att röra oss tidigare. Vi behövde id-kort för att använda vägen och gå till mataffären och statliga ransoneringskort för att handla mat. Ibland kom någon enstaka flykting som tvingats lämna Norge och som hittade en tillfällig fristad på gården. Vid andra tillfällen en tysk soldat som hade tagit chansen att fly den nazistiska ideologin och dess meningslösa dödande.

Detta var överlevnadens, rädslans och kontrollens tid. Och det var också de första intrycken som jag minns från början av mitt liv.

4
Hur Ljuset kan
skapa underverk

Händelser i verkligheten

N är jag så småningom började min healingmission visste jag
inte att jag också hade åtagit mig ett nytt yrke. Jag hade
aldrig hört talas om begreppet healing eller medicinsk intuition
tidigare. Om ämnet skulle ha kommit på tal i något sammanhang
där jag var närvarande, skulle jag aldrig ha trott att det på något
sätt berörde mig. Jag var fortfarande inte fullt medveten om att
jag hade fått denna gudagåva att hela och "göra frisk igen", både
mentalt och fysiskt, och att det över huvud taget skulle kunna
vara till nytta för andra.

Efter att jag hade träffat flera personer med en variation av
olösta problem i sina liv och de blivit helt återställda, spred sig
ryktet och min telefon började ringa med vädjan om hjälp. Jag
förstod fortfarande inte att "jag" hade gjort något speciellt och
att jag ens kunde veta något mer än någon annan.

Så småningom gick det upp för mig att det måste finnas en
speciell anledning till denna extraordinära länk till Universum
och att min uppenbara gåva behövde behandlas med respekt. Att
uppleva en sådan glädje och tillfredställelse efter att jag hjälpt

andra att må bättre var inte bara en alldeles speciell känsla, det var också ganska förvånande att något som var så "enkelt" att utföra kunde vara så effektivt och välgörande.

Jag började undra: Eftersom det finns en riktning och ett syfte för var och ens liv, var detta meningen med mitt liv? Var detta mitt sanna jag? Att hjälpa andra att må bättre, var det den mening med mitt liv som jag hade letat efter så länge som jag kunde minnas?

Hur healing fungerar för dig är inte healerns val. För att en healingsession ska bli framgångsrik måste *du* vara en del av processen och *tillåta dig* att acceptera din samhörighet med en Högre Kraft bortom dina personliga tankar och känslor. När och om du behöver få healing är det viktigt för dig att du har ett öppet sinne och tillåter det goda komma till dig — helt villkorslöst. Med andra ord: Stoppa inte healingprocessen genom dina egna tvivel eller genom att sätta gränser för hur den ska gå till. Det är i stort den enda regeln du måste följa för att ta emot healing. Du behöver inte ens vara troende, inte heller inbilla dig att du redan vet allt om healing. Du behöver bara "ge dig hän", fördomsfritt, in i processen.

Öppenhet är början för varje andlig kontakt. Utan ett öppet sinne blir det inget "släppa taget och låta Ljuset komma in." Den grundläggande formeln är enkel: Inom var och en av oss finns en källa av Högre Kunskap. Jag upplever denna källa och Högre Makt som det Vita Ljuset. Healing är en form av riktad energi, en intention, avsedd att sätta igång våra egna helande krafter inom oss. Med andra ord — healing är en aktivering av vår egen medfödda förmåga att föra oss tillbaka i balans och göra oss hela igen.

När jag började ge healingsessioner var jag nästan överväldigad av intrycket att inte bara vara en del av själva Ljusenergin utan också av orden som ringde i mitt huvud som en mantra: "Jag är Ljuset, jag är Ljuset ... Detta är vägen, detta är sanningen ..." som en slags helig formel för oss alla att må bra.

Men det var mer än en formel. När jag var helt absorberad i healingprocessen fick jag en mycket klar uppfattning om vilka och vad vi egentligen är:

Vi är *Ljusvarelser* och det är meningen att vi ständigt och jämt ska ha kontakt med denna redan befintliga inre Ljuskälla, inte bara för att få hjälp och stöd utan för att vara det vi är tänkta att vara: glada, friska och framgångsrika. Det finns ingen anledning för oss att vara i ett konstant tillstånd av olycka, sjukdom eller fattigdom — om vi inte tycker om att ha det så. Vi njuter faktiskt inte av det men det har för vissa ofta blivit en vana som vi gett tillåtelse att styra våra liv.

Även detta kan helas.

Genom mina möten med Ljuset har det blivit klart för mig att Ljuset är ett kraftfullt verktyg av högsta klass, inte bara för ett ögonblicks avsiktlig healing. Det har blivit uppenbart för mig att Ljuset ständigt är en del av mitt liv, precis som det är en del i allas liv — när som helst under dygnets alla timmar. Vi vet bara inte om det.

Under de senaste tusen åren var Ljusets kraft en väl bevarad hemlighet bland ett privilegierat fåtal som förstod dess kraft. Om någon annan utanför denna lilla krets skulle offentliggöra att Ljusets kraft var avsedd för alla människor, skulle de snabbt ha blivit eliminerade och deras ord undangömda för att glömmas. Historien har visat att detta har hänt gång på gång, vilket skapat en oförklarlig rädsla för Ljuset utanför kretsen av dessa namnlösa privilegierade fåtal.

Varför tilläts Ljusets kraft inte att vara allmänt känd? Svaret är enkelt. När du lever med Ljuset, känner, tänker och förstår du personlig frihet djupt in i ditt hjärta, vilket gör dig fri från rädsla. Ditt medvetande förändras och du blir mer medveten om livet och alla levande varelser omkring dig. Din intuition förbättras och du ser tydligare vad som är rätt och vad som är fel. Gamla blockeringar i ditt sätt att tänka försvinner och du kommer att uppleva det du möter på din väg på ett mer positivt sätt. Du börjar förstå *sanningen*. Det gör dig stark och oberoende och du litar på känslorna i ditt hjärta. Detta blir den väg du följer.

För en ledare som har dominans och girighet på sin agenda är det mycket svårt att kontrollera och ha makt över ett samhälle som är utan rädsla. Många härskare har avsiktligt skapat ett land styrt av rädsla för det har på så sätt blivit lättare för dem att övervaka sitt rike.

En dag fick jag oväntat en upplevelse som bekräftade min syn på Ljuset. Efter en av mina offentliga föreläsningar väntade en man på mig utanför föreläsningssalen. Han var en medelålders man med trevligt utseende, välklädd och med en naturlig elegans. Jag fick snabbt en känsla av att han hade något viktigt att delge mig när han presenterade sig som Francisco C. P. C, ett långt latinskt namn. Vi hade ett kort samtal innan han frågade om han fick bjuda mig på middag på en restaurang runt hörnet. Detta var inget ovanligt — många vill prata med mig efter en föreläsning och vi gör det ofta över en middag — så jag accepterade hans inbjudan.

"Det du säger är rätt", sa han plötsligt så snart som vi satt oss ner vid bordet. Hans ord fångade omedelbart min uppmärksamhet. I mitt hjärta ansåg jag naturligtvis redan att jag hade rätt, eftersom den information som förärats mig är kanaliserad. Varför skulle jag annars vara så övertygad över att föra ut insikten i det fria?

"När du säger att vi alla har den Högre Kraften, Ljuset, *inom oss*, så är det sant. Det är inte bara sant, det är *sanningen*", började han. Jag suckade av lättnad. Ibland hör jag från dem som ifrågasätter mitt påstående och som inte kan tro att vi alla har detta skinande Ljus inom oss, helt enkelt därför att de inte har hört det förut. "Tack", svarade jag och kände en våg av tacksamhet skölja genom mig. Det är inte alltid lätt att stå ensam i ett samhälle byggt på föråldrade vanor och läror. "Tack", sa jag till honom ännu en gång. "Det är skönt att få en bekräftelse ibland", log jag. Francisco fortsatte att prata omedveten om min kommentar. "Jag kommer från en välkänd historisk familj i mitt land. Den äldste sonen hade enligt traditionen alltid gått in i försvarsmakten och förväntades bli åtminstone general. Den andre sonen skulle enligt familjetraditionen ansluta sig till prästerskapet och förväntades sluta sin karriär som biskop, kardinal eller påve." Francisco gjorde en kort paus för att försäkra sig om att jag lyssnade och sköt sin middagsmeny åt sidan.

"Jag är den andre sonen", fortsatte han och tittade på mig som om han ville ha min tillåtelse att fortsätta sin historia. Jag nickade åt honom och såg fram emot att höra hans berättelse. "Jag utbildades tidigt in i prästerskapet. Detta var min fars beslut. Ingen frågade efter min åsikt. Eftersom min familj tillhörde den inre cirkeln inom den katolska kyrkan och jag ansågs vara en av dem och pålitlig, fick jag omedelbart en privilegierad ställning och anförtroddes information som de annars aldrig skulle ha delgivit mig ..." Francisco log triumferande.

Jag lyssnade och blev alltmer nyfiken ju mer han berättade om sin familjs historia och om äldre tiders traditioner. Det verkade viktigt för honom att jag skulle känna till det han kallade "sanningen i berättelsen."

"Ursprungligen lärde religionen oss om vår samhörighet med Gud, den Högre Kraften inom var och en av oss. Vi hade alla tillgång till den kraften därför att den levde inom var och en av oss. Detta var forna tiders kunskap.

"Men så hände saker. Makthavarna, romarna, fann att det var nödvändigt att upprätthålla kontroll över andra och det gjorde de genom att skapa den separation som vi ser idag mellan oss och den Högre Kraften. Det var de makthavare som talade om för folket att den kraft som vi letade efter fanns långt, långt borta från oss, långt uppe i skyn bortom stjärnorna och att den vanliga människan inte var tillräckligt god nog för att varken förstå eller nå den kraften. Det var viktigt för oss, folket, att vara lydiga och att följa den tro och de direktiv som de styrande hade skapat för oss. För de var de enda som var värdiga att förstå hur man skulle finna och använda den kunskapen. De lärde oss att vi var syndare och mindervärdiga och att vi var tvungna att göra många uppoffringar om vi ville komma närmare den Högre Kraften som fanns långt uppe i himlen och bara kunde nås genom deras vägledning."

Francisco tittade intensivt på mig som om han hade väntat sig någon form av applåd. Jag log mot honom, tacksam för bekräftelsen. Jag märkte hur han talade om sig själv som en del av folket och inte av det religiösa etablissemanget. Ja, just så har jag och många andra med mig sagt hela tiden, men alla höll inte med oss eller var villiga att lyssna till vårt budskap. Många i ledande positioner önskar fortfarande hålla oss kvar inom de gamla kontrollgränserna, kanske i tron att det är säkrare för oss att leva på det sättet.

"Det finns arkiv i Vatikanen som beskriver hur och när separationen skedde ...", fortsatte han. "De är hemliga, förstås."

Jag lyssnade noga. Det var intressant information, men vad var den värd för mig? Jag visste redan att den stora Kraften levde *inom oss* för det hade jag förstått genom min kanalisering och genom att leva erfarenheten.

"Det var så det började", fortsatte Francisco. "Du kallar kraften en Högre Kraft — Ljuset. Jag kallar den Gud. Det vi har gemensamt är att vi alla vet att den Kraften endast kan vara av det Högsta Goda och är tillgänglig för alla — alltid. Ingen har mer rätt än den andra, utan allt sitter i medvetenheten hos var och en av oss hur vi ska nå den."

Jag var tacksam för hans förtroende, eftersom bekräftelser att vara på rätt väg alltid känns bra. Men jag var nyfiken och ville veta mer. Francisco verkade inte vara en religiös själavårdare. Vad gjorde han i New York?

Han berättade hur han plötsligt inte längre ville leva sitt liv innanför den katolska kyrkans tunga väggar, alltid omgiven av restriktioner och begränsningar. Francisco hade aldrig valt att bli präst, hans far hade valt det för honom. Francisco ville ut i det fria, leva livet, tala med andra, dansa och umgås med kvinnor. Han längtade efter en relation med en kvinna, efter att resa och lära känna världen — ett liv helt omöjligt för honom där han hade placerats.

En morgon vaknade han och kände att han hade fått nog. Han ville bli fri och leva sitt eget liv. Han vek ihop sina svarta kläder och lämnade dem på skrivbordet, sa adjö till sin överordnade och gick ut i världen för att börja ett nytt liv.

"Men det var inte så enkelt." fortsatte Francisco. "De ville inte släppa mig. Jag hade fått en hel del information och de som hade gett mig så mycket kunskap ville inte ge mig fri. De förföljde mig från plats till plats och jag började oroa mig för min säkerhet. Till slut bestämde jag mig för att lämna landet och flytta till Amerika. Jag känner mig trygg här."

Jag njöt av att lyssna på honom och hans sanna berättelse om hur gamla tiders auktoritära beteenden fortfarande lever kvar mitt ibland oss, och var ivrig att få höra resten av hans personliga erfarenheter av att leva som en "fri" man.

"Som tur var hade jag lite pengar och hittade en plats att bo på. Jag letade efter något att göra så jag satte mig på skolbänken och blev snart fastighetsmäklare för spansk- och italiensktalande kunder. Det gick bra. Jag njöt av mitt nya liv och blev snart kär i en vacker blond kvinna. Vi gifte oss, gjorde många resor och hade en fin tid tillsammans. Tyvärr, efter femton års äktenskap, upptäckte vi att hon hade en snabbväxande hjärntumör och hon gick bort bara efter några veckor på sjukhuset. Nu var jag ensam igen och frestad att gå tillbaka till min gamla kyrka, men jag kunde inte. Jag tycker om min frihet och mina nya insikter."

Francisco hade avslutat sin berättelse och vi talade om hans och världens framtid. Det hade tagit honom lite tid att komma tillbaka till livet igen efter sin frus bortgång. Men efter en period av sorg och acceptans var han nu tillbaka och redo för ett nytt kapitel i sitt liv. Vi träffades ytterligare några gånger innan vi gick skilda vägar, och han talade om för mig att han planerade att ge sig in på andlig healing.

"Det fungerar och måste föras ut i det fria igen", fortsatte han, och han verkade övertygad om att healingkonsten var en framtida möjlighet även för vårt västerländska samhälle.

⁓

Efter att en individ har tagit emot Ljuset under en healingses-
sion kan effekten vara omedelbar, men oftast måste man räkna
med det som jag kallar en "tillagningstid", en "cooking time", på
några timmar upp till flera månader. Anledningen är att efter att
Ljuset, vår egen helande kraft, har aktiverats under vår session
beror det nu på *medvetenheten* hos den individ som har tagit emot
den helande energin hur fort det kommer att gå... Tyvärr kan
ohälsosamma tankar, negativa känslor och speciellt, tvivel ibland
sakta ner och även blockera healingprocessen.

Hur börjar vi en helande session?
Först måste du vara trogen ditt Högre Jag och känna från ditt
hjärta att detta är något du verkligen vill göra.
"Vad är mitt Högre Jag?" frågar mina klienter ofta.
Om hon eller han har ett öppet sinne är svaret lätt: det är helt
enkelt kontakten med Kärlek och Ljus, djupt inom var och en av
oss, en plats där vi är i harmoni — en energi och kraftkälla så
kraftfull att den omöjligt kan mätas med våra mänskliga mått.
Ditt Högre Jag är den universella Högre Kraften inom dig och
mig. Det spelar ingen roll vilka ord vi använder så länge vi förstår
vår samhörighet med den. Jag ser den energin inom oss som livet
självt, en kraft som "lyser."
När jag arbetar kan jag inte följa någon annans regler eller
program, såvida de inte ringer sant i mitt hjärta. Detta är ett
personligt intuitivt ögonblick, ett möte mellan hjärtan, och från

och med det mötet är det nödvändigt att vara helt öppen, både vad gäller mig och min klient. Om min klient i det ögonblicket valt att skapa en attityd av misstro och oro kan det hindra honom eller henne från att ta emot — inte bara healingen utan även lycka och välgång i allmänhet.

När jag tonar in till Anden, som jag också kan kalla den Högre Intentionen, visar sig olika visioner eller meddelanden som berör min klient på min inre psykiska skärm. Det spelar ingen roll om min klient sitter framför mig, är i ett annat rum, eller till och med i en annan stad eller ett främmande land. Under ögonblick av intuitiv enhet finns det bara ett "här och nu" var vi än befinner oss — det finns inga gränser eller begränsningar av samhörighet i den stunden.

Vid det här skedet sluter jag vanligtvis mina ögon och börjar kanalisera, talar i metaforer och beskriver bilder som sveper förbi min inre blick. Jag beskriver till exempel en himmel full av stora blinkande stjärnor, skogar med vattenfall, hav och sanddyner, träd, blommor och även olika typer av byggnader, väggar eller torn. Allt är kanaliserad information, alla ord är symboler och metaforer som beskriver den reningsprocess som nu sker i min klients undermedvetna. Egentligen representerar varje uttalat ord en speciell och helande frekvens, som nu går genom min klients undermedvetna och "helar och rensar upp." Medan jag pratar försvinner några av symbolerna som jag sett bara sekunder tidigare, och när de gör det försvinner även symptomen som orsakat problem i individens fysiska kropp.

Det är inte jag som utför det här arbetet, jag är inte den som verkställer healingen, den utförs av Ljuset/ Anden — jag är bara ett instrument som sammanför två världar, Ljuset och vår fysiska värld. Min klient är nu helt avslappnad och omedveten om mina ord. Orden jag uttalar har ingen betydelse; det viktiga är *energin* som flödar med mina ord. När denna reningsprocess är klar visas en ny bild: en vacker, solig dag ute i naturen, fylld av lugn och frid, allt i levande färger och strålar av ljus ...

Healingprocessen är nu klar.

Under hela processen går Ljusstrålar in i samtliga celler i kroppen och rensar dem från mörker. Hela kroppen tar emot energi, inte bara en viss del av kroppen. När allt kommer omkring så lever allting omkring oss, liksom alla delar av vår kropp, i en gemenskap där allt hänger ihop på ett eller annat sätt.

Jag blev road när en framgångsrik kirurg på ett sjukhus i Miami bad mig om healing för sin axel. Han var sjukskriven efter en ganska svår bilolycka där han skadat sitt högra ben och höger axel. Han medgav att han njöt av tiden borta från operationssalen och att i stället kunna fokusera på familj och vänner. Mest av allt var han, förståeligt nog, nöjd med den ersättning han fick från sina försäkringar.

Men det fanns ett stor "men." Han ville att jag skulle fixa axeln så att han kunde gå ut och spela golf, men jag var absolut inte tillåten att bota hans ben av den enkla anledningen att han ville vara sjukskriven ett litet tag till. Han räknade med att använda en golfbil för att ta sig runt på golfbanan, men visste att om vi botade också hans ben skulle han inte få mer ledigt och bli tvungen att återvända till operationssalen. För honom lät det naturligtvis som en utmärkt idé, men Anden fungerar inte på det sättet. Det är inte fråga om det ena eller det andra, det är helheten som räknas. Om en del av dig återfår sin balans, så får resten av kroppen det också. Vi glömmer ibland att vår kropp är en stor sammanhängande enhet där allt är koordinerat in i alla detaljer...

Martha bodde också i Miami och besökte mitt Floridakontor för en av mina "quick specials" — en 20-minuters session i stället för den vanliga tiden på en timme. Jag minns Martha som en atletisk kvinna, snygg och med massor av hårspray. Hon verkade ha stora förhoppningar inför vår session och jag betonade att en kort session kan fungera riktigt bra som andlig "intoning", vilket var just det som hon önskade sig.

"Vad har du för yrke?" frågade jag rakt på sak.

"Jag är fångvaktare", svarade hon och hon berättade att hon arbetade i ett kvinnofängelse någon mil utanför stan. Jag blev genast fascinerad av hennes typ av arbete.

"Vet du..." började jag säga eftertänksamt, eftersom jag hade en stark medkänsla för de kvinnor som satt inlåsta i vad jag antog vara en fruktansvärd plats. "Jag känner att dessa kvinnor skulle gynnas väldigt mycket av att få lära sig om Ljuset", fortsatte jag.

"Nej. Det skulle inte göra någon nytta och bara vara ett slöseri med tid", svarade Martha abrupt. Hon var inte alls överens och var nästan irriterad över mitt förslag.

"Du har ingen aning. Det är fruktansvärda kvinnor. Ingenting kommer att få dem att ändra sig, de är verkligen fördärvade. Ljus är inte svaret. De sitter där de sitter av en god anledning." Hon fortsatte att klanka ner på deras karaktär, hur dessa kvinnor var moraliskt förkastliga, mindervärdiga och oförbätterliga. Martha verkade inte ha ord nog för sitt omdöme av sina fångar.

Plötsligt upplevde jag ett svall av energi komma över mig, och kände hur en våg av ljus strömmade genom mig över till Martha och totalt inneslöt henne i Ljuset. Jag tror Martha i den stunden fick mer Ljusenergi än det som vanligtvis flyter genom mig, inte på grund av mitt val, utan det kom från Den Högre Intentionen — Andens. I själva verket fick Martha så mycket Ljus att hon var påtagligt omtumlad efter att hennes session var över. Hon kunde knappt stå rak när hon lämnade rummet, som om någon slagit henne i huvudet. Vi skrattade båda när vi skildes.

Flera år senare när jag deltog i en kvinnokonferens råkade jag bli placerad vid samma bord som Martha. Jag kände inte igen henne till att börja med men när hon presenterade sig mindes jag hela hennes historia. Ja, naturligtvis, Martha — fångvaktaren. Nej, jag hade inte glömt henne.

"Jag minns att du fick så mycket ljus att du knappt kunde gå ut ur rummet, det var direkt komiskt." Jag log och såg på henne. Hon såg mjukare och gladare ut än tidigare.

"Efter att jag var hos dig såg jag allt i ett nytt ljus", började hon. "Jag såg på mina fångar på ett nytt sätt och fann att de oroade sig för sina barn och sina familjer och över det som pågick i deras liv, och några av dem låg och grät på natten. Inte alla fångar var så dåliga som jag trott tidigare. Jag kände så starkt att jag ville hjälpa dem att komma ur sina gamla hjulspår och skapa ett bättre liv för sig själva och sina familjer." Jag lyssnade förvånat på hennes ord.

"Jag arbetar nu med ett projekt för att förbättra livskvalitén i kvinnliga fängelser och motivera fångarna till nya tankar och handlingar när de lämnat fängelset."

Hon fortsatte att berätta om sina planer och vad som kan göras för att ge dessa kvinnor en bättre framtid och hur de kan bli en tillgång i samhället. En helomvändning från förra mötet. Vad Martha inte visste var att hennes insatser var en naturlig reaktion på den plan som hade fötts i hennes undermedvetna under vår session. Allt hon behövde göra var att "följa instruktionerna."

Poängen är: Det finns en Högre intelligens inom var och en av oss med syftet att hjälpa till att förbättra världen på ett eller annat sätt, och som alltid, alltid börjar den med bara en person — mig själv och dig själv. Inte för personlig girighet eller kontroll, utan alltid för allas bästa. Allt vi behöver göra är att nå den platsen inom oss, aktivera den och sätta igång. Det är så som Ljuset brukar fungera: det initierar en förändring i vårt medvetande och vårt sätt att se och uppleva vår värld.

Ljuset kan skapa många andra under. Jag minns den populära sopranen från Europa som kom för en session, en andlig "tune-up" som hon tyckte om att kalla sin healingsession. Det är vad de flesta människor frågar efter när de kommer på en privat session med mig. I slutet av sessionen berättade hon skämtsamt att om två veckor hade hon reserverat tid för det hon trodde skulle bli en komplicerad plastikoperation. Även om hennes syn hade varit oförändrad de senaste åren, hade hennes högra öga blivit mycket mindre i storlek än hennes vänstra öga. Hon kunde inte acceptera sitt utseende med ett mindre högeröga och ville att jag skulle hjälpa henne.

I mitt mänskliga sinne hade jag ingen aning om orsaken till varför hennes öga blivit mindre, och inte heller fick jag något kanaliserat meddelande. Men utan någon åsikt om varför det var så, skickade "jag" henne lite mer ljus med en villkorslös önskan om att föra in balans till hennes inre. Några dagar senare var hon förvånad över att finna att hennes ansikte såg bra och balanserat ut och att hennes högra öga var tillbaka till sin normala storlek. Hon avbeställde glatt operationen som hon hade varit så nervös inför, och kunde utan avbrott gå vidare med sin karriär.

Eller den unge mannen som hade en liten knöl vid sin armbåge. Det såg inte illa ut, men knölen störde honom när han gick i kortärmade T-shirts. Han hade redan beslutat att den skulle avlägsnas kirurgiskt så fort som han fick tid och pengar till att göra det.

"Det går i familjen, pappa hade samma knöl och det hade farfar också", förklarade han. Han hade kommit till mig av en helt annan anledning, men jag skickade ändå lite Ljus till hans armbåge, och jag la även min hand över den för att behaga honom. Vad han inte visste var att jag intuitivt skickade Ljus till hela hans familj, uppströms, till far, farfar och så vidare, för justering av knölen bakåt i generationer. Uppenbart var han en bra mottagare. Hans flickvän ringde mig flera dagar senare för att berätta att knölen på hans arm var borta, inte ens ett ärr visade var den suttit. Ärligt talat, jag var lika glatt förvånad som han över hur bra det hade fungerat. När allt kommer omkring är jag fortfarande bara ett instrument för ett högre syfte. Jag personligen har inte befogenhet att avgöra vad som ska försvinna och vad som ska finnas kvar.

För Heidi var det en annan historia: hon hade upptäckt två knölar i bröstet och ville att jag magiskt skulle få dem att försvinna. "Gå till en läkare så snart du kan", utbrast jag, eftersom jag alltid vill att den medicinska expertisen ska lämna sitt utlåtande först. "Se vad de kan göra för dig." Men vi tonade ändå in mot Ljuset och hon slappnade av till berättelsen om stjärnorna och om Ljusstrålarna som riktade sig mot henne. Efter sessionen återvände hon hem och kände sig avslappad och lugn. Heidi hade nyligen gift sig med en man som var mycket äldre än hon själv och ville inget hellre än att njuta av sin nya lycka. Redan nästa morgon ringde hon mig.

"Mina knölar är borta! Min man och jag är så glada. Tack!" Hon var mycket upprymd och kunde inte tro sin goda tur. Några månader gick och ännu ett samtal kom från Heidi.

"Mina knölar är tillbaka! De måste ha dykt upp under natten. De var helt klart inte där i går." Hon var rejält orolig och jag frågade genast vad som hade hänt de senaste dagarna. Knölar som snabbt försvinner över en natt, knölar som återkommer på en natt ... även jag hade svårt att att tro att det var möjligt.

"Mina styvbarn kom tillbaka från college, vi kommer inte överens ...", svarade hon genast, som om hon såg detta som svar på min fråga.

Och jag tror också att det var orsaken.

Det var en prövning för henne att vara med sina två styvbarn. De hade redan orsakat mycket stress i hennes nya äktenskap. Så snart ungdomarna var tillbaka i huset återkom knölarna i bröstet praktiskt taget över en natt. Hennes man brydde sig inte om konflikten mellan henne och hans barn, han trodde att den skulle lösa sig med tiden. Vi hade ytterligare en session och jag kände att det fanns ett stort "men" för att hon skulle läka. Om hon inte kunde släppa själssåren, indirekt orsakade av hennes styvbarns negativa beteende mot henne, påminde jag henne om att hon skulle bli tvungen att hitta ett annat sätt att bli av med knölarna i bröstet. Med tiden försvann lyckligtvis knölarna och allt blev till slut i sin ordning igen. Heidi är fortfarande fri från knölar i bröstet och mår alldeles utmärkt, men ett par år senare skilde hon sig från sin make och såg aldrig sina styvbarn igen. Troligtvis orsaken till att hennes situation hade förbättrats.

Heidis fall var på intet sätt ett typiskt fall när det rör sig om knutor i bröstet, i själva verket var det ganska ovanligt. Men det var anledningen för Heidi, och det visar hur våra kroppar lyssnar på vad som pågår i vårt sinne och hur negativa tankar och känslor kan manifesteras som fysiska problem i våra kroppar. En del av oss är helt enkelt mer känsliga än andra och kan, utan att inse det, omedvetet manifestera ett personligt bekymmer som en fysisk åkomma någonstans i kroppen.

Det finns inga klara regler för hur man hanterar Ljusprocessen. Det beror helt på situationen och omständigheterna — och personen i fråga.

Marilyn var psykolog och kom från Chicago. Jag var inte säker på varför hon hade valt att boka tid hos mig, men hon förklarade i alltför många ord att hon behövde bli av med sitt "svårmod och tristessen" i sitt liv.

"Livet är inte roligt", berättade hon. "Jag hör aldrig något trevligt från någon." Naturligtvis, tänkte jag, det är ditt jobb, precis som mitt, att lyssna på problem. Vi får inte höra om de roliga sakerna. Som en balans i våra liv måste vi i stället skapa vår egen njutning. Jag kände in på hennes energi och fortsatte med de vanliga orden om stjärnorna och himlen, ord som kom intuitivt till mig för att rena hennes undermedvetna. Timmen gick mycket fort. När sessionen var klar tittade jag på hennes ansikte i förväntan att få se ett leende och glatt ansikte som är det vanliga efter en avslutad session. Men Marilyn log inte. Hon verkade arg och brast omedelbart ut i anklagelser.

"Du arbetar i ett La-La Land. Du vet inte vad du gör!" Hon var definitivt inte nöjd, men jag behövde höra mer innan jag kunde bilda mig en uppfattning om vad som var problemet.

"Ljuset?" utbrast hon.

"L-J-J-U-U-SET?" Hon försökte betona ordet ytterligare.

"Vad är detta? Att koppla av i Ljuset i La-La- Fantasi Landet?

"Drömmer du allt detta?" skrek hon. Hon var arg, ingen tvekan om det. Det föreföll som om vi hade rört vid alla hennes gamla besvikelser och att hon nu hade valt att ösa dem över mig. När Ljuset rör vid mörkret kan det ibland medföra ilska, innan det har slutfört sitt renande arbete. Jag lät henne hållas. Lyckligtvis visste jag att jag hade en klientfri timme efter henne, så jag hade tid att göra det.

"Och du gjorde inte meditationen rätt. Du borde först ha berättat för mig hur jag ska slappna av, börjat med fötterna och sedan lotsat mig igenom min kropp och väglett mig genom processen."

Marilyn fortsatte att uttrycka sitt missnöje och klagade över vad vi borde ha gjort och vad hon ansåg vara rätt sätt att utföra mitt arbete. Jag lyssnade tålmodigt. Hon var inte den första psykolog som har velat att jag ska göra mitt arbete på deras sätt. De bortser helt från det faktum att jag jobbar intuitivt med helt olika förutsättningar när det gäller medvetenhet och frekvenser.

Jag lät henne prata utan avbrott tills det verkade som att ångan tog slut hos henne.

Sedan var det min tur att tala:

"Först av allt är det här absolut ingen meditation. Vi genomför en andlig rening av ditt undermedvetna, en process på en mycket hög frekvensnivå. Detta kan inte förstås enbart med ord. Det är inte nödvändigt att slappna av i kroppen på ett visst sätt, eftersom metoden helt ligger i "sinnet." Det enda sättet att få processen att fungera är genom *avsikt* och att du *accepterar avsikten i ditt hjärta*. Ditt undermedvetna är ett otroligt interdimensionellt maskineri, fullt kompetent till att prestera och ge de bästa resultaten. Det vet exakt vad vi önskar göra. Om du samtidigt jämför med din skolbok, kritiserar och tror att du är bättre och vet mer än jag, stoppar du flödet av den gudomliga avsikten och dess verkan försvinner." Marilyn verkade förvånad. Men hon förblev tyst.

"Det är lätt att stoppa processen när du gjort valet att gå i en annan riktning", fortsatte jag. "Du inte bara stoppar flödet, du skapar även en *ny konflikt* inom dig. Utan att veta om det tillåter du mörkret att motstå Ljuset och du skapar en stark spänning mellan de två energierna. Plötsligt upplever du känslor som om du håller på att explodera. Nu, följ mina instruktioner, koppla av och lyssna på min röst utan att bedöma, utan kritik även om du inte förstår ett ord av det jag säger. Det spelar ingen roll om du hör mig eller kommer ihåg vad jag säger, eftersom jag talar direkt till ditt undermedvetna. Det kan höra *avsikten* oavsett vilket språk jag talar. Jag försäkrar dig, det undermedvetna lyssnar *alltid*. När du har gjort valet att släppa ditt logiska "babblande" fungerar Ljusets metod mycket bra. Men det fungerar inte så länge du insisterar på att vistas inom din egen begränsade logik, för när du gör det är du kvar i mörkrets lägre frekvenser och kommer inte längre. Och det är ditt val, inte mitt."

Jag var tvungen att hejda mig ett par sekunder för att hämta andan. Jag var trött på dem som trodde de kunde hitta Anden genom logik och intellektuell rappakalja.

"När jag berättar för dig om stjärnor, blommor och träd, är de bara metaforer för möjligheter eller blockeringar som vi möter på vår väg genom ditt undermedvetna. Vi omfamnar dem eller rensar bort dem allteftersom vi går djupare och djupare in i ditt undermedvetna. Anden är ansvarig, inte jag. Jag är bara ett instrument för en högre kunskap."

Jag var inte arg, bara beslutsam att nå fram till henne på alla nivåer, intellektuella som andliga. I själva verket erfor jag en konstig känsla av ömhet emot henne medan jag pratade, en uppriktig vilja att få henne att må bättre, så jag fortsatte:

"Det du kallar La-La Land är det förändrade tillstånd där vi alla är i förbindelse med Kraften i Universum — eller Gud, om du vill. Det är inte meningen att du ska följa processen med dina tankar. Det är omöjligt att göra det med ditt mänskliga resonemang. Om du gör det fastnar du bara djupare i ditt problem och blockerar dig från att komma vidare in i ditt undermedvetna. Allt du behöver göra är att slappna av och vara öppen för den Högre Avsikten när den sveper genom ditt undermedvetna och rensar bort det som blockerade dig.

"Du valde att inte delta i vår andliga resa utan följde den i stället som en outsider, en iakttagare, och jämförde den sedan med din egen akademiska kunskap. Du har hjärtat på rätta stället, så det orsakade en konflikt inom dig. Istället för att följa med tillsammans in i Ljuset fastnade du i gamla oförrätter och blockeringar och, utan att vilja det, återupplevde du dina problem."

Det fanns så mycket att säga. Intuitivt visste jag att Marilyn var en hårt arbetande ensamstående mor som hade så mycket att erbjuda, men hon var trött på att kämpa. Hon ville så gärna ha ett lättsammare liv igen. Tyvärr trodde hon att hon bara kunde uppnå det på just sitt eget psykologiska sätt.

"Jag ser allt ditt hårda arbete och dina goda avsikter i din själs avtryck", fortsatte jag. "I många år har du levt med andras problem och du tog dem till ditt hjärta. Du tog dig aldrig tid att städa bort dem, utan lät dem bli en del av din egen känslovärld. Efter en tid blev de en tung börda för ditt undermedvetna. Koppla nu av och var beredd att utan villkor ta emot "det goda." Ljuset vet exakt hur det här ska göras, inte på ditt sätt eller på mitt. Följ anvisningarna den här gången, Marilyn. Släpp ditt ego och alla oförrätter och låt det vita Ljuset göra sitt arbete. Slappna av, och om störande tankar smyger sig in, kasta ut dem och ersätt dem med vitt Ljus i ditt sinne. Prova det, det fungerar verkligen!"

Marilyn lyssnade. Jag förvånades över att hon inte hade några invändningar. Något i mitt tal måste ha gett gensvar någonstans djupt nere i hennes tankegångar.

"Om du vill må bättre ger jag dig den här extratimmen, men den här gången måste du släppa greppet om det gamla och tillåta dig att komma loss från det som varit." Marilyn var fortfarande tyst. Hon hade inte sagt ett ord sedan jag började tala.

Ännu en gång kanaliserade jag resan med Ljuset genom hennes undermedvetna. För att vara så fokuserad som möjligt arbetar jag alltid med ögonen stängda och med uppmärksamheten vänd inåt. Då och då plirar jag igenom mina halvslutna ögonlock. Jag kastade en blick på Marilyn. Hon var avslappnad, hade börjat mjukna och ge efter, först långsamt men snart släppte hon plötsligt taget. Vi hade börjat helt från början med himlen, stjärnorna, Ljuset över horisonten ...

När sessionen hade nått sitt slut öppnade Marilyn ögonen, tittade på mig, log och utbrast förvånat, högljutt: "Wow", och sträckte upp armarna i luften som om hon vaknat upp ur en djup sömn.

"Nu förstår jag varför de sa till mig att träffa dig. Tack."

Vilken skillnad! Marilyn log. Hennes ansikte var avslappnat och ungdomligt. Hon hade upplevt samma Ljus, samma avsikt som timmen innan, men hon hade visat två helt skilda sätt att ta emot: Det spelar ingen roll vad någon ger dig om du inte förstår hur du ska ta emot. Du måste kunna ta emot i enlighet med den frekvens du har bett om. Det sker utan ansträngning när du är öppen och släpper alla förutfattade meningar. Intellekt och logik är de största hindren för Anden att tränga igenom när vi ber om hjälp. Vi skapar den blockeringen själva. Vi måste ge utrymme för att "släppa taget" och att låta Anden vara fri.

Varför blev Marilyn så arg första gången?

Hon fastnade i sina blockeringar. När någon försöker analysera blockeringar eller mörker kan de fastna i problemet och kan inte gå vidare. Vad som händer är detta: När Ljuset träder in kan det uppstå en konflikt mellan Ljuset och den obalans som finns inom dig, och alla sorters känslor kan dyka upp. Men det är bara tillfälligt.

Jag ser det ibland. Inte nödvändigtvis på min mottagning, utan när jag går längs gatan i en storstad eller sitter på bussen. Du ler mot en missmodig främling och han visar i stället någon form av negativ reaktion tillbaka. De som är undermedvetet sökande efter Ljuset kommer å andra sidan att beröras och besvarar omedvetet ditt leende. De kommer också omedelbart att känna sig bättre den dagen.

Efter att Marilyn lämnat min mottagning funderade jag på begreppet *tillfällighet*. Visste Anden om att Marilyn skulle komma att behöva mer tid så personen efter henne ringde den morgonen och ändrade tiden till en annan dag? Det var uppenbart att Marilyn behövde extra tid för att kunna släppa alla tvivel inom sig, och Anden hjälpte oss att ordna den saken åt henne. Jag ser så kallade tillfälligheter hela tiden och har nu kommit till slutsatsen att det inte finns något sådant som en tillfällighet — bara en möjlighet att följa den plan som är speciellt upprättad för oss. Det var en del av hennes plan att få mer tid så vi kunde ge mer plats för Ljuset att lysa på en nivå som hon kunde förstå. Det är så Anden fungerar.

"Jag är Olga." Den unga kvinnan framför mig var några år under 30 och min första klient just denna måndags morgon. Jag blev nästan chockad när jag såg henne. Hon hade inte tagit hand om sig själv. Allt i hennes utseende var slarvigt och försummat. Hennes hår, hud och kläder — allt hade försummats. Hennes läppar såg ut som om de inte lett på åratal, hennes rygg var deformerad med en stor puckel på övre delen av ryggen, och hon använde kryckor.

"Mina föräldrar hatar mig och är elaka mot mig. Jag har inget arbete eftersom ingen vill anställa en krympling. Jag måste bo hos mina föräldrar eftersom jag inte har pengar till egen bostad. Jag har inga vänner och ingen tycker om mig."

Olga fortsatte att berätta om sina motgångar. Medan hon gick mot stolen jag erbjudit henne verbaliserade hon den ena sorgliga delen efter den andra i sitt liv.

"Inte undra på att du har problem", tänkte jag för mig själv. "Du är så negativ. Vem vill lyssna på dig? Dina problem har ingenting att göra med puckeln på ryggen, men du är inte rolig att vara tillsammans med." Men naturligtvis sa jag ingenting. Mina tankar var bara slutsatsen av min snabba observation. Jag brydde mig fortfarande om henne och kände oro över att hon var tvungen att leva på det här sättet.

Det stod klart för mig att hon hade tagit på sig "stackars mej" — offerrollen. Det var helt uppenbart att hennes liv var långt ifrån lyckligt och direkt deprimerande. Jag ville verkligen hjälpa henne så mycket som möjligt. Hon behövde sannerligen massor med Ljus i sitt Liv, men var skulle jag börja? Ingen idé att prata med henne om kärlek och att älska sig själv, att din uppfattning om dig själv är den du skickar ut till omvärlden och det är så som andra sedan ser dig. Det skulle inte vara till någon nytta att leka psykolog. Jag var säker på att hon hade hört allt det där förut.

Istället förenade jag mig med Ljusenergin och förde in en inbillad stråle av Ljus för att lysa över oss, i synnerhet över henne. Tillsammans i vårt fantasitillstånd lät vi Ljuset lysa över oss. Jag hade bett henne att sluta ögonen och lyssna på min röst medan

Ljuset sken över henne. Jag berättade historien om stjärnorna, himlen och bergen och hur vi gick ut över nya marker — allt metaforer med högfrekventa ord som beskrev en reningsprocess genom hennes undermedvetna. Då och då reste jag mig upp, gick över till henne och "borstade av" henne, som om blockerande energier sipprade ut ur hennes kropp — och i själva verket var det precis det som hände.

Efter en timme med vitt Ljus skinande över sig där jag vid upprepade tillfällen "borstade av" henne var det nu dags att gå. Olga log och berättade att hon hade njutit av Ljuset, hon var avslappnad och verkade nöjd. Jag bad henne komma tillbaka följande torsdag förmiddag.

Tre dagar senare återvände Olga. Oväntat så log hon genast mot mig. Jag log tillbaka något förvånad. Vilken förändring: Hennes leende var mjukt och äkta och jag märkte ett skimmer över hennes ansikte. När jag såg på henne igen slog det mig att hon faktiskt var vacker. Hur kom det sig att jag inte sett det förut? Och den stora puckeln på hennes rygg? Nu när hon log var den knappt märkbar. Dessutom hade hon bara en krycka med sig.

"Du, jag tror inte jag behöver kryckor. Min rygg är svag ibland, men jag har märkt att jag går riktigt bra. Jag ska nog skaffa mig en käpp i stället bara för säkerhets skull." sa hon och log mot mig igen. Jag var förvånad. Var det här samma person? Vilken förändring som skett, nästan för bra för att vara sant.

Jag berättade för Olga om min tidigare sekreterare i Tyskland, Frau Kuginski, som också föddes med en stor puckel på ryggen. Hon var en äldre kvinna som med sin torra humor fick alla att skratta. Hon var en sann glädje att ha omkring sig. Alla älskade henne och ingen la märke till hennes missbildning. Trots sitt handikapp gifte hon sig tidigt och hade ett fint äktenskap tills hennes make blev dödad vid en konfrontation med en amerikansk soldat under de sista dagarna av andra världskriget. Tragiskt nog blev deras enda barn, en son, också dödad under kriget i en bombattack och Frau Kuginski blev lämnad ensam utan familj, hus och pengar. Efter kriget gick hon åter ut i arbetslivet och började på ny kula, alltid tacksam för sitt liv. Jag märkte hur Olga lyssnade och jag visste att hon aldrig skulle glömma den lilla damen i Europa som hade övervunnit sina utmaningar så bra.

Vi tillbringade åter en timme tillsammans, gick tillbaka till Ljuset och lät det lysa igenom dimensionerna för att rensa hennes undermedvetna, allt medan fler och fler Ljusstrålar strömmade ner över henne. Efteråt pratade vi en stund. Jag gav henne råd om vilka färger hon skulle välja för att må bra. Det skulle hjälpa hennes humör om hon höll sig borta från grått, brunt och svart och i stället använde färgstarka, glada accessoarer och kanske även förbättra färgen på håret — bara för skojs skull. Jag bad henne komma tillbaka en vecka senare.

Tredje gången Olga infann sig blev jag nästan chockad. Jag kommer aldrig att glömma vad jag såg: Framför mig stod en ung kvinna som lagt ner stor omsorg på att sköta om sig själv. Håret var smakfullt uppsatt, hennes klädsel var prydlig, hennes skor putsade och hon hade ett färgglatt halsband med matchande armband. Hon höll en käpp i handen.

"Ifall min rygg inte skulle hålla sig upprätt", förklarade hon med ett brett leende.

Och hon berättade att hon fått ett jobberbjudande som kamrer, precis den typ av anställning som hon alltid hoppats på. Hon kommenterade att alla hade varit så snälla mot henne.

"Naturligtvis" la jag till, "du var säkert vänlig mot dem när du kom. Du ser hur bra det fungerar." Jag var glad att se mirakel utvecklas i hennes liv. Det värmer alltid mitt hjärta att se drömmar förverkligas. Allt för att hon accepterade att låta Ljuset lysa i sitt liv, att sätta det *först*. Hennes ansikte sken som om det lyste av Ljus omkring henne. Och inom henne hade insikten om hur man lever ett bättre liv väckts upp som från en slummer. Allt som krävts var ett par timmar i Ljuset med viss positiv vägledning.

Fall som Olgas gör mitt arbete så givande och får mig att inse att det finns så många där ute som så lätt kan bli lyckligare bara genom att ändra tankesätt och låta sitt eget inre Ljus lysa i sitt liv.

Vad hade vi gjort för att få det här att hända?

Jovisst, vi hade fört in Ljusets kraft och renat hennes undermedvetna från all gammal smärta och lidande. Hon hade lämnat barndomsåren bakom sig, åren när hon blev hånad och utestängd från alla lekar och spel på grund av sin missbildning. All den smärtan hade tagits bort. Så lite, så enkelt och ändå så kraftfullt. Men inga magiska formler, inga tidskrävande och dyrbara analytiska diskussioner och ingen medicinering för att maskera symptomen. Bara tillåta Ljuset att skina över henne och föra henne till en ny medvetenhet, att lära sig att se på livet såsom fullt av positiva idéer och nya sätt att gå vidare.

Ljuset inom oss är vår födslorätt. Ingen mänsklig uppfinnare har skapat Ljuset, ingen har patent på det med undantag av Universum, ingen kan göra anspråk på att äga det. Kanske är detta anledningen till att så många i dagens värld har skjutit det åt sidan och anser att det inte är tillräckligt bra. Eller förklaringen till att majoriteten inom det medicinska området vägrar att erkänna Ljuset som en kraft, är kanske av den enkla anledningen att de inte kan påstå att det är deras. Inte heller kan religionen hävda att ljuset är deras uppfinning eller egendom. Var och en av oss äger det på vårt eget sätt. Vi har alla rätt att med vår egen fria vilja och den äkta känslan i våra hjärtan helt och fullt använda Ljusets energi för att nå våra mål — men det måste alltid vara för "det högsta goda."

Rose var en erfaren fastighetsmäklare, framgångsrik och erkänd som en av de bästa i stan. Efter att hon klagat över återkommande huvudvärk fann man vid en medicinsk undersökning att hon hade en hjärntumör. På grund av tumörens läge gick den tyvärr inte att operera och det fanns inget man kunde göra för att förbättra hennes tillstånd. Rose hade också fått veta att hon inte hade lång tid kvar att leva som en normalt fungerande individ, och att hon snart skulle dö. Det var naturligtvis fruktansvärda nyheter, inte bara för henne utan för hela familjen och de sökte alla efter alternativa behandlingar.

Till slut tog hon kontakt med mig. Alla fall som gäller huvud och hjärna föredrar jag att träffa personligen och inte via telefon, så jag bad Rose att komma till mottagningen. Jag hade bett en vän med samma talang och förmågor som jag att assistera mig, eftersom jag visste att processen skulle kräva en hel del extra energi. Vi höll båda två våra händer över hennes huvud, fokuserade och kanaliserade intensivt den vita Ljusenergin till henne. Vi gav inte upp utan fortsatte väl över en timme. Jovisst, jag pratade som vanligt, men först och främst sände jag högfrekvent Ljus mot hennes huvud tillsammans med min vän. Och så plötsligt, som genom ett tecken från ovan, slutade vi. Sessionen var över och Rose öppnade ögonen som om hon vaknat ur en djup sömn efter en större operation, och ja, på ett sätt var det verkligen så.

Vi gick alla skilda vägar efter vår session och inte förrän åtskilliga år senare fick vi veta att Rose levde och fortfarande arbetade i fastighetsbranschen. Efter vårt möte hade tumören inte bara slutat växa, den började också långsamt försvinna och snart var allt som vanligt igen. Rose var snabbt tillbaka på kontoret och sålde fastigheter som om ingen hjärntumör någonsin existerat.

∞

Återigen, att kanalisera Ljus var det enda som behövdes när det gällde ett hundbett. En man på lite över femtio, Johnny, hade attackerats av sin grannes stora hund som bet honom svårt i ansiktet. Varför det hände kunde ingen förstå, eftersom Johnny hade träffat hunden många gånger tidigare, alltid på vänskaplig fot. Det här kunde ha utvecklats till en besvärlig situation — med medicinska räkningar, rättsliga anspråk och alla andra frågor i anslutning till attacken. Eftersom hunden hade bitit mannen i ansiktet kunde plastikkirurgi också bli nödvändig.

Jag såg mannen bara några minuter efter attacken. Alla sår var färska och fortfarande utan någon medicinsk behandling. Det var långt till läkare, men jag råkade befinna mig i närheten på en bjudning tillsammans med flera vänner. Vi ställde oss runt mannen, som nu låg på soffan, med våra händer utsträckta flera decimeter ovanför hans ansikte och skickade honom Ljus och helande avsikter. Efter ett tag märkte jag hur luften under våra händer började kännas som "materia", nästan som om det fanns en kraftfull kudde mellan våra händer och Johnnys ansikte. Det var helande energi, osynlig för ögat, men ändå ett faktum. Jag minns inte hur länge vi kanaliserade Ljuset, men som alltid när ett uppdrag är slutfört stängs energin plötsligt av och vi slutade lika plötsligt som vi hade börjat, precis som om vi blivit tillsagda från en högre instans. Att bli attackerad av en stor hund är en traumatisk upplevelse, och totalt utmattad gick Johnny till sängs efteråt och sov hela natten.

Hans fru ringde några dagar senare. Såren från hundbetet hade läkt mirakulöst och det fanns inga som helst ärr i hans ansikte. Inte bara hade han läkt fysiskt, ingen medicinsk behandling behövdes, ingen polisanmälan mot en argsint hund, ingen juridisk korrespondens och Johnny och hans granne kunde förbli vänner. En vinn-vinn situation för alla. Allt på grund av det vita Ljusets helande krafter.

Vad kan vi lära av den här berättelsen?

Som varelser av Ljuset kan vi alla kanalisera Ljuset. Om vi individuellt inte litar på vår egen förmåga kan vi ändå med rätt inställning och intention göra det kollektivt. Så fungerar även bön — en kollektiv avsikt av Kärlek och Ljus som sänds i viss riktning kan på mottagarsidan ge positiva resultat. Å andra sidan kan kollektiva känslor av rädsla och lidande ha motsatt effekt. Känslor och prat om smärta och rädsla skapar mer smärta och rädsla, och fortsätter det kan en hel värld försättas i panik och skräck. Vi ser det dagligen.

Här kommer ett exempel på hur en endaste liten touch av Ljusenergin kan hjälpa: En tolvårig pojke hade klagat över ont i magen i över en vecka och var tvungen att stanna hemma från skolan. Han var oförmögen att äta, kunde inte ens dricka vanligt vatten. I hans fall var det inga fantasier. Han älskade faktiskt skolan, var fotbollsstjärna och mycket populär bland sina klasskamrater. Ingen kunde hitta någon orsak till smärtan och hans föräldrar var mycket oroliga.

Jag satt vid hans säng och talade dämpat med honom som jag brukar göra, om stjärnor och ljusstrålar och blommor på en sommaräng. Utan att röra vid hans kropp "borstade jag av" honom över magen i mindre än en minut, samtidigt som jag skickade Ljus till honom. Han följde mina instruktioner och slappnade av lite roat, förmodligen undrande varför han skulle göra det. Plötsligt satte han sig upp, böjde sig över sängkanten och kräktes på golvet mitt emellan oss. Mängden verkade oändlig och ett tiotal sekunder passerade medan maginnehållet hopade sig på

golvet över en decimeter högt. För en pojke som inte ätit något på
flera dagar var det jag såg ofattbart. Det han kastade upp verkade
inte som gamla matrester. Där fanns ingen lukt och ingen vätska,
endast torr, fluffig svampliknande materia. Uppkastningen ver-
kade nästan surrealistisk. Den var lätt upplockad, insvept i en
tidning och kastat i soporna. Pojken ville omedelbart sova och när
han vaknade två timmar senare var han helt återställd, beredd att
gå ut och sparka boll igen som om ingenting hade hänt. Jag fick
ingen kanaliserad information om vad som var fel med honom,
men var det nödvändigt? Jag behövde ingen diagnos, skrev inte
ut någon medicin och utförde ingen operation. Jag pratade bara
med honom och berättade en historia i metaforer. Och naturligt-
vis, jag ställde in mig på att möta Ljuset och Ljuset gjorde honom
bra igen. Jag nämnde aldrig ett ord om att bli bättre eller att må
bra igen. Men hans undermedvetna lyssnade och bestämde sig
för att samarbeta och kastade spontant ut gamla energirester från
hans problem. Och allt var väl.

Att föra in Ljuset är en mycket uppfriskande upplevelse för
mig. Jag känner mig väldigt stimulerad, nästan berusad efter en
session, eftersom det inte bara är den helande kraften i klienten
som aktiveras utan även i mig: När ljuset går genom mig så stär-
ker och laddar det också mig. I början hade jag svårt att hantera
alla dagliga påfyllningar av Vit Ljusenergi. Det verkade vara för
mycket för min människokropp.

Ibland, efter att jag avslutat en dag med healingsessioner,
kunde min energi vara så hög att jag fick en känsla av att jag

tillhörde en annan dimension än min omgivning och var så överväldigad av förnimmelsen att jag skulle kunna flyga om jag så ville. Min energi var ibland så stark att jag fick problem med min elektronik. Datorn stängde av sig själv, min mobiltelefon fungerade inte, fjärrkontrollerna hängde sig — min energifrekvens var helt enkelt för hög. Glödlampor gick sönder när jag tände en lampa och att ersätta glödlampor varje dag visade sig bli kostsamt. Gatubelysning kunde flimra när jag gick förbi, ja, det började bli besvärligt.

Det som verkligen oroade mig var när jag tog bilen efter en hel dags healing. Efter att jag vridit om nyckeln och lagt in växeln satte bilen omedelbart igång på högt varvtal utan att jag ens rört gaspedalen. Istället fick jag hålla foten på bromsen för att hålla en acceptabel fart genom stadens gator. Jag hade en gång en passagerare som skrek åt mig att inte köra så fort. Jag skrek tillbaka att det inte var jag. Jag försökte förklara för henne att det var den högt vibrerande energi som skapats inom mig under min arbetsdag som fick bilen att gå av sig själv, vilket naturligtvis bara gjorde henne ännu räddare. Nu förstod hon verkligen ingenting!

En annan gång, när jag avslutat en session med ett par klienter per telefon, gick jag ut i köket för att laga en liten lunch åt mig. Jag var full av högfrekvent energi — och Ljus. Jag glömde att jag kanske var laddad med extra energier och öppnade kylskåpsdörren lite väl snabbt. Plötsligt hade jag dragit loss hela stora kylskåpsdörren som landade på golvet tillsammans med mat och flaskor från insidan av dörren. Jag, en späd liten kvinna, som med bara en lätt handrörelse drog loss en nästan två meter hög kylskåpsdörr! Det behövdes två män för att lyfta kylskåpsdörren på plats igen senare under dagen. All denna extra styrka har jag tillskrivit Ljuset som på det här sättet ger ett litet prov på sin ofantliga kraft, en kraft som trots allt är tillgänglig för oss alla.

Med tiden har jag lyckats hantera dessa svallvågor av energi så att jag inte förstör mitt hus, min bil eller mina vänskaper. Det har slagit mig: Jag kanske ligger långt före min tid. Kan detta vara den styrka vi alla kan använda i framtiden? Men inte bara för att få mer fysisk kraft och för att hålla våra kroppar i form.

Kanske är det meningen att vi ska fortsätta i den här riktningen för att få tillfälle att pröva en ny typ av energi som vi kan använda som drivmedel i våra fordon, till och med för oss själva och så småningom för att förflytta oss genom hela Universum, snabbare än man någonsin kunnat ana. Helt enkelt bara genom att reproducera de högre frekvenserna av det Vita Ljuset. Men jag tror att vi har en mycket, mycket lång väg att gå innan vi blir de varelser vi ursprungligen var tänkta att bli.

Genom åren har jag blivit övertygad om att det är meningen att vi alla ska leva i harmoniskt partnerskap med Ljuset för att finna balans — så att vi alla kan njuta av sann glädje, vara friska och välmående och leva i harmoni med varandra.

Inte undra på att detta var, och kanske fortfarande är, förbjuden kunskap. Idag blir kunskapen om det Vita Ljuset ibland hånad och förlöjligad av en del eftersom man logiskt inte kan förstå hur det fungerar och anser att kunskapen inte är äkta, att den är ogrundad — av den enkla anledningen att man inte kan följa processen i ett flödesschema på ett pappersark. Ändå har ingen kunnat bestrida de goda resultaten. De är lätta att verifiera och kan förstås av alla.

Det är viktigt att veta att syftet med denna Högre Kraft är av det Högsta Goda och att det är meningen att den ska göra gott och hjälpa oss med att återställa ett tillstånd tillbaka i balans. Om du å andra sidan börjar använda den Högre Kraften för att tillfredsställa ditt eget personliga kontrollbehov och få inflytande över andra, kan du snart förvandlas till ett negativt kraftverk och dra till dig samma typ av energi som du skickar ut. Snart dras mer och mer destruktiv energi till dig, tar över din kropp och själ och tar slutligen kontroll över ditt liv. Till slut kan du brytas ned av den kraft som du själv har satt i rörelse utan att förstå varför. Allt har konsekvenser. Varje ord, tanke och känsla som vi sätter i rörelse har konsekvenser, särskilt när de är kopplade till vårt känsloliv. Vi kan lika gärna vinnlägga oss om att sända ut gott "material", dvs. goda intentioner, från början. Vi kommer att må så mycket bättre om vi håller i minnet att den Högre Kraften lyssnar på våra bekymmer, våra tankar, uttalade ord, även våra intentioner. När våra känslor är harmoniska sätts en process av tacksamhet och kärlek i rörelse och positiv kraft sänds tillbaka till dig. Om dina tankar och känslor inte är harmoniska och i stället är fulla av rädsla, brist, hat och andra negativa element, är det detta du skapar inom och runt omkring dig. Eftersom du nu har skapat en verklighet av negativa känslor är det just det som kommer tillbaka till dig — många gånger starkare. För i den Högre Kraftens ögon är det just det som du har bett om.

Lyckligtvis har vi möjligheten att från början *välja* vilken typ av energi vi egentligen vill leva med för att vårt liv ska bli ett gott liv.

5

Osynliga krafter som kan påverka vår kropps goda hälsa

Vad vi än gör, vart vi än går, är vårt medvetande alltid uppmärksamt på det som händer runt omkring oss. Om vi har blivit fysiskt skadade, är upprörda eller fyllda av rädsla, går dessa känslor vidare till vårt undermedvetna, där de slår sig ner och stannar kvar under en obegränsad tid. Så småningom kan känslorna växa och med tiden skapa en kraftfull illusion av en blockering. Processen kommer sedan att fortgå under hela vår livstid, allt medan vårt system fortsätter att ta emot nya intryck från vår omgivning. Och utan att vi är medvetna om det, lagras med tiden upplevelser och intryck allt djupare och djupare inom oss och formar något som jag bara kan beskriva som energimateria. Efter hand kommer de energierna att "rinna över" in i vår fysiska kropp, vilket kan manifesteras som en verklig blockering såsom en sjukdom eller en annan störning i kroppen. Det skulle då vara logiskt att gå tillbaka och leta efter orsaken till problemet, så vi kan frigöra oss från det, i stället för att dölja de symtom som syns på ytan. Många gånger är symtomen illusioner som finns kvar från gamla besvärliga minnen, och nu väntar de på att bli kurerade så att de kan försvinna.

Varje tanke eller känsla är en form av energi, och när den blir tillräckligt stark kan den kila iväg efter sitt eget kreativa lynne, och framkalla ett nytt medvetandemönster som kan höja våra känslor till skyarna eller få oss att fastna i våra problem, oförmögna att röra oss ur fläcken. Var och en av oss har fått en värdefull möjlighet att välja om vi vill att de tankarna och känslorna ska vara positiva eller negativa och om de ska stanna kvar hos oss eller inte. Det här valet är en del av vår naturliga läkningsprocess, och vi är beslutsfattarna som väljer vad vi vill vara — sjuka eller friska, glada eller olyckliga, fattiga eller framgångsrika. Ingen annan kan göra det åt oss. En medicinskt tränad person, terapeut, sjukvårdare eller healer kan naturligtvis hjälpa oss på vår väg till välbefinnande. Dock är beslutet att vara frisk och framgångsrik fortfarande vårt eget. Som just nämnts, att må bra kan vara ett beslut som fattas djupt nere på ett undermedvetet plan, och vi måste skapa en uppriktig känsla av kärlek till oss själva att vi verkligen förtjänar ett framtida liv med god hälsa och lycka.

Det är inte ovanligt att hitta dem som innerst inne känner att de inte förtjänar varken god hälsa eller framgång, och det spelar ingen roll hur kraftigt vi försöker bota dem. De trivs med att leva i den sektor av brist och oro som de har skapat för sig själva och som de har gjort till sin egen bekvämlighetszon. För en andligt öppen terapeut är det lätt att uppfatta situationen intuitivt, men personen med problemet har oftast ingen aning om att det finns.

∞

Bland dem som har kommit för att träffa mig har jag funnit att många påverkas av "den svagaste länken." Med andra ord, när vi utsätts för någon form av stress, fysiskt eller psykiskt, är det alltid samma del av vår kropp som gång på gång reagerar med smärtor och lidande även om den inte har blivit skadad. Vi uppfattar det vanligtvis som ont i magen, huvudvärk, hjärtbesvär, nack- eller ryggproblem. Även barn kan uppleva det. De upplever magont när de har problem med sina vänner eller skoluppgifter eller till och med när de bara har en förkylning. Den utlösande orsaken är oftast *stress* — känslomässig eller fysisk. Oavsett orsaken till stressen drabbar den kroppens svagaste länk som reagerar och skapar en smärta. Stress, fysisk eller psykisk, är praktiskt taget alltid katalysatorn som aktiverar vår "svagaste länk."

Och vad är den "svagaste länken?" Utifrån vad jag har sett i min praktik, är en persons "svagaste länk" en osynlig mekanism som vid tider av stress sätter igång en smärta eller ett tillstånd i en viss del av deras fysiska kropp eller mentala tillstånd. Själva stressfaktorn som utlöser problemet kan vara t.ex. att dricka eller äta för mycket, att flytta till en annan ort, att renovera sin bostad, att vara olycklig i ett kärleksförhållande eller på arbetet, brist på pengar, en sjuk familjemedlem eller nervositet inför en examen. Även oro kring ett bröllop och att ta ett viktigt beslut kan utlösa din "svagaste länk" och kan skapa starka smärtor någonstans i din kropp.

Den svagaste länken härrör vanligtvis från ett oläkt minne, som har levt sig kvar i ditt undermedvetna från svunna tider och som nu skriker efter uppmärksamhet. Eller kanske ett minne från din barndom. Men många gånger kan det gå långt bortom barndom och födelse, in i dina tidigare liv. Ett inpräntat minne från en gammal olycka eller situation under den tidiga delen av ditt liv kan ofta vara orsaken till en blockering under senare år på många fler sätt än ett. Dock kan även just den olyckan eller situationen under din barndom eller dina tonår ha utlösts av ett oläkt minne från ett tidigare liv. Hur det kom dit spelar ingen roll (vi vet ju att energi aldrig dör!). Men det oläkta minnet finns fortfarande där inom dig och kommer att väckas till liv och sättas i rörelse om och om igen under tider av stress. Vårt undermedvetna är en mycket bra förmedlare och är helt villigt att påverka våra nuvarande känslor, men inte alltid positivt. Det kan ibland röra sig om en mycket personlig och privat information från det förflutna, och det känns inte alltid angeläget att släppa det ifrån sig så lätt.

En kropp som förlorar en arm eller ett ben kan ibland lida av den hiskliga förlusten så intensivt att den undermedvetet återskapar armen eller benet såsom dimensionell energimateria, och återknyter den förlorade kroppsdelen paranormalt till den gamla kroppen som en ny verklighet med all värk och alla smärtor som fanns när den var fäst vid kroppen under de sista dagarna, timmarna eller sekunderna. Detta är en smärta som kan tas bort ganska lätt, när vi dimensionellt för in den Vita Ljusenergin för att rensa bort energin från det gamla störande minnet. Även om varje fysisk del av oss lever på sitt eget sätt, är varje lem, organ, vävnad, molekyl och atom fortfarande tänkt att vara i harmoni och i balans med resten av kroppen, såsom ett fullbordande av det vi är tänkta att vara: en otrolig skapelse av samhörighet med hela universum.

Varje organ har sin egen karaktär med en speciell energifrekvens och rotation som är typisk för just det organet. När organ "inte mår bra", blir rotationen i deras energi långsammare eller upphör ibland helt. I vissa fall går rotationen i motsatt riktning, vilket skapar ännu mer negativ energi som kan orsaka någon form av fysiskt eller psykiskt obehag i resten av kroppen.

Vår lever har sin egen personlighet, med sympatier och antipatier. Den avvisar tydligt det som inte är naturligt, särskilt kemikalier, men ibland ogillar den också vissa livsmedel som vi annars kan anse vara helt i sin ordning. Det beror på vad just den levern uppskattar och accepterar, vilket inte nödvändigtvis stämmer överens med dess individuella ägares sympatier och antipatier. (Individuell ägare betyder människor som du och jag.)

Återigen, fastän flera av mina klienter finner mina berättelser om deras organ underhållande betvivlar de ibland att jag har rätt. Men så snart de har sett sambanden och upplevt de goda resultaten och börjat leva enligt de råd som getts, får de snart en annan inställning till sina kroppar. De lär sig att acceptera dem som en del av en helhet, där allting måste vara i balans för att man ska vara frisk och prestera till belåtenhet. För att säkerställa god hälsa i en kropp är det meningen att alla botemedel ska passa hela kroppen, inte bara en del av den.

Från tid till annan har personer som gått igenom organtrans-
plantationer sökt upp mig eftersom de kände sig oroliga både
mentalt och fysiskt, även om det inte har funnits något att oroa
sig för enligt deras medicinska rapporter. Problemet var att de
verkade leva i konflikt med sig själva, ibland till och med om vad
de skulle äta och dricka. När jag sedan kollade på klientens energi,
var det ofta mycket tydligt att det nyligen implanterade organet
hade besvär med att komma överens med den nya omgivningen,
för "alla klagade på varandra" — organ, vävnader, muskler ...

Då blev det alltid nödvändigt att skicka energi av Vitt Ljus
till situationen för att reglera den osämja som uppstått i deras
kroppar mellan de gamla vävnaderna och de nya inopererade
organen. Det jag la märke till var att de inopererade organen
fortfarande saknade sitt tidigare hem, ungefär som ett barn som
saknar sina föräldrar och sin hemmiljö. Det är svårt att flytta in
i ett nytt hem och plötsligt bli del av en ny familj som du aldrig
har mött förut och veta att det är meningen att du ska stanna där
under resten av ditt liv. Självklart är du nervös och känner dig
osäker och kan börja klaga — och det är just det som jag har sett
hända med implantaten.

För Julian var det annorlunda. Han kom till mig långt före
sin lungtransplantation för att förbereda sig och sin energikropp.
Klokt! Jag lärde honom att skicka känslor av Kärlek och Ljus
till sitt bröstområde, att ta kontakt med den lunga som skulle
tas ut, och berätta för den att det var dags att bytas ut och på
samma sätt berätta för de omgivande vävnaderna att de skulle
få en ny familjemedlem. Helt vettigt när man tänker efter. Vem

vill att en främling flyttar in i huset innan man vet något om den nye invånaren. När allt kommer omkring är det ju meningen att nykomlingen ska leva vidare i bästa form, vara del av familjen och stanna till slutet av sina dagar. Att resonera så här kan kännas främmande för många människor och, ur ett medicinskt perspektiv, till och med svårt att acceptera, men det är en fråga om medvetenhet, och på den nivån står vi alla på olika plan. För inte så länge sedan var en lungtransplantation både omöjlig och oacceptabel, så låt oss vara öppna och följa med i tiden och all den nya kunskap som dyker upp omkring oss. Låt oss vara öppna och mottagliga inför alla nya begrepp och handlingar och att, ja, du *kan* tala med dina organ om du så önskar.

Julian ville att jag skulle hjälpa honom telepatiskt "på långdistans" och genom Andlig Fjärrkontakt vara förbunden med honom under hans operation på sjukhuset medan jag fortfarande var kvar på min mottagning. Jag stannade hos honom telepatiskt under hela operationen och skickade konstruktivt helande tankar och energi till honom på sjukhuset, som var beläget hundratals mil från mig. Läkarna i hans kirurgiska team var omedvetna om något andligt samarbete, men var mycket imponerade över operationens framgång och ännu mera över Julians anmärkningsvärda återhämtning. Det blev absolut ingen bortstötning av den nya lungan, och Julian kunde snart njuta av en god livskvalité. Vad jag hört så mår han ännu utmärkt och många år har nu gått sedan operationen.

Harvey, som är skådespelare, behövde en levertransplan-
tation. Nu redan i 65-årsåldern kunde han tacka sin lyckliga
stjärna att ha fått en leverdonator överhuvudtaget och dessutom
så snabbt. Han hade också valt att få min telepatiska hjälp under
sin operation. Återigen med det bästa resultat, utan några pro-
blem med avstötning även om hans kropp inte var i bästa fysiska
form. Harvey återhämtade sig mycket snabbt, särskilt med tanke
på sin ålder, och var snart tillbaka för att leta efter nya skådespe-
larroller. Både Harvey och hans familj var roade över att finna att
hans uppskattning eller ogillande för vissa livsmedel förändrades
dramatiskt efter transplantationen.

Före operationen hade Harvey en svaghet för hamburgare,
stora biffar och tung mat. Efter transplantationen blev han över-
raskande vegetarian, slutade dricka och som hans fru berättade
för mig var han trevligare att vara tillsammans med. Han skrat-
tade åt mig när jag påpekade att hans nya lever måste ha kommit
från en vegetarian. För att ta reda på det frågade Harvey nyfiket
sitt medicinska team. Och hör och häpna, hans donator var en
ung man med sund livsstil. Han hade arbetat som personlig trä-
nare och dött i en bilolycka. Lyckligtvis hade vi förberett oss
inför implantatet — annars kunde det ha blivit en alltför stor
chock för den nya levern att komma in i denna äldre kropp full av
sprit och rök. I stället vändes det till en total framgång.

Mina klienter är roade när jag intuitivt skannar deras kroppar
och berättar för dem hur deras organ tycker och känner, som om

deras organ var individuella varelser. Och de skrattar högt när jag berättar för dem att deras organ är på ett bra eller dåligt humör eller att de ogillar speciella livsmedel. Som jag ser det är vissa organ mer känsliga och emotionella än andra. Särskilt levern verkar vara mer beroende av frid och harmoni i kroppen än något annat arbetande organ. En lever har en stark personlighet och är mycket känslig för stress. Levern har ett starkt behov av skratt och glädje och är expert på att plocka upp känslor från sin ägare och vidarebefordra dessa känslor till andra organ. Främst gallblåsan som snabbt brusar upp och reagerar, men också bukspottskörteln är alltid pigg på att klaga. En olycklig lever kan få dig att känna dig arg, olycklig, icke-produktiv och även deprimerad. Enligt min erfarenhet är en lever också mycket känslig för vad du äter, dricker och för in i din kropp, särskilt under tider av stress.

Mat representerar en form av vibration. En person med höga vibrationer har ofta svårt att smälta livsmedel med låga vibrationer, som de flesta vanliga snacks som vi ser på marknaden idag, oftast "berikade" med konstgjorda färgämnen och smaker. Vi är naturliga levande varelser och gjorda för att smälta naturliga livsmedel så att vi kan fungera som friska individer. Det är självklart att konstgjorda livsmedel av alla slag inte är bra för oss. Den enkla anledningen är att vi är människor, inte robotar.

Även om användningen av kemikalier har blivit nödvändig och fungerar bra i nödfall när det finns behov av en snabb fix, har jag funnit att för våra känsliga organ är kemikalier inte alltid lämpliga under en längre tidsperiod. Som jag har sett det, lämnar de destruktiva föroreningar i olika delar av kroppen, vilket senare kan skapa blockeringar och en mängd nya problem. Men på grund av den livsstil som vi har valt att leva, där vi fyller våra system med värdelös skräpmat och ohälsosamma produkter, är en viss användning av ännu starkare kemikalier som motgift förmodligen det enda sättet att må bättre i många situationer.

Vad som kan anses vara rätt eller fel mat beror på personen ifråga och hans eller hennes personliga struktur. Den kombinerade känslomässiga och fysiska strukturen hos en person kan påverka vilken slags föda som han eller hon kan tolerera eller inte tolerera. Var och en av oss är unik och har vår egen individuella sensitivitet, ofta påverkad av vår medfödda eller förvärvade "svagaste länk." Felaktig mat kan ofta göra att vår "svagaste länk" reagerar.

En reglerad mathållning är viktigt. Hur ofta du äter, hur väl du tuggar, hur snabbt du äter. Alla dessa faktorer spelar roll. Tyvärr har man fått oss att tro att bara för att något är naturligt och ekologiskt, måste det vara bra för oss. Samma sak gäller även homeopatiska läkemedel. Precis som för läkemedel, är inte alla homeopatiska preparat lämpliga för alla individer, och de går heller inte alltid att blanda med varandra. En morot kan vara bra för de flesta, men hos en del kan den leda till att hela matsmältningssystemet kommer i olag, eller till och med orsaka huvudvärk. Det finns ingen kostregel som inkluderar 100% av befolkningen, förutom att dricka vatten, som är absolut nödvändigt för vår överlevnad. Men även vatten bör konsumeras med måtta och kan få vissa individer att må dåligt ibland.

Socker och kaffe är skadligt för de flesta, men det finns alltid någon som faller utanför ramen. Jag har stött på flera individer som mår alldeles utmärkt av att dricka flera koppar kaffe per dag. Å andra sidan finns det många som inte förstår varför de alltid känner sig så dränerade och vi fann att kaffet var orsaken till deras problem. Och så fortsätter det. Vi är alla individer, gjorda för att passa vår egen speciella design. Inga människor skapas exakt likadana, inte ens enäggstvillingar. Var och en av oss vibrerar på vår egen frekvens, precis som allt annat omkring oss. Ju mer andliga vi är (vilket inte nödvändigtvis innebär att vara religiös), desto högre är vår vibrationsfrekvens. De som har en hög andlig frekvens är mer känsliga för vissa kommersiella livsmedel — snacks, alkohol, mediciner och de flesta tillsatsämnen — oftast har andliga personer också ett mindre matbehov än andra.

Jag uppfattar våra organ på samma sätt som jag uppfattar medlemmarna i en stor symfoniorkester, där varje individ har tilldelats sin speciella plats samt vilket instrument den ska spela. Nu är det meningen att de ska spela så bra som de kan — tillsammans. I glädje, naturligtvis — annars blir de inte bra musiker.

Inte nog med att de måste spela bra, de måste spela i harmoni med de andra musikerna och skapa god samklang. När det gäller kroppen betyder det att alla organ måste spela i harmoni med alla andra organ, muskler, vävnader och känslor kring dem. För att göra det rätt, måste de följa anvisningarna från en dirigent. Det är så vår kropp fungerar. Alla delar måste vara i samklang och spela sin speciella ton.

Och vem är Mästerdirigenten?

Du är det.

Jag är det.

Vi är det.

Var och en av oss är ansvarig för att vår kropp fungerar. Både du och jag och alla andra.

Det kan inte sägas tillräckligt ofta, varje individ har ansvar för sin kropp, att sköta om den och se till att den tas väl om hand. Vår omsorg kommer så småningom att löna sig och vi märker snart hur vårt humör och våra handlingar bidrar till hur väl våra organ spelar med i musiken.

Om var och en av oss är orkesterledare för våra kroppar, vem är då dirigent i våra liv? Svaret är enkelt: Vi är fortfarande en del av samma design, där var och en av oss spelar ett instrument i en stor symfoniorkester, och ser till att vi spelar en ton som är i harmoni med alla omkring oss. Åtminstone är detta den ursprungliga planen. Fastän var och en av oss är ansvarig för sitt liv och tilldelad sin plats och sitt individuella instrument, finns det fortfarande en mästarregel:

Att följa "Det Första Budet." Sätta det goda och positiva först. Det är så vi upprätthåller en god balans i vårt liv, i synnerhet i tider då det goda och positiva verkar vara långt borta.

När jag intuitivt skannar energin hos en individ, visar sig hans eller hennes organ omedelbart på min inre psykiska skärm. Samtidigt tar jag emot budskap om personens tillstånd men också om personliga sympatier och antipatier.

163

Vårt hjärta har sin speciella roll som kommunikatör och arbetar i nära kontakt med vår hjärna, till synes alltid påverkad av sinnesrörelser och känslor. Vi agerar och fattar beslut mycket mer enligt våra känslor än vad vi tror är möjligt. Men det organ som jag har funnit vara tongivande när det gäller att plocka upp och vidarebefordra känslor till andra delar av kroppen är fortfarande levern. När en lever är stressad, mörknar den, krymper och stoppar sin energirotation — som jag sett det telepatiskt på min inre psykiska skärm. På den medicinska vetenskapens skärmar kan inte den här dimensionen ses — levern visar sig förmodligen fortfarande som medicinskt perfekt på deras glasskärm. (Obs! Jag arbetar intuitivt — inte som medicine doktor.)

Vid tider av stress börjar den emotionellt känsliga levern att skicka varningsmeddelanden till resten av kroppen, i synnerhet till gallblåsan, bukspottkörteln, och sedan till hjärtat. Efter en tid, då den når hjärtat, är stressen mycket allvarlig. Även ögonen får sin andel från en olycklig lever. För vissa individer kan ögonen vara särskilt känsliga inför en lever i nöd — allt beroende på vad som är den svagaste länken i deras system.

∽

Vi är inte alla lika. Män och kvinnor reagerar mycket olika på stress, precis som vi alla gör i jämförelse med varandra. Mer intuitiva och andliga individer har en högre vibrationsenergi, och följaktligen en högre frekvens än de som begränsas av logik och intellekt och vars sinnen är blockerade. Samtidigt har jag funnit att individer med högre frekvenser är mer sensitiva för varje form av förorening i miljön, men även inför kommersiellt framställda livsmedel som innehåller diverse tillsatser som olika sötningsmedel och varierande former av kemikalier. På samma sätt är de också mer sårbara för vissa läkemedel, vaccinationer och allt som inte är i ekologisk balans.

Vi märker det i synnerhet hos många av dagens unga barn. I samband med vår planets nya paradigm har vi sett en ny stark inströmning av barn med högre vibrationsfrekvens komma till världen. De nya barnen är mer intuitiva och andligt öppna än de flesta barn som fötts under tidigare år. På grund av sina högre frekvenser är de också mer känsliga för det som inte är organiskt överens med deras fysiska kroppar. De reagerar t.ex. starkare på föroreningar i livsmedel och miljö, vilket har resulterat i flera olika sorters allergier och känslighet hos barnen.

Jag har besökts av många desperata föräldrar, som har med sig sina autistiska barn — alla mycket fina barn, men med allvarliga mentala handikapp. När jag tittar "in i dem" intuitivt, visar alla samma bild: Alla deras organ är täckta av en mörk energisubstans, som börjar i levern och fortsätter därifrån genom andra organ hela vägen upp till hjärnan.

Detta är, enligt min uppfattning, anledningen till att deras kroppar inte fungerar. Naturligtvis var de äldre, när de kom till mig, och den mörka energisubstansen (som jag är säker på ännu inte kan ses på en datorskärm) hade tagit ett starkt grepp om deras inre organ och i synnerhet deras hjärna. Intressant att många av dessa barn har sett en förbättring efter bara ett möte.

Vad gjorde "jag"?

"Jag" kanaliserade det Vita Ljusets energi och lät det lysa över deras förmörkade organ och det mörka förlorade sin kontroll över dem under en viss tid.

Jag har min egen personliga historia att berätta. Den handlar om min egen familj.

Innan mitt andra barnbarn, Trevor, föddes berättade jag för hans mamma, min dotter, att jag hade en intuitiv känsla av att det här barnet var känsligt för kemikalier och att vaccinationer kanske inte skulle vara en bra idé i hans fall, åtminstone inte i tidig ålder.

Eftersom hon är mitt barn litade hon på mina ord. Men barnets far ville inte lyssna på sin svärmor och såg till att sonen, bara ett par månader gammal, blev vaccinerad som alla andra barn. Deras barnläkare hade försäkrat dem att det var ofarligt att vaccinera, särskilt eftersom det inte fanns något kvicksilver i just det vaccinet (enligt barnläkarens ord).

Jag kunde inte säga något men var inte förvånad när jag, några dagar efter vaccinationen, fick ett samtal att lille Trevor nu låg på sjukhuset för observation. Dagen efter vaccinationen hade han slutat andas mitt i natten upprepade gånger och de oroliga föräldrarna tog honom till sjukhuset för att få hjälp. Väl på sjukhuset fick Trevor plötsligt hög feber, och förbryllade läkare samlades runt hans spjälsäng och undrade vad som hade framkallat febern.

Så snart febern hade satt igång, flagade lille Trevors hud av i stora sjok över hela kroppen. Återigen förstod ingen orsaken, men Trevor levde och alla hans kognitiva förmågor verkade vara i sin ordning. Trots att han verkade känna stort obehag blev han snart hemskickad till fortsatt vårdnad hemma hos föräldrarna.

Naturen lät snart ny hud växa fram över Trevors kropp, men dessvärre var huden den här gången full med blödande eksem. Det måste ha varit mycket smärtsamt för lille Trevor, och han grät dag och natt över sin inflammerade hud.

En period med lidande och gråt följde och skönheten i att få en ny baby i huset förvandlades till en mardröm med ändlös gråt och sömnlösa nätter. Det stod klart att Trevor ständigt hade ont och det fanns absolut ingenting som de förtvivlade föräldrarna kunde göra för att hjälpa honom. Tiden gick och en kallelse kom från Trevors barnläkare: Trevor var bokad för sin nästa spruta. Vid den här tiden hade min dotter funnit att den vaccination som använts vid Trevors första spruta verkligen innehöll kvicksilver, och efter att ha sett sitt nyfödda barn gå igenom så mycket smärta, vägrade hon genomföra vaccinationen.

Nu hade hon också funnit att Trevor hade blivit allergisk mot det mesta. Det var svårt att amma honom eftersom hon var tvungen att bevaka sin egen diet ner till minsta frukttablett och brödbit, och kunde knappt tillåta sig något av de livsmedel som hon var van vid. Till slut kom den tid då Trevor skulle börja med fast föda. Hans intag övervakades noga och hans mor fann snart vad han kunde klara av och vad han inte tålde. Han tyckte speciellt om vanlig havregrynsgröt.

Allt gick bra tills de besökte Sverige. Trevors mamma hade gjort slut på sin medtagna amerikanska grötförpackning men hade hittat samma märke babygröt i ett lokalt snabbköp. Vad hon inte visste var att i de naturliga havregrynen som annonserades på paketet ingick torrmjölk som pressats in i havregrynen för att göra gröten mer näringsrik. Trevors känsliga system kunde inte hantera komjölk och han gick omedelbart in i anafylaktisk chock. Vi använder oss inte av mjölk i vår familj, så det föll aldrig Trevors mamma in att mjölk kan tillsättas till en produkt som marknadsförs på förpackningen såsom naturlig och ekologisk havre. Hade det inte varit för en ambulanspersonal som handlade snabbt och skickligt och en omsorgsfull sjukhusstab som behandlade honom på sjukhuset, skulle Trevor inte ha överlevt.

Under alla Trevors småbarnsår kontrollerade jag dagligen hans tillstånd. Om jag inte var personligen närvarande, så tittade jag intuitivt på hans inre organ "på distans." Varje gång som jag kollade på honom blev jag medveten om en mörk substans som sipprade ut från hans lever. Den rörde sig alltid sakta framåt mot de andra organen, i synnerhet mot mjälten och bukspottskörteln. Varje gång som det hade gått så långt, "borstade" jag bort det med Ljus, telepatiskt, gång på gång, vecka efter vecka, år efter år — det verkade ändlöst. Jag fortsatte att telepatiskt "borsta bort" under nästan fyra år, tills det började blekna bort och helt försvinna. För alltid.

Den här mörka energisubstansen såg ut som samma mörka energi som jag hade sett hos mina autistiska klienter och som täckte deras organ. Men i deras fall hade den mörka substansen spritt sig hela vägen upp till hjärnan där den hade fått ett starkt fäste. I Trevors fall hade spridningen stoppats halvvägs och fullständigt rensats bort. Och det hade skett genom Ljusets mångdimensionella effekt.

När Trevor var cirka 1 år gammal uttryckte han redan en mycket stark personlighet men med smärtan från hans eksem blev han ett besvärligt barn. Dessutom var det något annat som bekymrade hans familj oerhört: Han kunde brista ut i något som verkade vara ett utbrott av ilska, gråta och slå sitt huvud mot sidorna på sin spjälsäng och ingen förstod varför.

Just det hände när jag var ensam med honom, medan familjen var ute och shoppade. Oerhört irriterad, orolig och osäker på vad jag skulle göra, slog det mig att titta på honom intuitivt på ett nytt sätt. (Märkligt nog glömmer jag ibland att använda mina intuitiva förmågor privat.) Till min förvåning upptäckte jag att hans rotchakra (Chakra: Ayurvedisk term för energicentrum och som används inom yoga och energihealing) knappast existerade — det hade splittrats i många små delar som nu var utspridda genom hela nedre delen av hans kropp, långt borta från den roterande energicirkel vid slutet av ryggraden som jag vanligtvis upplever som rotchakrat. Det föreföll som om hela chakraområdet hade drabbats av en explosion och hade sprängts sönder i otaliga små energibitar. Intuitivt kände jag att "explosionen" måste ha förorsakats av traumat kring den tidigare vaccinationen när han blev så sjuk, slutade andas, hade hög feber och förlorade all sin hud ... och sedan kom all den mörka energisubstansen som försökte ta över hans kropp. Vilken chock för ett ungt liv. Jag sträckte genast ut min hand mot honom med avsikt att göra allt helt igen. Under några minuter satt jag tyst framför Trevor, drog ner det Vita Ljuset över honom, och reparerade intuitivt det skadade rotchakrat genom att bit för bit foga samman skärvorna. Trevor lugnade ner sig, medan jag riktade mina fingrar mot de avbrutna rotchakrabitarna och förde dem tillbaka till det cirkulära området i slutet av ryggraden där de hörde hemma. Inte för ett ögonblick var jag osäker på det som kunde vara möjligt eller inte, jag följde bara mina grundläggande instinkter som healer, men mest av allt som en angelägen mormor. Naturligtvis var de bilder som presenterades för mig intuitiva och kan inte bevisas i den verklighet som vi kallar vår. Men spelar det någon roll? Vem bryr sig? Är det inte de goda resultaten som ska räknas?

Från det ögonblicket förvandlades Trevor till ett normalt barn. Hans störande utbrott försvann. Hans eksem fanns fortfarande kvar, men hans humör och temperament hade förändrats. "Vad gjorde du med honom?" utbrast min dotter, orolig och bekymrad över att något inte stod rätt till med honom, och såg undrande på sin son som nu lekte fridfullt i sin spjälsäng. Det här beteendet var så ovanligt för honom.

"Gav du honom något?" Hon var misstänksam och inte van vid att se sitt barn så här. Förändringen var alltför plötslig. Det verkade alltför enkelt att tro att den var på riktigt.

"Jag fixade bara hans rotchakra. Det hade gått sönder", nästan skämtade jag med ett glatt leende, nöjd med att vi hade hittat orsaken till hans svåra beteende.

Trevor är idag en frisk, glad och harmonisk tonåring, aktiv i skolans fotbollslag och teatergrupp och en högpresterande elev särskilt bra i matematik och främmande språk. Han talar och skriver två språk flytande och planerar redan vilka ämnen han ska studera på college. All hans föda är ekologisk, laktos- och glutenfri och helt utan socker. Han har vuxit ifrån de flesta av sina allergier, men inte alla, vilket gör det svårt för familjen att resa. Han har aldrig mer fått en vaccination. Inte heller har han någonsin tagit medicin eller några kosttillskott och har på det hela taget blivit en glad, frisk och normal tonåring. Men för säkerhets skull bär han fortfarande en EpiPen (en autoinjektor för allergisk akutvård) i sin väska, vilket påminner oss om att vi inte ska glömma att det också finns värdefull medicinsk vetenskap när och om behovet skulle dyka upp.

Att hålla sin lever fri från stress kan vara avgörande för välbefinnandet på sätt som vi inte alltid förväntar oss. Wayne, en mycket upptagen akupunktör och verksam inom den alternativa medicinen, var ett typiskt exempel. En vinter började han få problem med sin syn. Hans tillstånd försämrades snabbt och en morgon led han så illa av dubbelseende att han inte bara var oförmögen att köra till sitt kontor, utan kunde inte ens arbeta med sina klienter. Chockad insåg han att han inte heller kunde läsa, skriva eller ens ringa ett telefonnummer.

Naturligtvis blev Wayne oerhört frustrerad. Han förlorade både patienter och pengar varje dag som han var tvungen att stanna hemma. Bedrövad kontaktade han alla ögonläkare i området. Tyvärr bekräftade de att det inte var något fel på hans ögon. Så småningom tog hans fru kontakt med mig, för att se om vi kunde hitta en lösning på hans situation.

Wayne och hans fru bodde i en annan del av landet, så vi hade ett möte via telefon. När jag telepatiskt tittade på honom, uppfattade jag omedelbart att hans lever befann sig i nöd och inte fungerade ordentligt. Bilden var så klar så det fanns ingen tvekan om att hans lever var en "olycklig lever." Jag är säker på att enligt medicinsk vetenskap var hans lever i perfekt skick, men på det sätt som den telepatiska bilden visade mig, var hans lever laddad med stress och bekymmer och roterade i fel riktning — motsols. Min första impuls var att "borsta bort" den känslomässiga bördan från hans lever för att återställa balansen. Jag kände inte till den verkliga orsaken till stressen, även om hans mönster mycket tydligt visade att han var omgiven av stress på sitt kontor och att han oroade sig en hel del. Mest av allt, och vad jag snart började förstå, var att Wayne aldrig hade tagit ledigt för egen glädje och avkoppling. Intuitivt fann jag snart att han var energimässigt belastad med oro för sina patienter. Utan att veta det hade han dragit in sina patienters problem in i sitt eget energiområde — inte ovanligt hos alla typer av terapeuter och även läkare inom det medicinska området. Hans lever fann det svårt att hantera bördan av så många krassliga människor och började skicka ut signaler om missnöje och irritation. Hans ögon var förargade: "Vi är trötta på att se alla dessa behövande människor som gett oss så mycket att oroa sig för. Vi vill inte se dem längre."

Under processen, uppfattade jag Waynes lever som ett energiavtryck på min inre (mentala) skärm och började intuitivt att "borsta bort" blockeringar. Genom "avborstningen" la jag märkte till hur bilden av levern långsamt började klarna. Det blev snabbt tydligt att alla de organ som på något sätt samarbetar med levern också måste bli "avborstade" för att de skulle fungera bättre tillsammans. Efter att allt detta var gjort, och som en grand finale, gjorde vi en liten meditation tillsammans. Eller snarare, det som andra tycker om att kalla en meditation. Mina så kallade meditationer är inte meditationer utan en rengöringsprocess där vi tar bort blockeringar som har lagrats i det undermedvetna. Det vill säga vi tar bort orsaken till problemet. Jag ber bara min klient att sluta ögonen och slappna av, och jag fortsätter att tala som om jag ledde en guidad meditation. Allt jag säger är kanaliserad information ämnad för just det ögonblicket och för just den klienten. Alla ord som nämns är symboler eller metaforer relaterade till just det som sker under reningsprocessen genom den fysiska kroppens många dimensioner. Jag är bara ett instrument för en Högre Kraft som skickar oss högfrekventa och helande energier för att uppfylla en viss önskan. Vad som händer är följande: det undermedvetna blir rensat från gamla blockeringar och ett helande äger rum.

Wayne verkade avslappnad och nöjd efter sin telefonsession och jag bad honom ligga ner en stund. Jag rådde honom också att ta sig tid att resa på semester och ha litet roligt. Han behövde mer glädje i sitt liv. Jag påminde honom med bestämdhet: "En lever behöver höra skratt och känna glädje runt omkring sig för att må bra!"

När Wayne vaknade nästa morgon var hans ögon normala, som om den dåliga synen hade varit en mardröm. Lycklig över att ha fått tillbaka sitt liv läste han sin morgontidning, ringde sina samtal och körde själv till kontoret. Hans liv var tillbaka i balans. Så snart Ljuset hade fått tillåtelse att lysa genom hans lever, hela hans kropp och sinne, hade bilden av stress försvunnit. Hans situation hade blivit helad.

Jag har ofta sett att leverns energi hänger ihop med ögonens och synens välbefinnande. Men återigen, jag är inte läkare. Jag arbetar helt intuitivt och genom dimensionerna. Vad jag ser är det jag ser. Det är *mitt* intryck. Jag kan inte tala för någon annan.

Hur kunde denna snabba läkning vara möjlig? Wayne och jag träffade aldrig varandra och jag fick aldrig hans fotografi. Så fort jag hörde hans röst i telefonen tonade jag in på hans vibrationsenergier och kopplade mig samman med Ljuset inom oss, hans och mitt. Eftersom vi båda är en del av samma universella enhet och i den stunden tillhör samma energifält, kan vi genom *avsikten* koppla ihop oss för att nå ett speciellt syfte. Allt jag säger under de följande minuterna kanaliseras till mig genom den Högre Avsikten och allting som var ur balans dessförinnan återförs till sitt ursprungliga jämviktstillstånd, för att genom intentionen uppfylla Universums verkliga syfte — att skapa balans och samklang.

Vid genomgång av Waynes "blueprint" (livsplan) fick jag omedelbart ett meddelande om att han led av tung stress som gjorde att hans inre organ, i synnerhet levern, inte kunde fungera ordentligt. Han hade glömt att använda glädje och andlighet i sitt arbete, och helt tömt sig själv på kraft. Han hade sökt efter logiska och intellektuella förklaringar för att finna alla sina svar, istället för att låta sig bli andligt inspirerad. Alla inom hälso- och sjukvården behöver vara i kontakt med sin inre källa av inspiration för att hitta lösningar, annars kommer deras yttre styrka så småningom att tömmas och de blir trötta och snart även utbrända.

Det finns inget bättre sätt att pigga upp sig och gå vidare efter en dags hårt arbete än en kort meditation — och sedan, om du kan, sätta på glad musik, le och dansa litet alldeles själv, det håller ditt känslomässiga system i balans.

Jag kunde tydligt se att Waynes lever liksom "fastnat" och var oförmögen att "rotera" på grund av att en tung börda höll den nere. Naturligtvis var detta inte den faktiska verkligheten, men det är på det sättet som jag får mina budskap: en energibild som demonstrerar exakt det som händer. Jag får alltid en unik bild för varje individ och av just den situationen som angår den individen.

Det enda som behövde göras var att avlägsna den tunga belastningen av stress i hans livsplan med hjälp av det Vita Ljusets energi. Det är inte nödvändigt att tala om för Ljuset vad det ska göra, allt som behövs är att be att balansen återställs. Ljuset vet resten.

Målet för vår hälsa och hela vår tillvaro är: Balans — balans — balans. Att återställa balansen. I våra kroppar, i våra tankar, relationer och handlingar. Inom oss, runt omkring oss och över hela världen.

Våra kroppar och organ är vår egendom och det är meningen att vi ska ta hand om dem med kärlek och omsorg. Var och en av oss är ansvarig för sin egen kropp och dess välbefinnande. Vi får aldrig ge bort rätten att själva välja och fatta beslut beträffande det som gäller vår kropp — inte till någon någonsin!

Levern kommer i otakt när dess ägare, du eller jag, utsätts för stress av olika slag. Ju starkare stress, desto starkare blir kedjereaktionen från levern till resten av kroppen. En lever är nöjd när dess ägare går igenom lyckliga tider med skratt och entusiasm eller kärlek. Kärleken är en otrolig healer, och det är också glädje och skratt. Särskilt levern ber om det.

Däremot försvagas levern när dess ägare är nervös, arg, och utsätts för stress i sitt liv. Stress är farligt för alla organs välbefinnande, och jag har märkt att en enkel daglig meditation har bidragit till att få ner både blodtryck och kolesterolnivåer hos många av mina klienter.

Levern är vanligtvis det första organet i en persons anatomi som "talar" till mig, om det inte finns någon annan plats i systemet som akut ber om uppmärksamhet. Alkohol har i allmänhet inte varit ett stort bekymmer för levern, så länge som konsumtionen är måttlig för åldern och den enskilde individens kropp. Det är inte förrän konsumtionen kombineras med någon form av stress som levern börjar göra invändningar. Levern hatar att utsättas för problem och är mycket känslig för både fysisk och psykisk misshandel. Den motsätter sig starkt alla kirurgiska ingrepp och har svårt att acceptera intrång som till exempel vid biopsi.

Återigen är mina observationer inte baserade på medicinsk kunskap, utan helt på min egen praktiska erfarenhet som intuitiv healer, "medical intuitive" och livsstilcoach genom de individuella sessioner som jag dagligen har haft genom åren med tiotusentals män och kvinnor i alla åldrar, från olika kulturer och bakgrund.

När du lämnar det här jordelivet med en stark känsla i ditt hjärta — oavsett om den känslan är smärta, rädsla eller något underbart — kommer den känslan att vara knuten till din energikropp och följa dig in i *Tiden*. I vår verklighet representerar Tiden en begränsad och sammanhängande enhet, men in i oändligheten är den helt obegränsad, och du har nu blivit en del av både tiden och oändligheten. Även om ditt mänskliga jag, personen du en gång var, försvinner och bleknar bort, förändrar inte tidens effekter energin i din känslokropp. Den kommer att dröja sig kvar i den dimensionella atmosfärens frekvenser och fortsätta att leva som energi.

En dag kommer denna energi att "återuppstå" och dyka upp i en helt ny kropp på en annan plats och tid i historien, och den nya kroppen har fått i uppdrag att återställa det som varit fel så att energin kan komma i balans igen. När vår kropp ger upp andan av någon anledning, betyder det inte nödvändigtvis att energin av smärta och andra känslor försvinner. Den speciella *medvetenheten* om elände och sorg kan finnas kvar i dimensionernas arkiv tills den så småningom får en chans att befrias och helas igen. Därför kommer den att plockas upp igen vid ett senare tillfälle, i en annan livstid, nu med en önskan om att bli botad och förd till ett harmoniskt avslut.

Med andra ord: Energi dör aldrig. Känslor försvinner inte bara för att den kropp som skapat känslan går till en annan dimensionell nivå. Känslorna finns kvar som energi och hänger med på resan. Till skillnad från kroppen lever energin kvar som en del av den universella medvetenheten.

Det vi inte inser är: Såsom vår kropp och medvetande påverkas av energi reagerar även vår planet. Precis som kroppen opponerar sig emot känslor och kränkningar i och runtom den, så gör även vår natur och hela vår Moder Jord. Helhjärtat.

Detta är vad vi ser inom vissa områden och länder i världen, där oroliga områden förblir oroliga och områden med långvarig fred förblir i fred. Smärtan från gamla sår försvinner inte så lätt. Den finns kvar i landets atmosfär och i dess kulturs många dimensioner.

Från tid till annan, när någon form av stress dyker upp i landet, kommer intensiteten hos den gamla smärtan tillbaka med förnyad styrka och uppslukas fullständigt av dem som bor där till och med århundraden senare. Orsaken är att tidigare generationer har lämnat efter sig sår som aldrig har fått tillfälle att läkas. Och det blir lätt uppror i landet, många generationer senare, eftersom de själar som nu bor just i den landsdelen ofta är de som fortfarande letar efter läkning och kompensation och den energin kan bestå av både hämnd och kärlek.

En annan energi som inte försvinner så lätt är behovet att utöva kontroll över andra. Att ha behov av kontroll är rädslobaserat, och de som har en önskan att ha kontroll över andra gör det för att dölja sina egna brister någonstans inom sig. Någonstans "i tiden" fick de inte den kärlek och uppskattning som de ville ha och därför känner de sig övergivna långt nere i hjärteroten. Det enda sättet att övervinna detta behov är genom kärlek. Villkorslös kärlek kan låta som ett hjälpmedel utan värde, men villkorslösheten är nyckeln till frid i sinnet, inte bara för individen, utan också för hela vår världs välbefinnande.

Min erfarenhet av att arbeta med olika slag av energi på olika platser i världen, har visat mig att läkningen av gamla sår inom ett geografiskt område är en nödvändighet för en framtida värld i fred. Jag ser ingen annan utväg än att förändra medvetandet hos dem som bor på oroliga platser. Detta kan bara ske genom både andligt och vetenskapligt arbete på alla nivåer, en villkorslös förståelse som inte har något att göra med politik eller religion. Det var ju oftast just politik och religion som satte igång problemet. Med andra ord, fred måste komma genom ett öppet sinne och genom att fästa stor vikt vid förståelse och respekt för varandra. Ja, genom — villkorslös kärlek. Den kärleken har ingenting att göra med organiserad religion, politik eller finanser — en treenighet som alltid har styrt och fortfarande styr vår civilisation.

Så snart de som tillhör Ljuset tillåts att lysa kommer deras energi att spridas från person till person, till deras djur, till själva jorden och landet som en helhet, och så småningom skapa en atmosfär av total läkning som gör landet helt igen. Det betyder att i allt vi gör och tänker måste vi se till att vi sätter det Goda, Kärleken och Ljuset *först* i våra liv, inte rädsla, girighet och kontroll, för att bestämma den äkta riktningen i våra liv.

Idag lever vi i en värld, skapad av ett fåtal utvalda och gjord för att alla andra ska följa dem. Vi har programmerats till att förkasta en process, och märkligt nog även resultaten av den processen, om vi inte kan bevisa hur processen skedde genom siffror och tabeller. Man har fått oss att tro att vetenskap och intellekt är allt — och för några av oss är det så. Det innebär inte att detta är vår sanning. Tvärtom. Bara sanningen sedd på en viss, tyvärr begränsad, nivå.

Vad händer om vi vill gå vidare till nästa nivå? Vad händer om vi vill fortsätta ännu längre med hjälp av förfarande och metoder som vi ännu inte känner till? Det är inte alltid möjligt för intellektet att se bortom dess begränsningar — det kan du bara göra genom fantasin, som för många ligger utanför deras kontroll och därför är oacceptabelt för dem. Det bör noteras att alla viktiga framsteg som gjorts inom vetenskapen har börjat just genom fantasi och föreställningsförmåga! Det är där all utveckling tar sin början!

En framstående politiker från ett av de mer kända *arrondissementen* (administrativa stadsdelarna) i Paris kom en dag för en konsultation på min mottagning och vi började prata om energier. Vi kom snart till slutsatsen att allt egentligen är energi och att energi aldrig försvinner.

"Som spöken", skrattade han. "En del av mitt distrikt hade några mycket gamla hyreshus, där fattiga familjer ur arbetarklassen varit bosatta under de senaste århundradena. Men senare, mot slutet av 1900-talet, rustades alla byggnader upp och hyrdes ut som lyxlägenheter.

"Trots att vi hade målat om och renoverat alla hus fanns de oroliga andarna fortfarande kvar och i slutändan ville inte någon bo där längre, så vi rev dem och byggde upp nya komplex. Allt borde nu ha varit bra men energin var densamma, samma oroliga andar fanns fortfarande runt alla bostäder, samma ljud fanns alltjämt kvar i atmosfären och vi hade återigen problem med att hyra ut lägenheterna. Det verkade som om de oroliga andarnas energi fortfarande fanns i luften, om du förstår vad jag menar."

Naturligtvis, visste jag exakt vad han menade. Energi från det förgångna kan "fastna" och leva kvar i atmosfären där den skapar en blockerande inverkan i "Nuet", må den vara bra eller inte så bra. Om den inte är bra, måste den oroliga energin läkas innan den kan försvinna.

"Så vad gjorde ni då?" frågade jag nyfiket.

"Vi fick tag på ett par exorcister från den lokala (katolska) kyrkan, och de bad gamla böner om frigörelse från andar. De kastade ut alla oroliga influenser, och gav frid och kärlek till dem vars själar ännu inte hade funnit sin väg tillbaka till Ljuset. Alla oroliga andar blev ombedda att gå till Ljuset — och det fungerade. Snart var allt fridfullt överallt i byggnaderna, vi fick våra gamla hyresgäster tillbaka och allt har varit bra sedan dess."

Energi dröjer kvar på fler platser än vi inser. I gångna tider brukade människor känna till de här sakerna, innan vi påverkades av media och våra makthavare, som talar om vad vi ska tro på och vad man inte ska tro på. Jag kommer fortfarande ihåg hur min mormor Ingeborg var mycket känslig för energierna hos besökare. Om hon inte litade på en viss person, brukade hon efter att han lämnat huset se till att stolen som använts av besökaren lyftes ut i solen, så att solen kunde "bränna bort" hans dåliga energier. Naturligtvis kände hon på den tiden inte till ordet "energi", men hon förklarade med olika uttalanden att hon känt någon slags spänning runt honom och hon ville inte hålla kvar de känslorna i sitt hem. Och jag hade aldrig upplevt att min mormor hade fel i sin bedömning, Alla lyssnade på hennes ord och hon hade alltid rätt.

En klient till mig, Brigitte, kontaktade mig via telefon och förklarade att hon led av någon sorts sjukdom som ingen kunde identifiera. I tron att Brigitte hade cancer ville hennes läkare att hon skulle gå igenom en mängd besvärliga tester, som till slut bara bekräftade att hon var vid bästa hälsa och att hon inte hade drabbats av någon allmänt känd sjukdom. Vad det än var, kände hon sig ofta helt kraftlös och var ofta tvungen att stanna hemma från sitt arbete som konsult för ett stort bolag. Jag kollade på hennes energier på "långdistans" och kunde inte se någonting i hennes anatomi som kunde orsaka hennes fysiska obehag. Men så plötsligt hörde jag mig själv säga: "Du har en ny möbel i sovrummet som står bredvid sängen. Den är ny för dig, men den har tillhört en sjuk och mycket arg person och den är full med hat och destruktiv energi. Den sänder ut dålig energi till dig hela natten när du sover och det är orsaken till ditt problem. Ta bort den."

"Hur visste du?" utbrast Brigitte. "Jag fann den där antika byrån med flera små roliga lådor på en auktion och ställde den i mitt sovrum. Menar du att den gör mig sjuk? Det har jag svårt att tro på." Hon verkade tveksam. Jag hade ingen aning om att hon hade just den möbeln i sitt hem, men jag lyssnade på min inre röst och förmedlade helt enkelt det råd som det var meningen att hon skulle höra.

Långt senare fick jag höra att Brigitte blev bra så fort hon tagit bort byrån från sovrummet.

Eller historien med det nygifta unga paret som kom till Florida för att börja ett nytt liv. De hade hittat ett litet hus i ett trevligt område i Miami och beslutade att inreda sitt nya hem med begagnade möbler som de målade om. I grund och botten inte någon dålig idé, men bland alla möblerna hade de också köpt en säng och madrass på auktion efter en gammal man som hade gått bort efter en lång sjukdom. Det unga paret verkade inte bry sig och var lyckliga både med sitt nya liv tillsammans och sina "nya" möbler, och speciellt sin "nya" pampiga säng med tjock madrass. Men någonting hände. Den lyckliga sinnesstämning de upplevt på kvällarna hade försvunnit nästa morgon. De vaknade arga och trötta och var irriterade på varandra. När de så småningom kom till mig för att få råd var de missnöjda med sin relation och övervägde till och med skilsmässa.

Känslan av att de var bra för varandra och ämnade att vara tillsammans slog mig genast, men helt plötslig framträdde en bild av en madrass inför mina inre ögon, bara en madrass, inga kuddar, filtar eller lakan.

"Madrassen… något är fel med er madrass" utbrast jag, och så snart jag hade uttalat orden fick jag intuitivt veta resten av historien: Jag fick genast en vision av en sjuk man som sov i en pampig säng — och där såg jag också madrassen. Mannen var arg och bitter över sitt liv och sitt tillstånd. Han längtade efter att få dö och delade högljutt med sig av sin bitterhelt till hela sin omgivning.

"Det är inte ni, det är madrassen", utbrast jag igen. "Ni sover på en madrass som en gång tillhörde en man som var svårt sjuk och plågades av smärta. Energin från hans sjukdom, sorg och bitterhet hade helt tagit över hans känslor och tankar. Jag ser hur hans emotionella energiceller ständigt lösgör sig från honom och faller ner i madrassen där de skapar en osynlig massa av negativ energi. Madrassen är nu er, och ni sover nu på hans negativa energier hela natten. Eftersom energi aldrig dör, blir ni två, utan att ni anar det, påverkade av hans negativa energier. De inverkar på era känslor medan ni sover, och när ni vaknar på morgonen känner ni er bägge som han brukade känna sig — arga och trötta på att leva ett meningslöst liv utan någon framtid."

Det unga paret lyssnade förvånat. Ja, de hade köpt sängen tillsammans med madrassen på en auktion. Allting var i gott skick och de tyckte att de hade gjort en bra affär.

Normalt tycker jag att det är en bra idé att köpa begagnade möbler; de tillför en känsla av "själ" till ett hem. Men eftersom en madrass är så intim och nära, gör du klokt i att ta reda på vem som ägde den innan du tar in den i ditt hem, det kanske inte alltid är en lysande idé med en begagnad madrass. Energin från en annan människa kan finnas kvar omkring oss på många fler sätt än ett och den är inte alltid för vårt högsta bästa.

Clarence var en välkänd ägare till en populär hotellkedja, en skicklig affärsman och allmänt omtyckt bland alla sina vänner. Han hade en kärleksfull hustru, Paulina och vuxna barn som alla var anställda inom hans framgångsrika turistimperium. Allt gick bra i deras liv tills en morgon när Paulina och Clarence hade haft ett högljutt meningsutbyte, och Clarence gav sig iväg för att spela en runda golf med sina vänner utan den vanliga avskedskyssen. Bara ett par timmar senare fick Paulina ett samtal från sjukhuset.

Clarence hade drabbats av en stroke på golfbanan. "Din man ligger i koma", fick hon veta. Paulina överväldigades av ångest och skuld och tog genast på sig allt ansvar för det som hänt och klandrade sig själv för att hennes man nu var i koma.

"Snälla, hjälp oss", vädjade hon till mig litet senare via telefon. Tillsammans for vi till sjukhuset, ett av de största i landet, där intensivvårdsavdelningen var särskilt inrättad för komapatienter. Vi satte oss ned vid hans säng, jag presenterade mig och sände genast Ljus till honom. Sedan började Paulina att tala. Det var svårt för henne att övervinna den skuld hon kände i sitt hjärta efter deras häftiga ordväxling tidigare på morgonen, men det hjälpte henne att tala och låta honom veta hur hon kände. Jag fortsatte att "hålla honom i Ljuset", och bad honom högt att ge oss ett tecken på att han kunde höra oss. Till allas förvåning svarade Clarence. Hans kropp var oförmögen att röra sig, men alla apparater runt omkring honom skickade plötsligt ut höga signaler medan han försökte kommunicera med oss genom (vad jag förmodar) *intention*. Reaktionen var så uppenbar, den visade att han mentalt deltog i vårt samtal och ville göra sig hörd. Vi kippade alla efter luft. Det var en märklig stund av styrka och ett bevis på livets otroliga styrka och målmedvetenhet. Det fanns ingen tvekan hos någon av oss att han hade hört oss, förstått vad vi sagt och ville vara med oss.

Paulinas och Clarences barn infann sig snart och befann sig också i rummet för att tala med sin far. Efter en stund kände jag att det var dags att lämna familjen så de kunde fortsätta samvaron med Clarence utan min närvaro.

Clarence tillstånd verkade ha förbättrats nästa dag. Återigen satt jag tillsammans med Paulina vid hans säng. Det fanns så mycket som Paulina ville säga, och hon ville att han snart skulle bli frisk så att han kunde komma hem och bli omhändertagen av familjen. Clarence skickade mig det telepatiska budskapet att han förstått vad Paulina hade sagt till honom.

Medan Paulina talade till Clarence kom intuitiva meddelanden till mig från Clarence. Naturligtvis skickade han dem till Paulina också, men hon hade inte samma intuitiva uppfattningsförmåga och lät dem passera utan att höra dem.

"Tracy har grillfest hemma hos sig ikväll" berättade Clarence för mig — telepatiskt. Jag kunde tydligt höra hans röst vibrera genom mitt sinne och delade omedelbart hans ord med Paulina. Jag visste att Tracy var ett av hans barn.

"Åh", utbrast hon glatt. "Han vet. Han lyssnar. Tracy berättade för honom i går kväll att hon planerar en grillkväll ikväll och önskade att han också kunde vara med. Han hörde henne!" Paulina var upphetsad. Det betydde allt i världen för henne att hennes man hade lyssnat. Det innebar också att han, även om han var i koma, hade tagit del av deras konversation, och detta var hans sätt att låta oss få veta det.

Fastän han var i koma var Clarences medvetande fortfarande öppet och alert. Han var alltjämt medveten om sin omgivning, om närvaron av sin familj, och kunde mycket tydligt skilja mellan mig och sin egen familj.

Clarence berättade mer och talade telepatiskt och tydligt från sitt hjärta. Jo, han ville komma hem. Han ville att allting skulle återgå till det normala. Han älskade sin fru och familj, var och en av dem.

Så småningom tog man hem Clarence med sjuksköterskor och den nödvändiga tekniska utrustningen. Han blev snabbt bättre, men han återhämtade sig aldrig. Det var uppenbarligen inte meningen att han skulle bli helt återställd och snart somnade han in i evigheten. Men han fick den extra tiden som en värdig avslutning med sin fru och familj och kunde lämna dem med ett djupt och värdefullt minne av deras samvaro. Det betydde mycket för dem alla och även för honom så att han kunde gå vidare med frid i sin själ inför sin resa genom livet efter detta.

Vad lär vi oss av den här händelsen?

För det första, ett liv försvinner inte för att man befinner sig i medvetslöshet. Det flyttar sig bara till en annan tillfällig dimension. I det här första skedet av separationen var Clarence fortfarande inte helt avskild från den verklighet som vi kallar vår och var ännu medveten om det som pågick runt omkring honom.

För det andra, att använda ord som har utformats av våra fysiska hjärnor är inte det enda sättet att kommunicera. Det finns många andra sätt att vara i kontakt genom att vi ibland vågar erkänna något så övernaturligt som att "att resa genom dimensionerna."

(Det är just så jag utför mitt arbete.)

För det tredje, vårt liv styrs genom vår medvetenhet, dvs av hur god förbindelse vi har med vår själ och hur starka våra band är med varandra. Med en öppen medvetenhet ser och förstår du din värld så mycket bättre och det är just den förmågan som vi behöver utveckla för att bli den upplysta varelse som det var meningen att vi skulle vara för att bibehålla balansen på vår jord. För vår jord tillhör inte oss, vi har bara fått den till låns under en viss tid och vi har alla en skyldighet att värna om den.

Det är på grund av ett öppet medvetande som en del av oss kan kommunicera inte bara med komapatienter, utan även med dem som nu befinner sig i anden och andra som inte är så väl anslutna till sina hjärnor längre, såsom patienter med Alzheimers sjukdom. I alla de fallen finns det fortfarande ett medvetande, för vårt medvetande kommer aldrig att helt försvinna. Detta är vilka vi är och vad vi tar med oss in i livet efter detta. Det är just medvetandet, medvetenheten, hos var och en av oss som så småningom också kommer att reinkarnera.

Här är ett annat exempel på hur kommunikation fortfarande kan vara möjlig, även om du anses vara långt bortom ett botande. Tom var en av mina stamkunder under en tid, alltid nyfiken på vad som pågick i hans kropp och i hans omgivning. Vid ett tillfälle bad han mig att telepatiskt "kolla" på hans mor, Eleanor, som befann sig på en institution med långt framskriden Alzheimer, oförmögen att tala eller kommunicera på något sätt. Men när jag förband mig med hans mors energi, fick jag genast ett budskap från henne av starkt missnöje:

"Min sjuksköterska Joan-Lee stal min brosch. Hon bara tog den, tittade på mig och skrattade åt mig. Hon var elak." Eleanor var mycket upprörd, och jag bestämde mig för att berätta vad jag uppfattat för Tom, som omedelbart blev rasande.

"Vi undrade alltid vad som hände med den där broschen. Den var det enda fina smycke som mamma någonsin ägt, och hon älskade den." Han bestämde sig för att kontakta vårdhemmet för att låta dem veta vad som hade hänt. Tyvärr hade Joan-Lee nyligen fått sparken för att hon stal, hon hade flyttat från orten och man kunde inte längre finna henne.

Återigen, även om hjärnan verkade vara ur funktion var moderns medvetenhet om omvärlden fortfarande öppet och observant på en, vad jag kallar, själsnivå. Jag har på det här sättet kommunicerat med andra Alzheimerpatienter och har funnit att de fortfarande har en viss medvetenhet om vad som händer runt omkring dem utan att vara förenade med vår verklighet. Eller snarare, det begränsade fysiska liv de representerar har fortfarande en viss medvetenhet om vad som pågår runt omkring dem.

Den process som jag har beskrivit kan inte förklaras med intellektets logik, eftersom intellektet är en del av hjärnan och hjärnan tillhör den fysiska kroppen och kan bara fungera inom kroppens område. Enbart den fysiska hjärnan är oförmögen att ta oss genom dimensionerna, åtminstone i det här skedet i vår mänskliga evolution. Den teknologi som vi känner till i dag har uppfunnits av samma mänskliga begränsade logiska intellekt och är oförmöget att ge oss formeln för hur man går in i vårt medvetandes olika dimensioner. Vi måste då själva gå in genom dimensionerna och vi kan göra det endast genom en väl utvecklad medvetenhet och ett mycket öppet sinne. Med andra ord, för att lyckas med det behöver Anden stå vid vår sida och hjälpa oss i våra strävanden. Att bara använda logik kan inte föra oss hela vägen genom Andens öppna port…..

6

Hur minnen kan
påverka vår goda hälsa

Jag fann snart att min nya och oplanerade karriär representerade ett helt nytt hälsoområde och att de flesta av mina klienter inte bara var högutbildade i största allmänhet, de var också väl insatta i andlighet och alternativa terapier. Många var tongivande i samhället, inklusive politiker, europeiska kungligheter och personer i underhållningsbranschen på båda sidor om Atlanten — individer med ett öppet sinne och som inte var rädda för att utforska något nytt. I det sammanhanget skulle jag vilja berätta om en händelse som inte handlar om en av mina klienter utan snarare visar hur healing i allmänhet kan uppfattas av dem som har valt att leva i en värld fylld av begränsning och ovetskap. Historien beskriver också hur spontant och lättsamt man kan gå in i den intuitiva process som är innefattat i begreppet healing, där det främst gäller att hitta *orsaken* till ett tillstånd. För att förstå healing måste du först vara beredd att vara öppen för ämnet, och det kan inte bara ta lite tid, det kan också bero på hur du väljer att se på din situation.

Händelsen handlar om Albert, en framgångsrik företagare nära pensionsåldern, som hela sitt liv hade besvärats av två mycket tydliga smärtor i kroppen. Han kunde peka ut den exakta platsen för respektive smärta, men ingen läkare hade kunnat hitta orsaken eller orsakerna till hans problem. Redan under hans barndom tog hans mor honom med sig till den ena specialisten efter den andra för otaliga tester och han fick olika mediciner för att få smärtan att försvinna, men ingenting tycktes hjälpa i det långa loppet.

Efter militärtjänsten dök besvären upp igen, starkare än någonsin. Vid det laget hade han fått veta att det troligen bara var nervsmärtor och att han var tvungen att leva med det, eftersom ingen hade kunnat identifiera orsaken till hans problem. Specialister hade föreslagit en operation för att vetenskapligt utröna vad det kunde vara för fel på honom, för kanske fanns det något dolt som man ännu inte kände till.

Vid det tillfället då jag träffade Albert visste jag ingenting om honom och hade ingen aning om vad som pågick i hans liv. Det var inte förrän efter vårt lilla "möte" som hans vänner delade med sig uppgifterna om hans fysiska problem.

Jag träffade Albert på en privat tillställning. Han visste vem jag var och hade hört vad jag sysslade med, vilket han naturligtvis inte förstod. Förmodligen ville han skämta med mig inför sina likasinnade medbröder, som stod runt omkring honom, för plötsligt utbrast han framför oss alla:

"Jag har hört att du är så bra. Berätta vad som är fel med mig." skrattade han. Med en drink i handen och omgiven av sina golfvänner kände han sig övertygad om att han hade full kontroll över situationen och alla väntade ivrigt på hur hans skämt, på min bekostnad skulle avlöpa.

Jag blev genast irriterad. Vad fick honom att tro att han hade rätt att testa min förmåga offentligt? Man förlöjligar aldrig Andens Kraft. Anden reagerar vid behov eller så gör den det inte. Skulle han ha gjort samma sak med en tandläkare eller läkare? Eller med en man i allmänhet? Självklart inte. Men jag sa ingenting, bara log överseende tillbaka och kände mig trygg inombords. Jag litade på att inom bråkdelen av en sekund skulle jag få ett svar från en "Högre Auktoritet."

"Javisst, naturligtvis", svarade jag med ett litet skratt, "om du lovar att inte bli generad." Albert gick mig på nerverna, men han trodde mitt svar var en del av skämtet, så han skrattade återigen.

Under några sekunder skärpte jag mig för ett ögonblick av intensiv fokusering för att nå "den plats inom mig som kan allt och vet allt." Jag tog inte notis om min omgivning och stängde aldrig ögonen. Det är omöjligt att hysa några personliga känslor eller göra personliga bedömningar samtidigt som man ber om information från en Högre Makt. Det går inte, det är en naturlag som man måste följa. Om du gör det skulle svaret påverkas av dina egna tillfälliga känslor, och inte baseras på den villkorslösa kärlek som är grunden för den här sortens arbete.

Så jag släppte taget och lämnade min irritation bakom mig och på ett ögonblick fick jag Alberts blueprint. Jag behöver inte gå i trance för att se ett blueprint. Det enda som behövs är en intensiv och snabb fokusering, där jag upplever att jag är i samhörighet med den Högre Kraften. När jag förnimmer att jag har

DET VITA LJUSET

nått den perfekta balansen uppfattar jag det som att ha tonat in till den exakta frekvensen på den TV- eller radiostation som jag söker. I den här processen måste jag vara ödmjuk och veta att jag bara är en mellanhand mellan en högre vibrerande energi och mina mänskliga önskemål. Det är så jag får de svar jag söker. Vi testar inte Anden som den här mannen ville göra med mig. För att nå Anden måste du släppa taget och ha total tillit — djupt in i ditt hjärtas innersta, "the heart of your soul", ge dig hän, helt och hållet, utan att gilla eller ogilla.

Orden kom omedelbart till mig, snabbt som om himlen hade öppnat sig för en åskskur: Orden var fokuserade, kraftfulla och rakt på sak. Alla runt omkring mig såg att jag menade allvar. Detta var "DET." Du skämtar inte om någon annans anslutning till Anden bara för att vinna några poäng. Albert var fortfarande omgiven av sina likasinnade vänner, alla nyfikna på vad jag hade att säga, som små pojkar framför kakburken i väntan på sina utlovade kakor.

Efter några sekunders "inre fokusering" befann jag mig genast i en annan dimension, i en annan verklighet, och placerad på en för mig ny plats där jag aldrig varit förut. Med en inre trygghet "bara visste" jag var jag befann mig.

Inom ett ögonblick stod jag, i mitt sinne, i en skog mellan South Carolina och Georgia, två sydstater i USA. Det var krigstider och det fanns spår av marscherande hästar överallt på marken runt omkring mig. Även om jag stod i rummet med alla andra gäster var jag tillfälligt förflyttad till en annan verklighet — stående ensam i skogen. Jag hade nu glidit in i en samhörighet

195

med Alberts cellminnen. Det var inte första gången jag intuitivt hade förts tillbaka till olika platser i sydöstra Nordamerika under det *amerikanska inbördeskriget.* Jag har stött på många reinkarnationer från just den tidsperioden, inte bara i USA utan också i andra länder. Det måste ha varit en svår tid med många djupa känslostormar som fortfarande är i behov av healing. Och jag talade:

"Du var en ung soldat från Sydstaterna under det amerikanska inbördeskriget. Jag ser hur du är klädd i en gråaktig uniform och metallknappar och en mössa på huvudet. Du har inget vapen och du går i en skog, nästan som om du gått vilse. Kanske har du fallit av din häst och försöker nu komma ikapp resten av trupperna. Då plötsligt dyker det upp några soldater från Nordstaterna framför dig. Jag ser hur ett par av dem pekar mot dig. Du stannar och vågar inte se mot dem. Soldaterna omringar dig, de är också rädda och tvekar inte. Två av dem skjuter dig med ett skott vardera från nära håll, ett skott riktat mot bröstet, det andra rätt i magen. Du faller omedelbart blödande till marken med händerna mot bröstet och magen. Soldaterna drar iväg så fort du fallit. Du är ensam, ingen finns vid din sida. Under dödsprocessen minns du tydligt ljudet av de två skott som skadat din kropp. I nästa ögonblick när du lämnar ditt jordeliv är du fortfarande medveten om de två skotten och var kulorna gick igenom din kropp och den skada de måste ha förorsakat dig. Det verkar som om du fortfarande är orolig för din kropp även efter att ditt hjärta slutat att slå."

Andra gäster hade nu samlats omkring oss och lyssnade på vad jag hade att säga, utan att vara säkra på vad jag talade om.

Men de märkte att Albert och hans golfgelikar lyssnade på mig, mållösa. Och tydligt generade. "Det var så här du dog", fortsatte jag. "När känslorna från dödsögonblicket är tillräckligt starka sjunker de in i din själ som minnen, och dröjer sig kvar som energi genom evighetens dimensioner. När du kom tillbaka till vår nuvarande tid som ett nyfött barn och tog ditt första andetag, kom ditt undermedvetna plötsligt ihåg tidpunkten då du slutade andas och anledningen till varför du gick över — inte alla detaljer, men den främsta orsaken till varför du dog. Det här är vad som hände dig. Ända sedan du tog ditt första andetag i det här livet har du återupplevt smärtan — en kraftig smärta mitt i bröstet, ytterligare en smärta på vänster sida i magen, smärtor som orsakades av två kulor som en gång sköts in i din kropp. De två såren hänger fortfarande ihop i ditt undermedvetna. Du upplever förmodligen ett band av smärta som förbinder de två kulorna som du kände fortfarande fanns kvar i din kropp vid tidpunkten för din död. Det är just det som är så förvirrande för alla dina läkare."

Alla runt mig var tysta. Jag tror att alla stod där med öppna munnar. Allt var kanaliserad information och jag kunde inte sluta. När jag kanaliserar information finns ingen tid för censur eller tid att släta över. Jag uttalar meddelandet samtidigt som det ges till mig och sedan går det inte att stoppa mig så länge informationsflödet pågår. Det är nödvändigt att lämna ifrån sig ett kanaliserat budskap ögonblickligen. Det vore omöjligt för mig att behålla det för mig själv. Den Högre Avsikten hade besvarat mitt önskemål. Jag hade levererat. Om jag inte levererar tillräckligt snabbt och försöker tänka efter vad som är möjligt eller inte, får jag inte mer information. Det är så det fungerar.

Jag fortsatte: "På grund av din bröstsmärta, har du förmodligen problem med din golfsving ibland. Du har haft den här smärtan så länge du kommer ihåg, redan som spädbarn och genom hela din barndom. Dina smärtor orsakas av cellminnen. De är verkliga för dig, eftersom du är ansluten till dina inre dimensioner genom ditt undermedvetna. Å andra sidan, för andra kan de tyckas vara inbillning, eftersom orsaken till dina smärtor inte går att finna på någon testskärm eller överhuvudtaget inte går att upptäcka av någon annan." Jag tog ett djupt andetag och fortsatte klart och tydligt i en saklig ton:

"Det här minnet ligger fortfarande inbäddat i dina dimensionella minnesceller och det har varit vid liv från det ögonblick du blev skjuten under inbördeskriget. Nu när jag berättar att din smärta bara är en illusion, kan smärtan försvinna — åtminstone brukar den göra det. Det enda du ville vid tiden för din övergång, i själva dödsögonblicket, var att bli ihågkommen och uppskattad av dina soldatkamrater, att uppmärksamma dem på att du hade blivit skadad och ville bli förd i säkerhet. Ingen var där för att stödja dig eller för att säga adjö. Ingen visste vad som hänt dig, och du ville så starkt att de skulle få veta. Tillbaka i det här livet kunde du inte snabbt nog låta alla runt dig äntligen få höra om din smärta och att din kropp behövde uppmärksamhet. Och när din golfsving inte var tillräckligt bra har du förmodligen ursäktat dig med din fysiska belägenhet. Värken har blivit en del av den du är."

Jag var inte säker på om någon i gruppen runt mig visste att minnen från vår bortgång i en tidigare livstid fortfarande kan vara en del av oss och kan följa med oss genom den ena livstiden efter den andra. Precis som vi reinkarnerar och får nytt liv kan även våra känslomässiga minnen göra det. De minnena har hjälpt att forma oss till den person vi är idag, och de kommer att vara en del av oss tills vi hittar förmågan att läka dem eller ta bort dem.

En av männen bredvid Albert (jag brydde mig aldrig om att lägga hans namn på minnet), som för bara en liten stund sedan var en självsäker golfare och tycktes mycket road, rodnade djupt och precis som de andra verkade han mycket generad. Snart skrattade de alla lätt men inte direkt övertygande, fortfarande osäkra på hur de skulle hantera situationen. De hade inte förväntat sig detta. Det var uppenbart att de hade känt sig mycket säkrare för bara några minuter sedan när de som en grupp av självsäkra och något påstrukna män konfronterade mig där jag stod ensam och representerade ett koncept som de inte ens försökte förstå. Alla kände varandra sedan tidigare och alla kände till Alberts mag- och bröstproblem, som ofta värkte och hindrade honom i hans liv. Ingen läkare hade förstått eller hittat orsaken till hans smärtor. De förväntade sig inte ett svar som detta.

Jag hade inte för avsikt att genera någon, men de hade bett om det. Jag strör aldrig mina visioner eller min kunskap vårdslöst omkring mig. Vad jag säger är alltid mycket konfidentiellt, såvida inte klienten vill att jag ska nämna hennes eller hans exempel i ett offentligt seminarium eller föredrag. När allt kommer omkring så är jag präst och själavårdare. Om jag nämner vissa exempel av healing maskerar jag alltid namnen på de inblandade, ibland även staden och landet där de bor — precis som jag har gjort i hela den här boken.

Jag hade ingen tidigare kännedom om fallet, hade aldrig träffat Albert förut och såg honom aldrig igen. För mig har det ingen betydelse. Jag ber aldrig om ytterligare information innan en hjälpsökande kommer till mig. Jag behöver inte deras bakgrundsinformation. I så fall skulle jag antagligen vara tvungen att skriva ner och spara den, vilket skulle störa processen med den spontana kanalisering som ges till mig vid själva besöket. Jag spelar aldrig in ett personligt möte av följande enkla anledning: Minnen av negativa erfarenheter i klientens tidigare liv ändras eller tas bort under en session. Om vi lyssnar på en inspelning från en healingsession, sätter vi tillbaka de blockeringar som vi tog bort och arbetet blir till ingen nytta. Det kan till och med orsaka mer skada än hjälp hos den som lyssnar på den inspelningen igen.

När allt lugnat ner sig visade de män som tidigare försökt att spela mig ett spratt nu respekt och nyfikenhet, men i princip hade de ingen aning om vad jag hade talat om och skulle förmodligen heller aldrig förstå det. Ja, det var sant, deras vän hade klagat på smärtorna jag hade beskrivit på exakt samma sätt och det förvirrade dem oerhört. Vi började snart ett vänligt samtal. Albert bekräftade allt jag sagt. Det var sant att så länge han kunde komma ihåg hade han klagat på smärtor i magen och i bröstet och upplevt en sträng av smärta som förband de två smärtsamma punkterna. Den man som rodnade så djupt var

Alberts personliga läkare, som genom åren hade hjälpt honom med medicinering och en mängd olika tester för att hitta orsaken till hans problem. De hade ibland talat om en operation för att mer noggrant ta reda på problemet, men var osäkra på var de skulle börja — i bröstet eller magen. Hur skulle de kunna veta? Skulle de någonsin förstå?

Ja, Alberts problem var en illusion. Men illusioner kan manifesteras och förvandlas till verklighet. Hans smärta var en realitet, ingen tvekan om det, och han hade tillåtit den att vara kvar eftersom ingen någonsin hade förklarat för honom vad anledningen till hans värk och smärta kunde vara. Han hade märkt att smärtan blev värre när han konfronterades med ovanliga situationer och när han var ensam ute i naturen. Det störde honom även att vara ensam på golfbanan, i synnerhet om han råkade stöta på främlingar. Allt hade fått sin förklaring. Men jag var inte säker på att Albert hade tagit till sig informationen. Han var fortfarande förvirrad och osäker. Han var fast i den "gamla skolans" etablerade tänkande och hade förmodligen svårt att förstå begrepp som energi och dimensioner. Jag försöker aldrig övertyga någon om vad de ska tro — det är ett val som var och en själv måste avgöra. Vi kan aldrig tvinga en ny tro eller uppfattning på någon — personen måste helt enkelt vara beredd att ta emot den. Och beredd är man inte förrän man börjar ställa frågor. Om inga frågor ställs är du kanske inte mogen att lämna den uppfattning du redan har. Tyvärr kommer ett förnekande aldrig att föra dig närmare sanningen. Det bevisar bara att du inte har nått den punkt i din utveckling där du är villig att gå bortom din begränsning. Jag träffade aldrig Albert igen, inte heller hörde jag ifrån honom och hans magproblem. I samma stund som han fått veta att verkligheten bakom smärtan inte var något annat än en illusion, kanske hans obehag försvann. Jag har aldrig sänt healingenergier till honom, men i de flesta fall där vi nått en andlig förklaring sätter en spontan läkning snart igång. Åtminstone visste vi nu orsaken: hans smärta var inget annat än ett cellminne som behövde öppnas upp, få sin önskade uppmärksamhet och på så vis avlägsnas från hans nuvarande liv.

När jag tar emot kanaliserad information går det vanligtvis inte att stoppa mig. Jag talar snabbt och gör ingen bedömning av vad som intellektuellt sett är möjligt eller inte. Det finns ingen tid till att försköna eller redigera informationen eller bättra på någons karaktär och agerande i det förflutna: Ett flöde av information som beskriver orsak och händelser ges omedelbart till mig. För någon av den "gamla skolan" och som är mindre öppen för nya synsätt och möjligheten att ansluta till det okända "bortom horisonten", kan en berättelse som den här verka alltför svår att tro på och det finns inget som kan få den personen att ändra sitt tänkesätt. Vissa kan till och med bli arga när de lyssnar på mig därför att de berörs djupt in i sin personliga trygghetszon, en plats där de inte vill bli störda av någon eller något. Andra, med ett mer öppet sinne, är nyfikna och ställer frågor — villiga att utforska den nya informationskällan för att få ytterligare insikter, en attityd som gör att de upplever glädje och spänning under en privatsession. Men en "avstängd" person skulle naturligtvis inte ens söka upp mig. *Men man vet aldrig ... livet är fullt av överraskningar.*

Om Albert hade kommit till mig som kund, skulle jag intuitivt ha dragit ner en stråle av ljus över honom, och bilden med honom och soldaterna skulle ha förändrats. Jag är säker på att han inte skulle ha blivit dödad i den nya situationsbilden som visade sig. I stället skulle han ha hittat sin bataljon igen, och alla cellulära minnen av att vara skjuten skulle ha försvunnit tillsammans med hans smärtor. Jag skulle vilja kalla denna process: en psykisk rekonstruktion av det förflutna — utförd genom Andens bistånd, där jag bara är ett instrument och verktyg för en högre avsikt.

Ibland räcker det för en klient att veta att ett tillstånd bara är inbillning. Det är allt som behövs för att ett besvär ska försvinna. Att få en bekräftelse på att själva problemet inte bottnar i en realitet hjälper vanligtvis. Jag tror att det är en metod som idag används av vissa terapeuter, men den är grundad på logiskt resonemang. För hur ska de få reda på den sanna och verkliga orsaken och hur kan de veta hur långt den sträcker sig tillbaka i tiden? Att bara fråga och resonera är i det här fallet inte tillräckligt.

Även om vi hävdar att vi alla hör ihop i en universell enhet, så lyser var och en av oss med sin specifika intensitet. Varje människa är unik och representerar en unik variation av bakgrund, önskemål, övertygelser och tvivel. Jag har ännu aldrig sett två

blueprints, livsplaner och livsbeskrivningar, som är lika. Det
gäller även enäggstvillingar. Tvillingarna kan vara lika som bär
fysiskt, de kan både ut- och invändigt se ut som kopior av var-
andra, men deras själsavtryck, tidigare livs historia, tankar och
talanger är aldrig desamma — precis som man påstår att det ald-
rig någonsin finns två snöflingor som är exakt lika. Var och en av
oss är helt unik och måste behandlas på ett för honom eller henne
passande sätt. Det är så vi blir "hela" igen.

Minnen som orsakat ett tillstånd kan manifesteras på många
olika sätt. Ett av mina mest fantastiska fall är Beatrice, en vacker
kvinna i tidiga fyrtioårsåldern som kom till mig för att få hjälp
med sin depression. Hon var chef på det största hotellet i sta-
den, nyligen frånskild och ensamboende i en förort. Hon berät-
tade ingenting om sig själv, bara att hon var mycket deprimerad
och inte ville ta några mediciner på grund av sin känslighet för
kemikalier.

När jag såg Beatrice kände jag mig genast manad att "borsta
av henne", inte så konstigt som det kanske låter. Jag ber bara min
klient att stå framför mig och jag sveper runt dem med min hand,
mestadels runt huvud och axlar. För den oinvigde kan det tyckas
meningslöst, men eftersom jag arbetar intradimensionellt går
mina gester djupare än vad man ser. Syftet är att frigöra mina kli-
enter från eventuella osynliga bördor, runt dem eller inom dem,
innan de får det helande Ljuset. Under själva "avborstningen"
uppfattar jag vilka energier som belastar dem och brukar få det
ena meddelandet efter det andra som beskriver deras problem.

När jag höll på att "borsta av" Beatrice över hennes axlar, kände jag plötsligt en klar nästan ljummen vätska i min hand som sedan droppade genom mina fingrar ner på parkettgolvet under mig. Dropparna av vätska kunde tydligt ses på golvet under oss. Jag förstod ingenting och var förvånad. Vad kunde det vara? Jag frågade Beatrice om hon hade tvättat håret strax innan, eftersom det verkade som om hon fortfarande var mycket våt runt hals och axlar. Beatrice tittade på mig lika förvånad och hade ingen aning om vad jag pratade om, och vi sa inget mer. Hennes axlar var inte våta, de var helt torra. Men när jag började "borsta bort" på axlarna blev plötsligt mina händer fyllda med ljummet vatten. Verklig vätska, ingen inbillad vätska. Bara sekunder senare visade sig en intuitiv bild för mig: Som på en video dök Beatrice upp på min "inre skärm" med en liten pojke i famnen. Den bilden utstrålade en outsäglig saknad. Sorg. Och tårar.

"Har du förlorat ett barn eller hände något annat med honom?" frågade jag spontant.

"Ja, han dog", svarade hon och började gråta.

Jag tittade igen. Beatrice såg lycklig ut på "originalbilden" med den lilla pojken som slår armarna om hennes hals. Det föreföll som om hans energi fortfarande var mycket nära henne, och hon hade inte kunnat släppa taget. Hon tyckte om att hålla kvar den här gamla bilden där hon var lycklig med sitt barn. Men i hennes verklighet existerade den inte längre, och minnet av sorg överväldigade henne.

Plötsligt förstod jag allt. Beatrice hade förlorat ett barn. Hon sörjde och led fortfarande efter förlusten av sitt barn. Det är svårt att förlora ett barn, både för en mor och en far, och jag kände hur hennes äktenskap gick isär. Hon var nu helt vilse. Hon hade ingen att prata med, och hennes man och barn var borta. Under arbetsdagen tryckte hon tappert undan sina tårar och visade inte sin smärta för någon, men efter arbetsdagens slut kom hon hem till ett tomt hus fyllt av starka minnen. Hon grät och grät, och skapade ett starkt fält av tårar och sorg omkring sig.

Omedelbart insåg jag att den klara, varma vätskan jag hade känt komma ut från hennes axlar var hennes egna tårar! Ja, hennes tårar. Manifesterad energi av undertryckt saknad och sorg. Smärtan från ett brustet hjärta som påminde henne om hennes förlust och visade sig för mig som materialiserade tårar. Jag upplevde hennes ensamhet. Vad är värre än att förlora sitt barn? Och i Beatrices undermedvetna bäddade sig sorgen in allt djupare och djupare. Omvärlden såg henne som deprimerad och hon ordinerades att ta medicin. I sin inre andliga värld behövde hon göra sig fri från det mörker hon upplevde och ta in den villkorslösa energin av kärlek och ljus.

Jag kunde fortfarande se de små dropparna av tårar på golvet runt Beatrice när jag fick en ny intuitiv bild som en skiss av en bättre och lyckligare parallell verklighet för henne: I den nya bilden framträdde Beatrice med sitt barn igen, men nu gick hon med honom hand i hand över ett fält med grönt gräs och frodiga blommor. Glatt såg hon sin son springa iväg och plocka några blommor som han räckte henne. Med den bilden fortfarande framför mig mottog hon det Vita Ljuset och framkallade en ny bild av lycka och samhörighet, som ersatte det gamla intrycket av förlust och sorg. Därpå skickade jag henne strålar av ljus och tillät dem att lysa över henne, in i alla hennes minnesceller och känslohjärta. Jag förklarade för henne att det var dags för hennes barn att gå vidare genom dimensionerna in i ett kärleksfullt universum, och att vissa själar som föds in i den här tredimensionella världen som våra barn, redan har fått en plan för hur länge de ska stanna hos oss. Hon fick också instruktioner om hur hon kunde använda det Vita Ljuset så fort hon kände behov av mer ljus i sitt liv. Beatrice berättade senare att hennes depression började tona bort redan nästa morgon och snart försvann helt.

Vad menas med villkorslös kärlek och att älska villkorslöst? Det är kärlek utan gränser, att gå vidare utan villkor och jämförelser, hålla sig borta från äganderätt, rädsla och begränsningar. Det betyder att jag älskar dig så mycket precis som du är utan några förändringar. Det innebär att inte döma. Det betyder också att jag älskar dig så mycket så att jag kan låta dig gå, och jag tackar dig för den tid vi haft tillsammans. Det innebär att se framåt och ta reda på vad som kan göras för att förändra ett liv till ett bättre liv utan fördomar, och att lära sig att tacksamt acceptera det som har varit och låta denna kärlek berika din tillvaro när du går vidare på din levnadsbana. Det betyder också att du älskar och respekterar dig själv och det liv som du har fått.

Minnen är märkliga företeelser — de har hjälpt till att forma oss till de vi är. Ytterligare ett minne som visar hur dimensionerna samverkar med varandra hände i samma europeiska stad som mötet med Beatrice, och endast med några dagars mellanrum. Den här unga kvinnan, Jenny Marie, hade ungefär ett halvår tidigare använt hårfärgningspreparat för att ändra färgen på sitt hår från mörkblont till intensivt svart. Hennes mörka hår klädde henne väl, men hon klagade över att en del av hårfärgningsvätskan hade kommit i kontakt med hennes högra öga under hårfärgningen. Hon hade nu problem inte bara med sin syn, utan upplevde också smärta och irritation i sitt högra öga. Jag brukar inte fysiskt röra vid mina klienter när jag sänder Ljus och intention till dem, men den här gången var jag intuitivt guidad att lägga min hand på hennes högra öga under några sekunder och skicka henne Ljusenergi tillsammans med den fysiska beröringen. En kort stund därefter började hon hosta kraftigt.

"Åh", utbrast hon plötsligt. "Jag känner smaken av hårfärgen i munnen." Hon reste sig genast upp och sprang till badrummet för att spotta ut vätskan som hon plötsligt kände dyka upp i munnen.

"Det är hårfärgen" utbrast hon. "Jag känner igen den, den smakar som den luktar — usch!"

Uppenbarligen kom allt tillbaka till henne — hårfärgen, smaken, lukten. Återigen ett minne från det förflutna — som återvände från dimensionerna i hennes inre jag och exponerades här och nu. När Jenny Marie spottade ut själva vätskan blev hon av med minnets manifestation i kroppen. Jag tror också att hon blev av med alla typer av rädsla i samband med smärtan och irritationen som hon gått igenom.

Sex månader är en lång tid och själva hårfärgningsvätskan kan inte ha funnits kvar i kroppen i samma form så länge. Så varifrån kom denna reaktion?

Mitt svar är: Från våra inre dimensioners obegränsade resurser, de dimensioner där vårt undermedvetna är dörrvakt och överordnad och håller allt på plats. Vi är flerdimensionella varelser. Trots separationen mellan vårt fysiska jag och alla dimensioner inom och omkring oss är allt fortfarande sammankopplat, och vårt undermedvetna är den ceremonimästare som alltid vet vad som har hänt. Även om dimensionerna är skilda från varandra endast genom det som verkar vara en tunn slöja, utgör den slöjan en kraftig "skiljevägg." För att dimensioner ska kunna sammanstråla och kommunicera med varandra måste den här muren brytas ned. Det kan endast ske genom grundlig "rengöring" av vårt undermedvetna. Den rensningen sätts i rörelse av den Högre Avsiktens eviga visdom, en sammankoppling som bara kan göras andligt. Eftersom vi alla tillhör samma energifält bör denna process fungera för oss alla, så länge vi är villiga att acceptera den.

Det är nödvändigt att läka en kropp som inte är frisk, men många av orsakerna har sjunkit så djupt ner i dimensionerna att de endast kan nås genom kraften från vår Högre Avsikt.

Det är inte bara vår kropp som består av dimensioner, det gör även vår planet Jorden, liksom hela vårt Universum samt våra känslor, tankar och avsikter.

Vår framtid kanske inte står att finna i den tid som ligger framför oss. Den kanske kan hittas i våra inre dimensioner, där all högre kunskap hör hemma och där vi kan vidareutforska olika versioner av liv, tid och rymd. Det finns alltid så mycket mer insikt och vetande bortom vårt mänskliga begränsnings murar.

Vad har jag lärt mig från alla praktikfall jag stött på under min långa karriär? För det första, avsikten med vårt liv är inte att vi ska vara sjuka, olyckliga och rädda. Vår avsikt är att vara lyckliga och må bra, eftersom källan som vi härstammar från är en plats av Balans och Frihet som härrör direkt från Ljuset. Att vara vid god hälsa, lycklig och framgångsrik, är en del av våra universella rättigheter. Detta är vad Universell Samhörighet betyder: att allt liv, allt och alla, samverkar mot ett evigt mål av balans, Kärlek och Ljus — en plats där vi alla hör hemma och som är meningen med våra liv.

Om vi kom till vår jord med ett specifikt problem i bagaget, är det Universums mening att vi ska styra det tillbaka till balans och välbefinnande. Om det är krig är vår uppgift att finna en lösning och föra situationen tillbaka till fred. Där det finns sorg är det vår uppgift att skapa glädje. Och där det finns sjukdom eller fattigdom, är det vårt uppdrag att hela och skapa överflöd. Att göra allt helt igen — detta är det ändlösa syftet med Evigheten.

För var och en av oss, liksom för hela planeten och hela Universum — för vi är alla del av varandra.

∞

Som motpol till kärlek finns det en kraft av mörker och ondska. Vi har alla sett det som händer runt om i välden. Jag accepterar eller erkänner fortfarande inte det mörkret som en äkta kraft. Jag ser det som en tillfällig influens som motsätter sig Kärlek och Ljus, vilket är den eviga kraften i vårt JAG ÄR och den enda sanna kraften. Stort sett allt som är av mörker bleknar bort så snart Ljuset börjar lysa, men det är vår uppgift att sätta igång det som ska hända. Av den anledningen måste vi alla ha en uppriktig kollektiv avsikt att lita på att Ljuset kommer att skingra mörkret. Återigen är det en fråga om vad du sätter främst i ditt liv — Ljus eller mörker, gott eller ont, kärlek eller rädsla. Vi har fått vår fria vilja som en gåva från universum för att använda den enligt våra behov och önskemål. Vi kan därför avgöra vårt livs öde genom vartenda val vi gör under dagen, timme för timme, minut för minut. Tänk på att med varje val följer alltid konsekvenser. Jag tror att det är detta vi har glömt eller snarare inte förstått. *Konsekvenser* följer alltid med vad vi säger, gör, och även med vad vi tänker. Positiva eller negativa konsekvenser, stora eller små, vi möter dem alltid i någon form i vårt liv. Och många av dessa konsekvenser sitter djupt inbäddade i våra minnen och är omöjliga att nå med vår mänskliga logik, när vi vill hela dem.

För vissa kan detta kanske verka förvånande, men det är så som jag har upplevt det under mina år som själsforskare. Majoriteten av de fysiska symptom som missuppfattas, som är svåra att diagnostisera eller svåra att läka med konventionella åtgärder, orsakas ofta av gamla oläkta minnen som med tiden stoppats undan i Det Stora Okända i någon av våra många inre dimensioner — och där de blivit kvar sedan många livstider tillbaka.

7

Hur du kan använda Ljuset för att hjälpa dig själv och andra

O räkneliga gånger har jag i tanken gått tillbaka i tiden till den kalla vinternatten i Schweiz när den Brinnande Busken för första gången dök upp framför mig, och varje gång har jag blivit påmind om dess storhet och hur imponerad jag blev på ett sätt som jag aldrig tidigare upplevt. Utan att förstå innebörden av dess närvaro, kom den ändå att vända upp och ner på hela mitt perspektiv på livet. Mest eftersom jag vid den tiden var så påverkad av värderingarna formade av min sociala miljö, så såg jag inte något utrymme för andlighet i mitt liv.

Flera år har förflutit sedan dess, och många årtionden senare har jag kommit att förstå att den Brinnande Busken var en påminnelse från mitt Högre Jag, som talade om för mig att jag var och fortfarande är en andlig varelse. Det är vi alla. Både du och jag, det finns inget sätt att komma ifrån det. Var och en av oss är en andlig varelse som lever en mänsklig erfarenhet med ständigt lärande och många uppvaknanden. Vårt liv är en process där vi undermedvetet och oupphörligt söker efter något större och bättre och ett sätt att lysa. Och här börjar vårt problem: Att vi inte förstår att det är bara Ljusets villkorslösa *sanning* som kan få oss att lysa.

Jag kallar den här strävan inom oss att få kunskap om Någonting Mer för vår *Dolda Agenda* och jag ser den hos nästan alla jag möter.

Mauricio kom till en av mina föreläsningar i New York och väntade tålmodigt i lobbyn för att få tala med mig efter föreläsningen. Till en början verkade han lite förlägen och det såg ut som om han hade fällt några tårar. Så fort som han förstod att jag hade lagt märke till hans känslosamma tillstånd, gav han mig omedelbart ett stort och befriande leende för att underlätta situationen.

"Du vet, du fick mig att gråta när du berättade om den brinnande busken", erkände han omedelbart. Jag märkte att han verkade lättad så snart han hade sagt de orden.

"Jag hade en liknande erfarenhet med Ljuset för många år sedan, när jag var nygift", fortsatte han. "Precis som du vaknade jag upp mitt i natten och såg ett stort eldliknande ljus i vårt sovrum. Det kändes så levande och var så nära att det nästan rörde vid mig. Jag blev aldrig rädd på det sättet som du blev, men ljuset talade aldrig till mig, så därför fanns det ingen anledning att bli rädd. Men jag kände att visionen var så viktig att jag ville springa ut i världen och berätta om den för alla. Så jag väckte min fru, men hon förstod inte, utan påstod att jag var galen och att jag skulle somna om. Hon retade mig i flera veckor efteråt för att ha

sett Ljuset, så jag gav upp ... och såg det aldrig igen." Hans ögon
tårades återigen. "Av någon anledning kommer minnet av det
Ljuset ständigt tillbaka in i mitt medvetande, och vill bara inte
försvinna ..."

Mauricio fortsatte att tala medan vi promenerade genom lob-
byn för att slå oss ner på en bänk vid utgången. Det här var inte
första gången som jag hade hört en liknande historia. Att möta
Ljuset händer oftare bland oss än vi anar.

Det sorgliga är att vi är rädda för att dela med oss till andra
— man har fått oss att tro att en berättelse av den här sorten
är rena fantasier och kan därför inte vara del av vår accepterade
verklighet.

"När jag lyssnade på din berättelse förstod jag genast vad du
talade om och plötsligt, efter alla dessa år, kändes det som om en
blixt hade slagit ned i mig och genast förstod jag allt. Jag antar
att det blev ett uppvaknande, precis som du förklarade. Jag blev
så lättad att jag var tvungen att gråta. Det känns som om jag har
funnit en ny mening med mitt liv. Jag kan inte nog tacka dig."

Mauricio tog min hand och kysste den. Hela han log.

Vi är så bekymrade över vad alla andra kommer att säga om
våra erfarenheter (när det gäller vår gudomliga anslutning) att vi
inte vågar lyssna på oss själva, inte ens till vårt eget hjärta. Hur
väl vi har möjlighet att lyssna till våra hjärtans önskemål beror
helt enkelt på vårt öppna sinne och hur villiga vi är att ta emot.

Andliga sökare, som ofta är både kreativa och begåvade, är
alltid på en undermedveten jakt efter en djupare mening och mer

inspiration i sina liv. Tyvärr är de så vana att förlita sig på pragmatismens gamla regler och vanlig social bekvämlighet, att de anser att Anden bara kan hittas på ett logiskt sätt. Sedan har de blivit besvikna när de inte fick den framgång de hade letat efter genom sitt rationella tänkande. Och följden blir att de inte bara förnekar utan till och med förlöjligar "allt andligt" som kommer i deras väg.

∞

Jag träffade Fredrick, en lång och stilig tysk, på en social tillställning och han vidtog omedelbart åtgärder för att möta mig på min praktik följande dag. Han var mycket angelägen att möta mig.

"Jag vill lära mig hur man använder det Ljus som du alltid talar om", började han, så fort som han steg innanför dörren nästa dag på mitt kontor. "Hur gör du det? Jag vill ha det!" Han var otålig och ville inte slösa tid på konversation eller någon avslappningsprocess. Hans sätt var fast och beslutsamt och det var mycket svårt att stå emot. Han hade kommit för att göra en "deal", och komma överens om de nödvändiga villkoren för att få den hemliga formel, som skulle kurera allt. Och han ville få den formeln ögonblickligen, just då och där. Han skulle klara av resten själv. Åtminstone trodde han det.

Fredrick var inte obehaglig. Tvärtom. Men han var van att ha kontroll och att få det han bad om utan alltför stora svårigheter. Livet hade visat sin goda sida mot honom, och han hade lyckats skapa en rik och framgångsrik tillvaro. Jag kände att han kunde bli en utmaning för mig och var nyfiken på vart vår session skulle leda oss. Jag visste att Fredricks liv var till synes lyckligt. Han hade en bildskön, intelligent och glamorös fru, begåvade barn och flera hem i olika länder. Han lät mig veta att vad han nu behövde var att finna meningen med sitt liv, och han ville att Ljuset skulle visa honom vägen. Uppenbarligen förväntade han sig att jag skulle leverera det till honom som ett upplysningens ljus på en tallrik, och från den stunden skulle han välsignas med otrolig inspiration, god hälsa och evig lycka.

Vi började sessionen på mitt sätt — att ställa in oss på Ljuset och bara låta "det ske", men Frederick ville inte släppa taget. Han förstod inte att det kan finnas en kraft högre än hans egna önskemål och intellekt, och efter bara en minut ropade han otåligt:

"Jag ser det inte, jag ser inte Ljuset. Varför talar du inte om för mig hur man gör? Allt jag behöver är bara en enda mening. En kort mening, ett par ord..." Han var helt klart irriterad.

Fredrick var en man som var van att få allt han ville ha genom sin auktoritet, var han än befann sig i världen. Det tog lite tid att förklara för honom att Ljuset inte var något han kunde erövra genom att lära sig några väl valda ord i en viss ordning. Så jag gick än en gång igenom processen med honom, och förklarade innebörden av ödmjukhet och att det finns en kraft så mycket större än vad vi är. Just det kan vara svårt att förstå för någon som alltid sätter sina egna personliga krav och önskemål först, och som dessutom alltid har haft förmånen att kunna betala alla i sin omvärld med förmåner och pengar för att de skulle vara på hans sida. "Du lockar inte Ljuset till dig bara genom att visualisera det. Du drar till dig Ljuset genom intentionen, *avsikten* i ditt hjärta, ditt sanna hjärta, själens hjärta — din ärliga inlevelse. Detta är en uppriktig önskan mellan dig och ditt Högre Jag, ingenting annat. Nu börjar vi om igen." Jag var lugn och rakt på sak, det var tydligt att vi hade funnit det rätta greppet om situationen på ett sätt som han kunde förstå.

Det var också uppenbart att Fredrick inte var riktigt van vid att bli tilltalad på det här sättet, men förvånande nog kom han inte med några invändningar. Han började långsamt slappna av och släppa taget ... Medan han slappnade av gick vi in på metoden hur man ansluter sig till det Vita Ljuset.

Det börjar med känslan i ditt hjärta — och att du har en önskan att förbinda dig med Ljuset. Du tror på din önskan, helhjärtat och helt uppriktigt.

∞

Slappna nu av, slappna av ännu mer och mer ... Ta ett djupt andetag och föreställ dig att du sitter i en stor bred Ljusstråle. Med din avsikt, en djup önskan inom dig ... för du in Ljuset, snabbt och utan tvekan. Känn det. Upplev det. Acceptera värmen från Ljuset när det går in i ditt bröst, och hur det bildar ett stort centrum med roterande Ljusenergi inom dig.

Låt hela din kropp slappna av och njut av Ljuset som om du älskar dess närvaro. Ja, föreställ dig att du är förälskad i Ljuset. Förbehållslöst.

Slut dina ögon.... Upplev hur Ljuset flödar genom dig ...

Släpp alla tankar och föreställ dig en ny bred ljusstråle som kommer ner över dig. Den här ljusstrålen består av miljoner, ja, miljarder av små ljusstrålar, och de ljusstrålarna går in genom alla dina porer, in i din kropp och fyller varje liten cell i din varelse med skinande, hälsosamt, positivt Vitt Ljus. Du bara vet att Ljuset tar emot och bekräftar dina goda önskemål. Önskemål som är goda för dig och alla andra. Upplev nu hur ljuset flödar genom dig. Fullständigt och villkorslöst. Låt det ske.

Din kropp är nu så avslappnad ...

Du släpper taget fullständigt och känner ett flöde av skimrande energi skina genom dig och du föreställer dig skinande god och glad energi som strömmar över hela dig och genom hela din varelse. Du känner det i ditt hjärta, och du tillåter känslan av Kärlek och Ljus fylla ditt bröst och hur det lyser genom dina tankar, din kropp, ditt sinne och ditt hjärta ... UPPLEV det. Acceptera känslan av Samhörighet, och låt känslan av ljus och värme gå genom dig, njut av dess närvaro, upplev kärlek inom dig .

∞

Långsamt, mycket långsamt, kom ett leende över Fredricks ansikte. Ja, han hade funnit vad han var ute efter — och han visste att det inte fanns ord för att säga något mer....

Många missbrukare tar ofta droger eftersom de känner ett tomrum inom sig själva. De ifrågasätter syftet med sina liv och varför de finns här på den här Jorden, och ofta tycker de inte om sig själva längre. Men de förstår inte att det är så, eftersom de inte tänker så långt. Fredrick hade inga drogproblem, men trots att han var mycket framgångsrik i sin karriär hade han samma hunger — han sökte efter ett syfte och en djupare mening med sitt liv. Detta är inte ovanligt bland dem som har varit mycket framgångsrika i sin yrkeskarriär, speciellt när de inte möter några andra utmaningar i sina liv.

Vi är alla Andens unika skapelser och har en medfödd längtan efter att vara tillsammans i en zon av kärlek och goda känslor. Vi är skyldiga Skapelsen att visa oss från denna vår allra bästa sida.

Livet är en fråga om att använda vår fria vilja och göra våra egna val. Det måste vara din egen personliga önskan att komma till en healingsession, som alltid kanaliseras direkt från "en högre instans" och som alltid är skapad speciellt för dig. Det är omöjligt för mig att ändra ett kanaliserat budskap. Jag skulle då "straffas" med att bli temporärt avstängd efter att ha uttalat bara de första orden, och sedan bli stum.

Jag kan säga det med all säkerhet, eftersom det är så kanalisering fungerar. Jag får väldigt få ord åt gången, och jag måste uttrycka dem mycket snabbt, exakt på det sätt som de ges till mig. Inte förrän jag har gjort det får jag de nästa orden, och så fortsätter det tills jag inte får något mer budskap. Processen är mycket snabb, vilket är orsaken till att jag vanligtvis talar mycket fort när jag kanaliserar. Ibland får jag en lång historia i ord, och andra gånger överlämnas en hel historia genom olika bilder som jag ska beskriva, utan censur från mitt mänskliga jag, återigen snabbt och utan tvekan, innan nästa bild visar sig.

Även om en klient ibland ber mig kanalisera någonting för henne, kanske hon inte gillar det budskap som hon har tagit emot och blir sedan arg på mig för att jag förmedlat det. "Du skulle inte ha berättat för mig om de där ruskiga händelserna i det förflutna", sa någon till mig häromdagen. Men det finns inget jag kan göra för att förändra ett givet budskap så snart det har satts igång. Meningen att det ska accepteras, även om man inte uppskattar det till en början. Eller kanske *speciellt* eftersom man först inte tycker om det! Jag får och kan inte censurera de budskap som ges till mig. Om jag gör det kommer inga fler meddelanden att ges till mig.

Det finns tillfällen då vissa individer ber mig att manipulera känslor och tankar hos deras vänner eller kollegor som har beställt tid för att träffa mig. Oftast ber de mig om att övertyga en klient att de ska förälska sig i dem eller också vill de att jag ska få dem att göra något eller inte göra något. På det här svarar jag alltid: Nej, jag kan inte och jag vill inte. Jag skulle aldrig drömma om att missbruka min gåva, inte heller tror jag att den Högre Makten skulle ge mig någon information, även om jag försökte att göra det, eftersom gåvan alltid och enbart fungerar för det Högsta Goda.

Jag kommer ihåg en annan person som också ville ha allting på sitt eget sätt. Hennes namn var Joanne. Jag uppskattade hennes glada, ganska maskulina, humor under de första ögonblicken av hennes sittning. När jag såg på hennes auraenergi, dök bilden av en tidigare livstid upp nästan omedelbart på min inre skärm. I sitt förra liv hade hon varit en atletisk och stilig man, och som det såg ut, en verklig kvinnotjusare. När jag berättade det för henne så utbrast hon omedelbart:

"Det är jag fortfarande! Jag bara älskar kvinnor. Jag kan inte vara utan dem", och hon fortsatte att berätta för mig om allt hon tyckte om hos kvinnor. Sedan gjorde hon en paus och tillade: "Jag vill nu att du ska göra någonting för mig: Jag har träffat en ny kvinna som jag vill ha i mitt liv. Jag har gjort en tidsbeställning åt henne för att träffa dig direkt efter mig, och jag vill att du ska uppmana henne att komma och bo hos mig. Jag vill så gärna ha henne i mitt liv." Och hon talade om för mig på vilka olika sätt jag skulle övertyga hennes blivande flickvän att inleda en relation med henne.

Naturligtvis kunde jag inte göra en sådan sak och det sa jag till henne, men Joanne lyssnade inte och fortsatte att insistera på att jag måste finna ett sätt. Medan jag lyssnade på henne dök fler bilder upp framför mig från hennes tidigare livstid. Intressanta bilder följda av fängslande budskap. Hon hade varit en man, uppenbarligen inte bara oemotståndlig för kvinnor, utan också i så hög grad besatt av deras liv och kroppar att som en naturlig följd kom hon/han tillbaka till det här livet som kvinna — som om detta var den förening hon hade bett om in genom Evigheten!

Vi gick igenom den vanliga processen för att ta emot Ljuset och slappna av. Jag berättade för henne att vad som än var ur balans skulle det komma tillbaka i balans efter vår session. Hon verkade glad när hon gick. Hon var dessutom nöjd med att få höra om sitt förflutna där hon hade varit en betydelsefull person med starkt inflytande på sin omgivning, vilket fick oss bägge att skratta. Men det betydde inte att jag skulle hjälpa henne att ta över, eller att äga, en annan människa i det här livet.

Joannes tänkta sambo och partner, kom in genom dörren när Joanne lämnade rummet. Hennes namn var Kimmie, en vacker dam av asiatiskt ursprung, återigen omedelbart mycket sympatisk. Hon hade just träffat Joanne och blev förvånad över att Joanne hade bjudit henne att träffa mig. Kimmie var en hårt arbetande ensamstående mor, och inte alls lesbisk som Joanne hade trott. Jag såg ingenting i hennes energier som skulle kunna förknippa henne med Joanne, inga tidigare liv, inga dolda känslor. Jag sa ingenting om Joannes ambitioner men hjälpte Kimmie att stärka sitt egenvärde, och uppmuntrade henne att förflytta sig i den riktning som hon kände kom från hennes hjärta. Detta var viktigt för henne att veta, eftersom hon hoppades på en befordran på arbetet. Jag har aldrig hört från Joanne igen, men Kimmie kom tillbaka ett par år senare tillsammans med sin tonåriga son som behövde råd om sin skolgång. Kimmie talade om att hon blivit befordrad och att allt gick bra i hennes liv, så vårt tidigare möte hade varit av värde för henne. Hon nämnde aldrig Joanne, och jag frågade aldrig.

∞

Jag skulle aldrig agera på direktiv från en person som försöker påverka en annan persons mål, önskemål eller naturliga böjelse. Jag är förvånad över hur många som tror att de kan göra det, eller tror att de kan styra någon annans liv, bara för att de skulle vilja ha det på det sättet, eller för att de betalar för något. Vanligtvis hittar vi en bra lösning mellan parterna, eftersom det i ett förhållande måste finnas ett verkligt utbyte av energier för att hålla en balans i relationen. Som alltid är *harmoni* nyckeln för en god jämvikt i en relation: att hålla känslor i balans, att upprätthålla stabilitet mellan det fysiska och det andliga och att hitta en bra proportion mellan arbete och avkoppling. Och inte att förglömma, du måste se till att du känner att DU mentalt och fysiskt är i balans, innan du börjar ett förhållande med någon annan.

Cindy var en vacker, ung mor gift med en läkare. Hennes man arbetade inom den medicinska världen och var väl respekterad i samhället. Då och då brukade han föreläsa om medicinska framsteg, där han visade liten eller ingen förståelse för alternativ medicin. Hans fru Cindy var motsatsen, helt involverad i yoga, hälsokost och alternativa terapier. När Cindy kom för att träffa mig gick hon igenom en cellgiftbehandling, initierad av hennes make, för den cancer som hon hade fått diagnosterad några månader tidigare. Tyvärr mådde hon fruktansvärt dåligt av behandlingen och plågades varje dag av en outsäglig trötthet och ett kraftigt illamående, oförmögen att göra någonting. Allteftersom tiden gick verkade hennes kropp svika henne, och hon blev svagare och svagare. När hon som mest tvivlade på möjligheten att hon skulle orka överleva, berättade en av hennes vänner för henne om mig.

När Cindy kom på konsultation hos mig första gången ville jag knappt släppa in henne... Hon var redan omgiven av det som jag kallar dödsstrålar, de gulgråaktiga energistrålar som talar om för mig att slutprocessen hos de levande cellerna redan har påbörjats. Det är den punkt då du helt och villkorslöst måste ändra hur och vad du känner och tänker om ditt liv. Regelbundna fysiska behandlingar var inte längre till någon nytta. De skulle bara påskynda dödsprocessen.

Jag talade om för henne att jag inte kunde garantera någon förbättring, och föreslog att kanske borde hon fortsätta sina medicinska behandlingar utan "min" inblandning.

Cindy insisterade på att hon ville att jag skulle hjälpa henne, och hon berättade om sin man — att fastän han representerade den konventionella medicinens gamla skola, respekterade han hennes beslut och uppmuntrade henne villkorslöst att söka alternativ behandling så länge som hon kände att den kunde hjälpa henne att må bättre. Han hade oroat sig för henne och hade gett upp hoppet om att försöka hitta en bättre väg att få henne frisk. Han älskade henne så mycket att han var villig att ge upp alla gamla principer. Villkorslöst "befriade" han henne från sina tidigare råd och beslut, så hon skulle kunna följa sitt hjärtas önskan hur hon skulle kunna må bra igen.

"Ja, bara om du fortsätter med dina medicinska behand-lingar", insisterade jag. Det skulle vara olagligt för mig att föreslå något annat. Och ännu en gång nämnde jag för henne hur And-ligt Ljus inte skadar någon eller något — det förstör bara det mörkas energier och omvandlar dem till Ljusets *goda och helande* energi. Helt logiskt egentligen. Det finns inget mörker i Ljuset, titta bara på en tänd glödlampa så får ni se! Ljuset ger näring åt livet — allting som är gott behöver Ljus för att leva. Ljus raderar mörker. Vad annat behöver vi i tider av mörker? Mer mörker?

Jag kan inte ge medicinska råd, men det är ingen hemlig-het att cellgiftsbehandling dödar celler. Olyckligtvis inte bara de sjuka cellerna utan även de goda och friska cellerna, som vi behöver för att må bra. När vi arbetar med Ljuset är det första vi lär oss att Ljus är positiv energi. Det bygger upp, stärker, helar, läker.

Vi bygger upp det som förstörts med ny hälsosam energi, eftersom det är det enda som Ljuset känner till. Ljuset kan inte skapa mörker — det är allmän fysik. Ljuset kan bara skapa Ljus, och livet behöver Ljus för att leva. I själva verket är Livet — just Ljus!

Cindy såg förfärlig ut när hon först kom till mig. Hon var trött, huden var gulaktig och torr, men hon log. Hon såg så mycket fram emot sin första session.

Hon bestämde att hon ville komma tillbaka efter varje cell-giftsbehandling för att återställa de celler som hade förstörts genom hennes ordinerade behandlingar. Jag imponerades av hennes beslutsamhet att våga gå i en ny riktning med sitt liv, och hur gärna hon ville fortsätta sitt liv som mor och hustru. Cindy ville verkligen bli frisk. Hon kom flitigt till mig i flera veckor. I början såg hon fortfarande trött och hängig ut, men för varje gång som hon återvände för ännu en session strålande hon, som om livet höll på att återvända till henne steg för steg. Till slut kom hon till sitt avtalade möte i joggingkläder. "Jag har varit ute och joggat idag", log hon. "Jag gör det varje dag nu."

Vid det här laget var hennes familj övertygad. De hade tidigare sett henne förlora sin kraft, hur hon knappt kunde komma ur sängen på morgonen och hur hon led av sina kemiska behandlingar. Nu såg de henne få sitt liv tillbaka där krafterna och den friska hudfärgen hade återvänt. Eftersom hon samtidigt följde den konventionella metoden med cellgiftsbehandling, förutom att hon besökte mig, var alla nöjda och hade inga invändningar. Alla var överens över att vårt samarbete hade visat sig ge goda resultat.

När Cindy var hos mig första gången och hon hade förts in i ett "altered state", ett tillstånd av total avspänning, frågade jag henne rakt på sak:

"Är du säker på att du vill leva?" På ytan, var hon ovetande om frågan, men hon log när hon svarade på min fråga: "Ja, jag vill leva. Jag vill verkligen, verkligen leva..." viskade hon tillbaka. Och hon fortsatte att viska: "Jag vill verkligen leva, det vill jag verkligen, verkligen, verkligen...", som om hon redan hade skapat en ny frisk verklighet för sig själv. Att kommunicera med mina klienters undermedvetna är ibland det slutgiltiga provet.

227

Svaret hon gav mig var svaret på en effektiv läkning. Eftersom ditt undermedvetna är den plats där du redan har förutbestämt vilket sorts liv du ska leva i den här reinkartionen, är det just dit som vi vänder oss för att påbörja ett helande.

Cindy hade förvånat alla på vårdcentralen genom att att vara i så god kondition trots att hon befann sig mitt i en intensiv cellgiftbehandling. Varje gång hon kom till kliniken var det alltid någon som ville veta hemligheten varför hon mådde så bra och undrade vad hon hade gjort för att nå sin fantastiska omvandling. "Vilken magisk formel använder du?" frågade en sjuksköterska skämtsamt. Och när hon berättade för dem att hon gick till en präst och andlig healer frågade de inga fler frågor, men verkade vara glada för hennes skull. Amerikaner är goda och tilllitsfulla troende, man behöver aldrig förklara det andliga planet vidare för dem...

Allteftersom våra möten fortskred, stärktes Cindys immunförsvar och hon fick väl synligt tillbaka en tydligt god hälsa. Där fanns inga böner, bara att släppa taget och att tona in till den Högre Kraften, kalla den kraften vad du vill: Ljuset, Gud, "JAG ÄR", Urkraften, Universum ... och låta denna kraft ta över och lysa inom henne. Jag rörde aldrig vid Cindys kropp. Den avslappning som hon upplevde var total. När hon lämnade mitt kontor kände hon sig alltid glad och upplyst och full av ny styrka.

Vad gjorde vi?

Svaret är mycket enkelt. Tillsammans stärkte vi hennes immunförsvar genom aktiveringen av hennes egen inneboende helande kraft — den Vita Ljusenergin.

Hur kan man göra det?

Jag var den som aktiverade den, var redskapet och förmed-laren. Cindy var mottagaren och satte allt i rörelse i sin kropp. Det Vita Ljuset var den verkliga healern. Vi förenades i samma strävan, samma avsikt, att öppna och ta emot kraften som kom från det Högsta Goda för att återställa den balans som en gång hade försvunnit.

Utan min speciella anknytning till Universum kunde jag inte göra någonting, och utan Cindys öppenhet för att ta emot skulle vi inte ha sett några resultat. Det finns en enda stor regel för att helande ska ske: Den individ som har bett om ett helande utgör en aktiv del av läkningsprocessen, hon måste kunna ta emot, släppa in Kraften, utan förbehåll, medvetet eller omedvetet, annars kan det inte bli något mirakulöst resultat.

Det finns en annan aspekt av andlig healing: Det är möjligt att skicka healing till någon annan även om de inte är medvetna om healingprocessen. Det kan ske genom en genuin önskan, en bön, från någon annan genom hans eller hennes villkorslösa längtan att göra gott. Bön fungerar. Den är helt enkelt en ener-giaktivering som börjar med en god avsikt. Ju fler personer som önskar väl och gör ansträngningen att be, desto starkare blir den kollektiva avsikten och desto bättre blir resultatet.

I Cindys fall var hon mottaglig hela vägen, djupt in i sitt hjär-tas innersta och vi stärkte hennes immunförsvar vid en tidpunkt då alla celler, goda och dåliga, hade blivit skadade eller förstörts av kemikalier. Som en bieffekt av mötet med Ljuset fick Cindy en underbar tid med fina dagar, där hon njöt av sin goda fysik och sitt välbefinnande, och alleftersom tiden gick kunde hon ta sig tid till en daglig och välgörande joggingrunda.

Det är intressant att se hur viktig den fria viljan är. När vi under healingsessionerna går igenom healingprocessen — som av många kallas *meditationen* eftersom man blir så totalt avslappnad när jag talar — frågar jag ibland plötsligt och oväntat min klient mitt i förloppet (som jag gjorde med Cindy i berättelsen ovan):

"Vill du leva?" Vanligtvis är klienten så djupt försjunken i ett meditativt tillstånd att de inte är medvetna om min fråga. Några sekunder senare brukar jag fråga igen: "Är du säker på att du vill leva?" De flesta svarar tillbaka med övertygelse i rösten: "JA! Jag vill VERKLIGEN leva, jag älskar mitt liv, jag har planer...."

En del höjer även sin röst, ler eller skrattar, vilket bekräftar hur mycket de älskar sitt liv. Andra är ödmjuka men uttrycker ändå en önskan om att stanna kvar i det liv som de har fått.

Men några har överraskat mig:

"Nä, jag tror inte det. Jag är trött. Jag är klar med mitt liv. Jag vill inte leva längre. Jag bryr mig inte, min man är otrogen, mina barn behöver mig inte, ingenting är roligt längre och jag ser ingen mening med mitt liv ..."

Överraskande nog, är detta ofta personer som i början av sin session hade berättat för mig hur gärna de ville leva, ofta fällt lite tårar, uttryckt hur mycket de älskade sin familj och att de absolut inte ville lämna alla de människor som de älskade så mycket. Kunde jag vara så snäll och hjälpa dem att bli friska? Och sedan, till min förvåning, när frågan om de ville fortsätta sina liv ställdes till dem under deras avslappade tillstånd, hade de plötsligt inget större intresse... Innerst inne hade de tappat lusten att fortsätta leva det liv de lärt sig att kalla sitt eget.

Jag fann att de var individer som djupt i sitt undermedvetna redan hade valt att inte fortsätta det här livet långt innan de kom för att träffa mig, till och med kanske innan de blev sjuka. Inte ett medvetet val, men ett val som getts dem från "ett högre plan." Det var helt enkelt deras tid att lämna den här världen — och det är så det sker ibland. Jag har i en del fall försökt att vägleda dem mot ett nytt val. Tyvärr märkte jag snart att jag inte fick hjälp från deras undermedvetna att komma ifrån sin sjukdom, oavsett hur hårt vi försökte att göra det på en medveten nivå. Deras ohälsa fungerade redan som en del av deras plan att fortsätta mot livet efter detta, ett val som de hade gjort långt tidigare i sin undermedvetna värld. Jag har inte kunnat hjälpa någon som i sitt avspända tillstånd berättat att de inte ville leva längre. Jag kunde inte ändra den plan som redan hade satts i gång hos dem. Efter sessionen brukade de inte ha något minne av att ha yttrat ett enda ord till mig, och jag skulle naturligtvis aldrig berätta det för dem heller.

När jag genomför en healingsession skulle det inte fungera om jag inte först kontaktade den Högre Kraften för att kanalisera en högre kunskap: I den stunden inser jag hur begränsad jag är som människa och släpper helt och villkorslöst alla fördomar som jag kanske känner inför mina mänskliga begränsningar. Ödmjukt lämnar jag ifrån mig min mänskliga ofullkomlighet och väntar tacksamt på budskap från och genom den Högre Kraften som vet allt och ser allt.

Så snart jag har gjort anslutningen kommer informationen till mig i ett lättsamt flöde. Den delen av processen är enkel och okomplicerad. Sanningen är alltid direkt och enkel, precis som ett barns iakttagelser. Även om vi går igenom en stund med fysisk avslappning innan vi börjar kanaliseringssessionen har avslappningen ingenting med resultatet av vår session att skaffa, även om många klienter tror att den är mycket viktig. Så många inom dagens metafysiska arena lär ut meditation som en fysisk process, med vackra, väl uttryckta ord som beskriver hur man slappnar av i kroppen på ett visst sätt. Men i själva verket består processen av en samhörighet på högsta nivå där du ansluter dig till själskraften och ditt Högre Jag, det vill säga Ljuset inom dig. Den har inte någonting att göra med väl valda ord, intellekt, din fysiska position eller den plats där du valt att befinna dig.

Om vi går tillbaka i tiden och studerar olika regioner i västvärlden finner vi många konstverk som föreställer helgon som omges av Vitt Ljus. De var personer med ett särskilt samband med Universum, som kunde hela och utföra mirakler. Helandet är ingenting nytt i mänsklighetens historia, men det har undanhållits från allmänheten på grund av önskemål från ett fåtal utvalda, mäktiga personer. Vitt Ljus och mirakler var reserverade enbart för deras egna redan hyllade helgon. På så sätt separerades alla utomstående från sina egna Gudagivna rättigheter att vara förbundna med Ljuset och att ha möjligheten att utföra sina egna underverk.

Att ansluta sig till den Högre Kraften kan inte enbart ske genom en intellektuellt planerad process med högtidliga ord, utan det är viktigt att också uppleva en innerlig *känsla* av samhörighet med den Högre Avsikten. I mitt fall följer jag anvisningar som ges till mig intuitivt. Jag börjar tala utan att veta varifrån orden kommer, men när jag gör det känns det så rätt, som om änglar står bredvid mig, och flera gånger har jag faktiskt känt dem bredvid mig och min klient under vårt personliga möte.

Och jag berättar om stjärnor uppe i skyn och en värld i mörker som långsamt blir ljusare och ljusare, vilket gör att lyssnaren slappnar av och glömmer allt i sin omgivning. De ord som ges är metaforer som beskriver reningsprocessen i det undermedvetna, ett "modus operandi" som vi har satt i rörelse. Jag fortsätter att tala och allteftersom minuterna går blir min klient mer och mer avslappad. Vi flyttar oss snart bort från vår verklighets begränsningar och går in i ett tillstånd av samhörighet med det Högre Jaget, där jag, helt omedvetet, ofta beskriver samma bild som min klient uppfattar i sitt meditativa tillstånd, vilket bevisar att vi verkligen är i ett tillstånd av samhörighet. Det intressanta är att min klient vanligtvis ser den bild jag beskriver flera sekunder innan jag ens nämner den — vilket återigen bevisar vår stund av samhörighet. I vårt förändrade tillstånd kan vi se vackra scenarier med dalar och berg, stora träd med stora färgstarka frukter, blommor på marken ... och återigen råkar jag beskriva samma vackra totalbild, samma träd och blommor på marken som har dykt upp i klientens sinne, redan innan jag nämnt den.

Poängen är: Det vi ser är metaforer och symboler för idéer, möjligheter, eller till och med blockeringar i min klients undermedvetna. Det finns inga långa intellektuella eller psykologiska förklaringar. I själva verket är skeendet utomordentligt enkelt, eftersom allt utförs genom vår gudomliga anslutning, där allting samordnas i en gemenskap med Anden. Och Anden eftersträvar alltid det Högsta Goda. Detta är vad det handlar om.

I början av min healingkarriär brukade jag ge offentliga gratisföreläsningar i tron att det skulle göra människor mer medvetna och intresserade av ämnet healing, och på många sätt kände jag att vi väckte ett intresse bland många som aldrig tidigare hade hört talas om ämnet healing. Det utvecklade också i hög grad min förmåga att tala och gjorde mig tuffare när det gällde att bemöta skeptiker. Till slut fann jag att skeptiker helt enkelt var totalt ovetande icke-troende som hade valt att leva kvar i ignoransens stora fält, vilket var mycket värdefullt för mig att känna till inför min framtid med healing. *Det är inte alla som vill bli botade, inte heller alla som vill öppna sitt sinne för ny kunskap.* Om du har beslutat att leva ett liv i begränsning kan ingen få dig att ändra dig, det är helt enkelt ett val som du har gjort djupt inom dig.

Donna kom till en av mina föreläsningar i södra Florida mitt under turistsäsongen. Jag la aldrig märke till henne under den timslånga föreläsningen men hon väntade på mig vid utgången medan publiken lämnade salen. "Jag skulle vilja boka ett möte med dig, hur mycket kostar det?" frågade hon med ett artigt leende, och verkade blyg och generad över att behöva ställa den frågan. Någonting hos henne fick mig att känna att det inte räckte med att bara ge henne ett visitkort som jag brukar göra när man ber om en privat konsultation. Det var redan mörkt ute när vi lämnade byggnaden och medan vi tillsammans gick mot parkeringen berättade Donna att hon var en arbetslös, men mycket kvalificerad massage-terapeut.

"Jag hörde att du skulle tala här i kväll och körde i två timmar för att höra dig tala", fortsatte hon. Jag log och kunde inte låta bli att ge henne en kram för att tacka henne för hennes besvär. Hon verkade så bortkommen och behövande. "Jag har inget jobb och inga pengar, jag måste lämna min lägenhet nästa vecka och vet inte vart jag ska ta vägen ..." och hon fortsatte att berätta om sin besvärliga situation. Återigen kände jag att det här var inte en av dessa vanliga personer som klagar, som lever i konstant brist och verkar trivas med det (ja, de existerar verkligen!). Hon hade helt enkelt drabbats av svåra tider — och det kan hända oss alla ibland. En önskan av att vilja hjälpa henne grep mig i det ögonblicket som en stöt, det fanns ingen anledning att vänta tills vi sågs på kliniken. Jag ville genast skänka henne en privat session.

Några minuter senare möttes vi under en av de stora lyktstolparna på parkeringen, med våra bilar sida vid sida med öppna dörrar som vette mot varandra, jag i min bil och Donna i sin bil, och vi satte igång med en "på tu man hand" healingsession. Det var min villkorslösa gåva till henne, vilket innebar att jag gav den till Universum utan några förväntningar eller villkor. Med mina handflator riktade mot henne skickade jag henne kärlek och ljus och några få kanaliserade budskap som ingen av oss medvetet kommer ihåg. De installerades i hennes undermedvetna för att hon skulle använda dem när tiden var rätt — och jag fortsatte att sända henne Ljus. Mindre än en timme senare skildes vi och körde åt skilda håll.

Några månader senare, när jag redan hade glömt Donna och vår privata healingsession på parkeringsplatsen, började jag få samtal från hela USA från olika förvärvsarbetande kvinnor i sina bästa år, tandläkare, advokater, företagare, och alla bad om privata healingsessioner. Eftersom jag befann mig i början av min healingkarriär välkomnade jag den nya uppmärksamheten. Men jag var förvånad över att så många från städer långt bortifrån och från hela USA hade hittat mig och fortsatte att hitta mig under många år framöver. Det verkade nästan, som om jag hade gjort en reklamkampanj på TV över hela landet. På frågan om hur de hade hittat mig sa de alla samma sak: "Donna, massösen på Ocean Hotell", där de nyligen hade deltagit i en konferens.

Donna, massageterapeuten. Ja, jag kom ihåg henne, vad hade hänt med henne? Som ett svar på min nyfikenhet fick jag så småningom ett vackert tackkort på posten från Donna. Som genom ett mirakel hade allt plötsligt förändrats till det bättre för henne nästan genast efter vårt möte. Allt omkring henne hade blivit ljust och positivt. Ett av de stora konferenshotellen vid havet erbjöd henne anställning som massageterapeut med garanterat arbete varje dag i veckan, utmärkt lön och alla förmåner, även gratis lunch på hotellets restaurang. Hon hade flyttat till en vacker ny bostad där hon kunde bo med sin katt, ha en liten trädgård och låta sina vänner komma på besök. Donna jublade över sitt nya liv, kände sig full av energi och var övertygad om att hela Universum nu var på hennes sida bara för att hon hade "funnit Ljuset" under vår healingsession.

Varför berättar jag den här historien?

Först och främst för att påminna oss om att det finns en underbar *Närvaro* med kärleksfull Energi *inom oss* tillgänglig för oss *alla* hela tiden och överallt var vi än befinner oss. Även på mörka parkeringsplatser.

Den viktigaste punkten är:

Att inte döma och begränsa sig utan vara helt villkorslös. Inte ha åsikter om vem och vad som är viktigt, eftersom i helhetsbilden räknas allt och alla lika mycket. Följ din intuition, följ ditt hjärta. Och när du ger, ge från hjärtat, för när du gör det ger du till Universum, och Universum kommer att belöna dig. Det innebär också att när du ber om något måste du be från hjärtat.

När du gör det kommer du att bli hörd och, återigen, du kommer att belönas. Det är så det fungerar.

Här är en annan berättelse för att illustrera den enhet/samhörighet som vi är en del av — det enda vi behöver göra är att lyssna och behålla ett öppet sinne.

Kathryn C, en erfaren jurist och god vän till mig blev händelsevis och utan att be om det visad innebörden av samhörighet, i en situation där allt och alla består av energi och hur vi alla tillsammans formar en obegränsad enhet. Jag kände många i hennes familj och i synnerhet hade jag haft glädjen att få träffa hennes mor innan hon lämnade detta jordeliv.

En dag skulle Kathryn och jag träffas för lunch på en av de italienska restaurangerna i området där vi bodde. På väg till restaurangen dök plötsligt och utan förvarning Kathryns mamma upp på min inre (mentala) skärm. "Jag vill att du ska tala om för Kathryn att allt kommer att ordna sig för henne", meddelade hon. Därpå gav hon mig ett stort leende och försvann efter bara några få sekunder. Jag tänkte inte så mycket på det, men när jag senare satt med Kathryn på restaurangen delgav jag henne budskapet från hennes mor, att allt skulle ordna sig i hennes liv.

Till min förvåning, började Kathryn gråta. Hon var överväldigad. Och något chockad.

Och sedan berättade hon för mig:

DET VITA LJUSET

"Du förstår, på väg hit tänkte jag på mamma, eftersom jag i mitt inre talar med henne ibland och jag bad henne att ge dig, Helena, ett meddelande till mig. Jag går igenom en tuff period i mitt privatliv just nu och jag är inte säker på att jag fattat de rätta besluten ..." Kathryn gjorde en paus innan hon fortsatte. "Och nu, nästa sak som händer är att mamma kontaktar dig och ger dig det svar som jag letade efter, och avslutar med att du ska föra budskapet vidare till mig. Det här är nästan för bra för att vara sant, men jag vet att det är det ..." Kathryn gjorde återigen en paus. "Det här betyder ju att mamma hörde mig! Och att hon är med mig. Jag kan inte tro det, men naturligtvis, jag tror verkligen på det." Kathryn var både glad och chockad. Jag hade ingen aning om att hon gick igenom en svår tid i sitt privatliv och att hon saknade det stöd som hon brukade få från modern när hon levde. Men hon hade frågat sin mamma impulsivt från hjärtat — och fick sitt svar. Hon var inte så ensam som hon hade trott. Hennes mamma var fortfarande med henne.

Slutsatsen av historien är att våra kära efter att de lämnat det jordiska har förvandlats till energi och är inte så långt borta som man har fått oss att tro. I våra tankar kan vi med våra känslor återskapa deras närvaro om vi önskar det. Vi måste fortfarande komma ihåg att inte blanda ihop dimensionerna, eller försöka vandra mellan dem. Det leder bara till förvirring. För vi lever i den här dimensionen av här och nu och det är viktigt för oss att komma ihåg det.

239

Sensmoralen är: Våra tankar, känslor, önskemål och de där små personliga samtalen som vi ibland processar i vårt sinne med våra avlidna nära och kära, betyder mer än vi anar. De hörs genom alla dimensioner. Orsaken är: I *den högre vibrationens verklighet* är allting här och nu. Där finns inga begränsningar och inga gränser. Allting finns där för oss, även om det kan vara svårt för oss att förstå det ibland. Vi är de som bestämmer hur långt vi ska fortsätta och det kan vi genom att använda vår föreställningskraft.

Nina och David var grannar till oss i Miami. David var en framgångsrik affärsman, ensam ägare till sitt företag med filialer över hela världen. Hans fru Nina var en populär inredningsarkitekt och mycket kunnig inom det metafysiska området.

Nina och jag var nära vänner och även om vi inte alltid träffades personligen, så talade vi i telefon med varandra nästan varje dag.

Utan några tidigare tecken på hälsoproblem, vaknade Nina en morgon inte upp från sin nattsömn. Hennes hjärta hade plötsligt slutat slå under sömnen och hon hade gått vidare in i Livet Efter Detta. Så lätt ett liv kan slockna. Jag blev chockad och saknade min goda vän. Livet skulle inte bli detsamma utan henne i mitt liv. Och sedan hände det: Plötsligt en dag hörde jag Ninas röst ringa i mina öron "Min tid var ute", sa hon upprepade gånger. Under flera dagar kommunicerade hon med mig telepatiskt och meddelade att hon var upptagen, medan jag uppfattade henne som en bild på min inre mentala skärm. Hon såg glad och lycklig ut, och enligt bilden möblerade hon om ett nytt hus. Med andra ord, hon gjorde fortfarande det som hon gillade bäst, och lät mig veta att hon trivdes bra i sin nya tillvaro. Jag saknade våra underbara samtal och goda skratt från förr och sörjde, för en god vän är svår att finna. Men efter en tid med sorg och saknad bestämde jag mig för att fokusera på mitt familjeliv och återgå till mitt välgörenhetsarbete. Livet är ju till för oss som lever här och nu! Inte för dem som har lämnat det bakom sig.

Flera veckor senare när jag körde på motorvägen för att besöka vänner söder om Miami dök Nina plötsligt och oväntat upp framför mig på min inre (mentala) skärm, som om hon hade placerat sig precis mitt på vindrutan. Hon blockerade nu min sikt när jag körde med hög hastighet genom den täta trafiken på motorvägen.

"Tala om för David att jag inte gillar de där stora lådorna som stökar till det i gästrummet. Jag tycker att han borde ställa dem i garaget, där finns det gott om plats!" hörde jag Nina säga till mig, och sedan försvann hennes bild lika snabbt som den hade dykt upp. Hennes röst var klar och tydlig som den alltid brukade vara. Jag hade inte varit i kontakt med David sedan Ninas bortgång och var inte säker på om jag skulle berätta att Nina hade uppenbarat sig för mig. Men eftersom det verkade så viktigt för henne gick jag över till hans hus och han öppnade dörren nästan omedelbart. Han var glad över att se mig och vi växlade några ord om gamla tider när Nina fortfarande levde.

"Du anar inte, Nina visade sig för mig tidigare idag och berättade för mig att du förvarar en del stora lådor i gästrummet.

Hon tycker inte om det och vill att du ska ställa dem i garaget, eftersom det nu finns gott om plats där." Det verkade som om David var tvungen att hämta andan innan han kunde tala igen, och sedan log han. "Jösses, hon är likadan nu som förr, och håller fortfarande koll på vad som pågår. Tala om för henne att jag tar lådorna och sätter dem i garaget omedelbart. Jag glömde bort att det finns gott om plats i garaget nu när jag gett hennes bil till vår yngste son, hon upptäckte det också..." Sedan skrattade han högt: "Fantastiskt, inget undgick henne när hon levde, och det gör det fortfarande inte. Hur länge tror du att hon tänker se efter mig? Tala om för henne att jag saknar henne och att jag älskar henne. Jag ska hålla huset i gott skick från och med nu." Och tydligen gjorde han det, eftersom Nina aldrig kom tillbaka till mig igen med några nya meddelanden avsedda för David. Ett par år efter Ninas bortgång började David dejta igen, men han tog aldrig med sig någon av sina dejter hem till huset, för han inbillade sig att det skulle kunna göra Nina upprörd!

Det vi känner som döden, vad är det — och vad är det inte? Kanske är det helt enkelt en fråga om medvetande! Jag tror fortfarande att vi måste fokusera på den dimension där vi lever och vistas, nu. Jag tror inte på lekar och spel där vi försöker kontakta den Andra Sidans okända dimensioner. På så sätt kan vi locka till oss oönskade energier som kan bli svåra att bli av med. Men jag tror på värdet att intuitivt vara i kontakt med en älskad person som gått över till andra sidan för att göra det lättare att komma över förlustens smärta och sorg. Jag råder ofta dem som har förlorat en nära anhörig att visualisera dem i sitt sinne- och tala till dem med Kärlek och Ljus i sina hjärtan. På något sätt fyller det tomrummet för de efterlevande och deras förlust blir lättare för dem att bära, eftersom Kärlek och Ljus inte känner några gränser.

8

Vi tillhör alla Naturen
vare sig vi vill eller inte

För att göra det möjligt att återställa den fysiska balansen hos en individ och bättra på hans eller hennes välbefinnande, börjar jag med att anpassa mig intuitivt till den individens vibrationsfrekvens. Det spelar ingen roll om individen är ett djur eller en människa — oavsett vilket så är vi alla förenade med varandra i ett energifält av kommunikation, avsikt och samhörighet. Allt är fyllt av avsikt och mening och den meningen skickas ut i Universum, som en vibration, en speciell ljudvåg, en frekvens, en avsiktlig ton, och Universum besvarar i enlighet med den utsända vibrationen. Den vibrationen måste vara av "rätt sort" — ren, ärlig och från hjärtat. Orsaken är att avsikten, intentionen, är den grundläggande hemligheten i healing, samma grundläggande energi som i sann bön — en frekvens.

Allt och alla omkring oss är en form av vibration. Var och en av oss har sin egen vibrationsfrekvens som definierar vem vi är, en frekvens som även omfattar våra tankar och känslor. På många sätt berättar denna frekvens mer om dig än om du visat mig ditt pass, medicinska diagram, vigselbevis eller universitetsbetyg.

Om min klient råkar vara ett djur, till exempel en häst, katt eller hund — så pratar jag fortfarande med djuret för att skapa en energi av samhörighet runt oss, och djurets ägare kan vara närvarande och lyssna på vad jag har att säga. Det spelar ingen roll för djuret om ägaren är närvarande och om ägaren lyssnar eller inte. Det kommer inte att ändra resultatet av healingsessionen, men djurets ägare är oftast intresserad av det jag har att säga. Jag vet inte hur mycket djuret lyssnar eller ens bryr sig om att lyssna. Mina ord har ingen betydelse för djuret — det är *energin i avsikten* som ger läkning. Djur besvarar avståndsbehandling mycket bra och verkar utan svårighet kunna ta emot healingenergi, förmodligen av den orsaken att deras koppling till naturen är starkare än vår och därför är de mer känsliga för alla typer av naturliga vibrationer som kommer i deras väg.

Djuren verkar veta intuitivt vad som är bra för dem, och de har inga problem med att fånga upp healingenergier om de inte mår bra. Det är naturligt för dem. Som djur har de aldrig intellektuella invändningar. De för aldrig in allehanda jämförelser med andra healingmetoder på samma sätt som människor kan göra, vilket ofta kan stoppa eller bromsa en läkningsprocess. Djur slappnar av och tar emot villkorslöst utan invändningar när de är sjuka, och bryr sig inte om något annat. De flesta av oss homo sapiens måste påminnas om att vi alla — människor, djur och natur — är en del av samma samhörighet och att vi lever i absolut symbios, en samhörighet och ömsesidigt beroende av varandra, där allas liv räknas. Djur och allt levande i naturen kommunicerar inte bara med varandra, de kommunicerar också med oss människor — även om vi sällan är medvetna om att så är fallet. Vi är så förankrade i våra vanor och låsta i vår box av mänskliga begränsningar att vi ofta vägrar att förstå både vår närhet till och beroende av, naturen.

Och när vi intuitivt tar emot tankar och önskemål från våra husdjur och övriga varelser i naturen tror vi att det inte är något annat än vår fantasi. Så vi låter det passera utan att lyssna på våra föraningar helt enkelt därför att vi inte förstår att vi, människor och allt levande liv omkring oss, är en del av naturen, och vi förstår mer om den än vad vi vågar medge. Med andra ord är naturen och vi en kollektiv enhet, en samhörighet — där vi alla deltar, sammanbundna med en energi med ett högre syfte. En energi som bor inom oss alla, vem och vad vi än må vara, och alltid är tillgänglig för allt och alla. Ju mer du använder din naturliga samhörighet med denna Högre Kraft desto starkare blir din medvetenhet om allt liv, desto intensivare blir din vibrationsfrekvens och desto klarare blir dina andliga insikter. Om den medvetenheten skulle vara en *kollektiv* medvetenhet tror jag att vi skulle uppleva ett paradis här på jorden.

Jag tror också att just det är det högsta målet för mänskligheten. Det kan låta som en utopi — och hittills har det varit så. Jag är fortfarande övertygad om att helvetet eller himlen är något vi skapar här på Jorden och vår medvetenhet här och nu bestämmer riktningen för vad som kommer att ske. Inte bara i det här livet utan även in i nästkommande liv. Framtiden är en naturlig konsekvens av våra själsliga insikter.

∞

När husdjur inte mår bra kontaktar ofta deras ägare mig för att, som en sista utväg, ta reda på vad som är fel med dem, om deras veterinär inte kunnat hjälpa. Vissa veterinärer har också kontaktat mig när någon av deras patienter, ett sjukt husdjur, inte har kunnat göra sig förstådd, eftersom det inte talar samma språk som veterinären. Det är ingen större skillnad mellan djur och människor och hur vi fungerar eftersom i stort sett är våra mänskliga organ och djurens organ mycket lika. Precis som vi påverkas djur av känslor och trauman i sina personliga liv. Djur fungerar och reagerar på samma sätt som vi, och ja, likheter finns även vad gäller huvud, ben, skelett, vävnader och organ, inklusive känslor och tankar. När de har smärta preciserar de inte sin smärta på samma sätt som vi, antagligen därför att de inte alltid känner till våra ord. De tenderar att känna in helheten tillsammans med olika grader av förnimmelser och intryck. Å andra sidan kan en naturlig healer känna in om djuret har en magåkomma, problem med tassar eller hovar, öronvärk, ryggradsbekymmer, höftvärk, etc.

Husdjur är fysiskt medvetna. Som ett exempel har ett flertal hundar "berättat" att det vanliga "loppschampobadet" fick dem att må dåligt och ofta gav dem huvudvärk, vilket är anledningen till att jag slutade att ge den behandlingen till alla mina hundar. Ett av marknadens hårschampon mot mjäll för människor visade sig vara bättre mot loppor och fästingar och hundarna berättade att de gillade det mycket bättre. Djur har starka sympatier och antipatier och berättar det också på sitt speciella sätt genom sina önskemål som vi bör försöka respektera.

Men å andra sidan, kan husdjur också vara krävande och själviska, precis som bortskämda barn och kan utnyttja tillfället att dra fördel av sin kärleksfulla ägare när de kan.

Våra husdjur vill att vi ska respektera deras sovplatser och mat — det ger dem trygghet och betyder mycket för dem. När min nya hund kom hem första gången kände hon sig inte riktigt hemma förrän hon hade skapat sitt eget lilla krypin i avskildhet bland några hibiskusbuskar på baksidan av trädgården. Där hade hon samlat olika saker från huset — en liten kudde, en handduk, ett par barnskor, strumpor, ett ben och en del leksaker. Efter en tid när hon kände sig trygg i sin nya omgivning tog hon inte alls illa upp när vi bar tillbaka sakerna in i huset. Hon hoppade glatt runt mig och lät mig förstå att det var okej för henne att släppa sitt lilla gömställe. Djur är mycket medvetna och har också känslor och det är på tiden att vi förstår att så är fallet med våra fyrbenta vänner.

Jag har ett barndomsminne av Rosa, den yngsta av våra kor på den tiden. Varje morgon tog ladugårdsförmannen ut korna till det inhägnade fältet, och vid kvällningen förde han dem tillbaka till ladugården där de mjölkades och utfodrades igen.

Rosa var något mindre än de andra korna och producerade inte lika mycket mjölk, men ingen verkade bry sig. Liksom alla kor var hon en del av familjen. Snart märkte jag att en stund efter att alla kor hade förts ut på fältet, lämnade Rosa de andra korna och tog beslutsamt sikte på den bortre änden av fältet som vetter mot skogen. Där klev hon skickligt genom det tvåtrådiga ståltrådsstängslet och försvann in i skogen. Hon visste exakt hur hon skulle gå till väga utan problem. Rosa hade en utmärkt känsla för timing. När kvällen kom var jag alltid orolig, men Rosa var jämt tillbaka med de andra korna i god tid. Hon klev helt enkelt tillbaka in på fältet på samma sätt som hon klev ut... Hundar, katter, hästar vet hur man hittar tillbaka hem — varför inte kor? Jag fann att hon gjorde detta varje dag hela sommaren, nästan som någon slags protest mot etablissemanget. Jag antar att det fick henne att må bra.

Jag tog snart med mig några av mina små lekkamrater, och vi såg alla Rosa klämma sig mellan de två ståltrådarna, utan att bry sig om oss barn. Jag visste att hon hade gjort bedömningen att aldrig göra detta framför förmannen eller andra vuxna, så jag bad de andra barnen att inte berätta för någon. I många år förblev det en hemlighet mellan oss barn och korna.

Djurs energifrekvens skiljer sig från vår. Varje art har sin egen vibrationsfrekvens. Det är så de hittar varandra. När de går igenom stressiga tider kan de ha samma känslor som vi, även om de lättare kan anpassa sig till hårda förhållanden än vi människor. Jag talar inte som en vetenskapsman utan av egen erfarenhet. Efter att ha arbetat med både människor och djur är jag mycket känslig för individens känslor och intryck, vilket gäller både människor och djur.

Ibland går energierna i kroppen helt enkelt åt "fel håll" och ställer till smärta och förvirring för den enskilde individen. Det kan handla om ett husdjur, en man, kvinna eller ett barn. I de fallen behöver jag bara rätta till *energiriktningen*. I stället för att livsenergin går in i en vänsterrotation, som jag brukar se som negativ energi, ändrar jag intuitivt livsenergin till att gå över i högerrotation. Efter en stund förefaller det som om hela kroppen, organ och känslor är tillbaka i balans och individen mår också mycket bättre. Som ni kanske förstår är det här en mycket förenklad förklaring — det är sällan så enkelt.

Slutsatsen är: Människor och djur är bara olika versioner av exakt samma sanning. Låter detta för enkelt eller helt omöjligt? För det mesta är sanningen mycket enkel. Det är vi som gör det så komplicerat — framför allt eftersom vi sätter logiken som en sanning och bortser helt från att intuitionen kan ge ett möjligt alternativ. Vi tenderar att tro att vi kan återskapa allt vi upplever på papper med olika logiska förklaringar och fina ord, och vi förlitar oss helt på dessa fakta bara för att det är så långt som begränsningarna i vår hjärna kan ta oss. När vi inte kommer längre är vi för stolta för att erkänna vår bristande förmåga — så vi förnekar hela ämnet, även vår intuition. Ja, vi till och med bortser från uppenbara resultat bara för att vi inte kan bevisa hur processen gick till.

Djur har en mycket stark känsla av respekt, starkare än vi människor enligt min mening. När jag var på mitt lantställe i västra Sverige i somras kontaktades jag av Maria, en av de lokala bönderna. Maria är en medelålders, godhjärtad kvinna som sköter en ganska stor gård med en arbetshäst, kor, en gris och en hel skock av frigående hönor. Djuren verkade glada och må bra. Hennes häst var den enda hästen i stallet men han var omgiven av hönor och ett par stallkatter och verkade nöjd med sin dag. Maria ville att jag skulle "tala med hennes häst" en stund. Men hennes främsta skäl att konsultera mig var hennes hundar — tre vackra bulldoggar, en tik och två hanar. Honhunden verkade sjuk och låg ensam i ett hörn och rörde inte sin mat. Veterinären hade inte funnit något fel på henne och Maria var nu orolig att det kunde vara något allvarligt fel med hunden och ville att jag skulle ta reda på orsaken till problemet.

Hundens namn var Sessan. Så snart jag anlände kom Sessan fram till mig, som om hon ville berätta något. Djur skickar signaler till oss hela tiden. Deras känslor är mycket distinkta och kan lätt uppfattas intuitivt om vi bryr oss om att lyssna. Djur är också mycket känsliga för våra känslor och reagerar på dem på ett eller annat sätt. De försöker ofta trösta oss och vill att vi ska må bättre när vi gråter och har ont; vi har alla sett det hända.

Så snart Sessan kom för att hälsa på mig, ingrep de två hannarna omedelbart och sköt bort henne, slickade mina händer och visade mig hur mycket de gillade mitt sällskap — tydligen ville de få mig att tro att de älskade mig mer och att Sessan inte brydde sig så mycket om mig. Jag såg genast situationen och frågade Maria om Sessan och jag kunde gå ut på verandan tillsammans, utan de två hanhundarna. Sessan tycktes gilla det arrangemanget och hon såg med glädje hur hennes matte stängde dörren bakom

251

oss och lämnande de två hannarna inne i huset. I triumf hoppade Sessan upp på bänken, satte sig bredvid mig, vände sig mot mig och skickade mig omedelbart signaler att hon ville kommunicera med mig. "De ger mig bekymmer", lät hon mig veta. "De rör till det och jag får skulden. De äter min mat, förstör mitt vatten och tar över mitt liv. Jag är missförstådd och ingen älskar mig."

Många i min publik brukar skratta när jag talar om djur som om de vore människor, och hur djuren berättar för mig om sådant som berör dem. De talar inte nödvändigtvis med olika läten, även om de ibland också gör det. De sänder sina tankar och känslor till oss, och jag får dessa meddelanden telepatiskt som snabba "glimtar" i mitt sinne. Vi kan alla ta emot meddelanden från våra husdjur när vi bryr oss om dem tillräckligt, eftersom våra djur skickar oss signaler av något slag hela tiden. Det handlar vanligtvis om gillande och ogillande, om olika behov som promenad, mat, vatten, kärlek och deras viloplats. Respekt är viktigt för de flesta djur och de tycker om att dela sin oro och funderingar med någon som förstår.

"De ger mig bekymmer", kommunicerade Sessan till mig igen. Uppenbarligen visade de henne ingen respekt.

"De" var de två andra hundarna. Och jag fick hela historien om hur de två hannarna mobbade henne, tog det som var hennes, och hur de drog fördel av mattes vänlighet när det gällde godsaker. I sådana situationer lämnades alltid Sessan utanför, mycket upprörd över att Maria inte ens märkte henne. Detta hade gjort att Sessan hade ont i magen, kände sig ensam och oönskad. Hennes glädje var borta, så även hennes självkänsla.

Det sägs att en vanlig hund har en intelligens åtminstone som ett tvåårigt barn, men jag skulle vilja säga att den ofta har mer, i många fall till och med mycket, mycket mer. Det finns smarta djur precis som det finns smarta människor, men naturligtvis finns det mindre smarta djur på samma sätt som det finns otroligt enfaldiga människor.

Sessan och jag gick efter en stund tillbaka till de andra hundarna, nu i köket tillsammans med Maria som höll på med att laga middag. De två hannarna var först inte alltför villiga att lyssna, utan mer inställda på att "lura till sig" en omtänksam klapp från mig. Men i samarbete med matte, som med varsam hand omedelbart beslöt att förbättra situationen, tog deras liv snart en ny vändning.

Samma natt och alla följande nätter fick Sessan sova i Marias säng medan hannarna var tvungna att sova på golvet som vanligt. På ett sätt brydde de sig inte, de hade varandra och tyckte om att sträcka ut sig på golvet. Men Sessan brydde sig, och det förbättrade omgående hennes självkänsla. Redan nästa dag var hon tillbaka i sitt normala lekfulla jag igen. Hundar brukar inte hysa agg så länge. Efter vad jag har hört är allt fortfarande bra. Sessan hade inte någon dold sjukdom som alla hade fruktat — det enda hon behövde var lite respekt och förståelse från dem hon älskade.

Vissa kan bli chockade över att jag så självklart jämför djur och människor. Naturligtvis gör jag det. När du väl har fått förståelse för en annan levande varelse, älskar du och förstår alla levande varelser.

Det betyder inte att jag älskar ormar och hajar, men jag respekterar dem för vad de är och vill att de ska stanna där de hör hemma. Helt klart hör jag inte hemma bland dem. Detta är en del av innebörden av respekt: Vi bör alla visa respekt för varandra. Anledningen till att fåglarna sjunger är att påminna oss om respekt, de berättar för världen att det är här de bor. "Håll er utanför, håll er borta, respektera mitt hem och domän. Håll er härifrån."

Vi är alla en del av samma värld och samma energi. Det är viktigt att vi inkluderar förståelse för alla levande varelser i vårt liv.

Jag hade tre underbara dobermannpinschers, samtliga tikar. När jag köpt den första, hennes namn var Amber, hävdade min man och alla mina vänner att jag gjort ett stort misstag. De ansåg att dobermannpinschers var farliga att ha runt barn. Jag fann snart att inget kunde vara mer fel och snart skaffade jag min andra dobermann, Cinnie. Precis som Amber var hon redan vuxen och dresserad. Men passade vi för varandra? Redan från första dagen satte hon mig på prov för att ta reda på om jag var tillräckligt smart för att vara hennes värdiga ägare. I två veckor testade hon mig. Jag var tvungen att uttrycka mina kommandon på rätt sätt, annars ignorerade hon mig medvetet. Jag måste visa henne respekt annars ignorerade hon mig totalt. När det inte fungerade mellan oss och jag inte förstod hur jag skulle gå vidare ringde jag hennes tränare, men blev tillsagd att ge oss litet mer tid eftersom detta var en intelligent hund och hon ville att jag skulle vara en intelligent ägare. Det var faktiskt Cinnie som utbildade mig till att förstå hennes kommandon och jag var tyvärr inte så lättränad.

Slutligen, en morgon kom Cinnie springande mot mig, hoppade högt och satte frambenen på mina axlar, slickade mig i ansiktet och visade att hon hade accepterat mig. Jag hade samarbetat på hennes vis, enligt en hunds sätt att tänka. Den här erfarenheten berättar jag för hund- eller kattägare när de har problem med sina djur. Även om våra husdjur lever med oss och förstår och älskar oss villkorslöst, så glömmer vi ibland att trots att de är medlemmar av familjen så är de fortfarande inte människor. Djur jämför villkor och situationer efter sitt sätt att känna och tänka som djur, inte på samma sätt som människan ser på livet och de omgivande omständigheterna. Något som alla djurägare bör komma ihåg.

Jag förvånades över hur mina hundar brydde sig om alla i familjen. De hade en naturlig instinkt att ty sig till oss och skydda oss, med en intelligens högre än man förväntar sig. Även när hänsynslösa barn sparkade på dem, kastade leksaker på dem och drog dem i öronen så drog de sig stilla och tyst därifrån. Jag var förvånad över deras tålamod och förståelse. Ingen människa skulle ha stått ut med samma beteende.

Efter några år skaffade jag ännu en hund, en tredje dobermanntik. Hon var mycket yngre, full av entusiasm och charm. Tyvärr ville hon genast ta ledningen i flocken. De andra två hundarna hade redan etablerat sin rangordning och det fanns inga problem mellan dem. När den tredje dobermanntiken, Blinker, klev in på scenen hade hon ingen avsikt att respektera den redan etablerade rangordningen, utan utmanade omedelbart Amber, den äldre ledaren. Under de närmaste veckorna utbröt plötsliga och intensiva strider mellan Amber och Blinker, oftast resulterande i stora blödande sår runt halsen, och jag var tvungen att köra till djurakuten vid alla tider på dagen för omedelbara operationer. Jag var bekymrad men veterinären försäkrade mig att detta ingick i en tillfällig maktkamp om ledarpositionen. Hade de velat döda varandra skulle de redan ha gjort det.

Jag glömmer aldrig när jag kom hem med Amber efter en extra hård fight, och hon hade ett stort bandage runt halsen som täckte alla hennes stygn. Av någon anledning verkade hon stolt när vi kom in i huset, när hon stod högrest framför de andra hundarna, stolt förmedlande budskapet att hon var obesegrad trots det djupa bettet i nacken. Det verkade som om det stora bandaget sågs som en trofé. Den yngre hunden sprang genast fram till henne och hälsade — tydligt med respekt den här gången. Det stod klart att hon nu hade accepterat Amber som flockens ledare. Från och med den dagen förekom inga fler slagsmål. De var nu alla goda vänner och njöt av livet tillsammans, de bästa hundar jag någonsin haft.

När jag senare utökade vår hundfamilj med ytterligare två små knähundar var jag först orolig att de stora hundarna skulle skada de små hundarna, så jag beslöt mig för att först presentera de små hundarna för mina dobermannpinscher-damer. Med knähundarna sittande på mitt knä lät jag dem förstå att de alla skulle leva med oss. Jag skickade intensiva tankar till de större hundarna och berättade för dem att de fortfarande var bäst och att de var tvungna att visa respekt för de små hundarna. När du skickar kommandon och känslor till dina djur är de oftast smarta nog att förstå. Om du är nervös och upprörd skulle det bara förvirra djuren. När jag väl berättat om allas ställning verkade hundarna inte bry sig längre, och allt gick bra därefter. Precis som med små barn måste vi låta våra djur få veta vilka regler som gäller för en trygg samvaro. Det finns inget annat sätt.

Jag tycker om katter, men det tog lång tid innan jag kände att tiden var mogen att skaffa en katt till ett hushåll så fullt av hundar. När katten anlände satte jag mig i en fåtölj i vardagsrummet med katten i knät och kallade omedelbart in alla hundarna. Nyfikna satte de sig alla framför mig. "Det här är Shanty", berättade jag. "Ni måste acceptera henne. Om ni skadar henne på något sätt stannar *hon* — men ni måste lämna huset." Jag skickade tanke och intention med varje ord jag uttalade. Det här var ord de kände till. Alla verkade ta till sig meddelandet.

Efter mitt uttalande blev hundarna mer intresserade, de kom närmare och försökte få vittring på Shantys lukt. De hade sett katter förut och alltid skällt på dem och jagat bort dem, så nu var de verkligen nyfikna. Men Shanty lät ingen tid gå till spillo. Med en uppsyn av överlägsenhet och fortfarande i mitt knä sträckte hon ut sitt högra framben med utspärrade klor och drog det snabbt över nosen på alla hundarna. Alla kved av förvåning och förmodligen lite smärta. Shanty hade tagit saken i egna händer. Hon hade visat hundarna att hon från och med nu ville mötas med respekt. Nästa morgon vaknade jag med allesamman i min säng liggande på rygg med benen i vädret och i harmoni med varandra. Det enda som behövdes för att vi skulle leva i fred med varandra var att sätta upp regler och visa respekt för varandra.

Varför berättar jag det här?

Det är så lätt att glömma att vi lever i samma värld, tillsammans med allt levande, och att respekt för den enskildes liv också har bäring på alla arter av liv bland oss. Alla behöver en viss respekt. Det betyder inte dominans över andra, inte heller att vi av rädsla ska bygga murar för kontroll mellan oss. Djur behöver också respekt och förståelse. Även de är en del av vår värld. Utan djuren i alla deras former och storlekar förlorar naturen sin balans och vi människor skulle få svårt att överleva.

Återigen, fåglar sjunger för att andra ska respektera deras näste och avkomma — "kom inte nära, respektera att det är vårt och allt kommer att bli bra." Meddelandet jag hade skickat till mina djur var att vi alla lever i samma hus — var den du är men låt oss vara vänner. Exakt samma budskap försöker jag berätta om oss, vi människor i den här världen, och om syftet med att samexistera.

Åren gick och till familjens stora sorg måste vi låta den äldsta hunden, Amber, gå till vila. Jag önskar jag kunde göra något åt det, men jag kan inte besegra ålderdom. Alla grät, men det var dags att säga adjö. Att behöva säga adjö till vår gamla vän, kamrat, barnvakt och livvakt var svårt, mycket svårt. Hon som gett oss så mycket glädje. När jag var på veterinärkliniken för att ta ett sista farväl var jag tveksam. Jag grät och ville inte skiljas från min gamla vän. När Amber såg mina tårar höjde hon huvudet mot mig. Hon var mycket svag och kunde inte stå, men hon tittade ordentligt på mig. Hon reste sig en aning och på hundspråk började hon yla högt, inte skälla utan högt uttrycka sin smärta och hur mycket den störde henne. Jag hörde hennes budskap. "Jag är trött och det är dags att gå. Håll mig inte kvar längre, låt mig få gå, jag vet att det finns en bättre plats för mig ..." Minuterna gick medan hon intensivt såg på mig och fortsatte att yla. Hon visste att hennes tid var inne, hon kunde inte vara ledare längre, hennes organ hade kollapsat, och hon hade levt på övertid. Amber förstod — hon gav upp sin ledarposition och kunde inte tjäna längre. Hon var nu beredd att ge sitt liv.

Men jag hade problem med att låta henne gå. Hon var någon som så villkorslöst hade tjänat hela familjen. Efter många långa minuter slutade hon att yla. Jag märkte att hon ville att jag skulle lämna, så jag kramade henne adjö och tackade henne för den tid som varit. Mitt hjärta värkte och jag kunde inte hålla tillbaka tårarna.

Varför måste ett bra liv ta slut och varför måste man se dem man älskade så mycket gå bort? Och ännu en gång, förlust inträffar, sorg inträffar. Det känns som att dö lite när man måste säga adjö till någon som varit en del av ens liv. Det är kärleken som räknas, inte alltid vilka de var.

Den första natten efter att Amber inte återvände hem höll sig de andra två dobermanntikarna tätt tillsammans. De åt inte och ville inte kommunicera med oss eller de två små knähundarna. De visste att Amber aldrig skulle komma tillbaka, det fanns ingen tvekan, vi såg det alla, de sörjde.

Under flera dagar efteråt kunde den yngre hunden Blinker, som kämpat med Amber om ledarpositionen, inte gå tillbaka in i huset på natten. Hon låg nere vid vattnet och tittade upp i skyn. Hon saknade sin vän och ledare. Under hela deras tid tillsammans hade de visat respekt för varandra och delat livet tillsammans. Cinnie, mellanhunden, aspirerade aldrig på ledarskapet. Hon hade helt enkelt flutit med strömmen och låtit de andra två hundarna sköta styret.

Vi måste lära oss att respektera våra djur för det de är, medlemmar i en värld där vi alla samexisterar med varandra. Djur har känslor och åsikter och ett själsmedvetande, och även de tillhör den värld vi kallar Evigheten. Amber hade varit vår vakthund, men slutade som familjemedlem och sin matmors hjälpreda. Hennes bedömning av vad som var så kallat bra eller dåligt var otrolig. Vi kände att vi kunde lita på henne med våra liv, som hon kunde lita på oss med sitt.

Varför berättar jag den här historien?

Svar: Respekt. Respekt. Respekt.

Att respektera allt liv och varandra, vem du än må vara och vad den andra än representerar. Att säga att du är ledsen när du av misstag trampar en hund på tassen precis som du skulle ha gjort om det hänt med en människa. Att visa förståelse för allt liv omkring oss. Det handlar inte bara om mig, mänskligheten och "min grupp" inom mänskligheten, inte bara våra åsikter och min "stams" synpunkter. Djur och natur har också känslor. Det är vår uppgift att lyssna på allt liv som rör sig omkring oss, att lära oss förstå det och agera därefter.

Jag berättar ofta om de vilda katterna på Mallorca, denna lilla drömö i Medelhavet inte långt från Spaniens östra kust. Från tid till annan under turistsäsongen har jag gett seminarier på Mallorca för deltagare från olika europeiska länder. Under sommarsäsongen köper tanklösa turister, som tillbringar hela sommaren på ön, tyvärr små kattungar eller valpar från de lokala bönderna som sällskap åt sina barn. När sommaren är över lämnar de inte bara ön utan även husdjuren de förvärvat lokalt, djur som älskat och litat så mycket på dem. Nu när de lämnats ensamma, tyr de övergivna djuren sig till varandra och drar genom gatorna i städerna och byarna på jakt efter mat. Ofta matas de återigen av turister och överlever med nöd och näppe. Det gör djuren orädda för människor och förvandlar dem till ganska så beräknande tiggare, som förstår hur man kan dra nytta av situationer för att få tag på ett fint stycke mat från privata hem eller från gäster på uteserveringar.

Jag minns ett speciellt tillfälle då jag, efter att hela dagen ha lett ett seminarium på ett lokalt hotell, kom hem med en fortfarande rykande pizza från en restaurang ett kvarter längre ner på gatan. Jag såg fram emot att sätta i mig min pizza i lugn och ro efter en lång dags arbete. Väl hemma parkerade jag bilen utanför mitt muromgärdade hus, men så fort jag klev ur bilen omgavs jag av förmodligen två dussin hemlösa katter som drogs till platsen av doften från nybakad pizza. Men de lämnade mig omedelbart när jag gick mot porten inbyggd i muren som omgav fastigheten. Men när jag kom till porten hade en katt lämnat de andra katterna och väntade på mig framför porten. Medan jag låste upp pratade jag med katten och förklarade för henne att det var på tok, men hon kunde inte följa med mig in, hon var tvungen att stanna kvar på gatan. Hon verkade inte bry sig, eller kanske var min spanska inte tillräckligt bra. Istället strök hon spinnande huvudet mot mina ben och visade att hon var min vän. Jag lämnade henne ändå kvar där ute, gick in i huset och fortsatte ut i köket på baksidan av huset. Döm om min förvåning när katten satt på fönsterbrädan utanför köksfönstret och såg på mig med stora ögon. Hur kunde hon hitta rätt fönster så snabbt? Hon följde min minsta rörelse och såg hur jag öppnade pizza-kartongen. Hon rörde på munnen som om hon pratade med mig. Jag satte på musik, placerade min pizza på en bricka och gick ut till min matplats utanför huset på den muromgärdade verandan. Och — där väntade katten på stolen bredvid min vanliga plats. Det kändes naturligt att hämta ännu en tallrik för katten och vi åt middag tillsammans vid samma bord! Jag var road eftersom

ingen huskatt någonsin skulle äta pizza med brödbotten och allt, och jag fick ännu en motiverande historia — hur framåtanda, företagsamhet, och målmedvetenhet hjälper dig att få det du vill. Om du riktigt starkt, och verkligen, verkligen, verkligen vill ha något, ge inte upp, fortsätt att försöka — och du får det till slut, Det spelar ingen roll vem du är....
Det är så det fungerar.

Det finns mer att hämta i den här berättelsen: För det första, vi lever i en värld av överskott, det är bara fördelningen som är fel, och vi kan alla hjälpas åt i den fördelningen på något sätt eftersom vi alla sitter i samma båt. För det andra, "be och du skall få" (Matt 7:7-11). Var ihärdig. Om en dörr stängs, försök med en annan dörr — eller till och med ett fönster. Vid vissa tillfällen måste vi kanske be om hjälp och anstränga oss mer. För vi kan inte bara sitta och vänta på att hjälpen ska komma till oss. Den här katten var ihärdig och fullföljde sin avsikt. Hon klöste mig inte och fräste inte åt mig. Hon var vänlig och kommunicerade med mig på ett sätt som jag förstod, och jag tyckte genast om henne. Hon förstod Den Gyllene Regeln: Ge till andra vad du själv väntar dig att få. Och hon var bara — en katt. Ändå kan vi alla lära av henne.

Kommunikation är viktig. Katten var noga med att visa mig sann uppskattning. Och hon demonstrerade tydligt att beslutsamhet och målmedvetenhet fungerar, speciellt tillsammans med vänlighet. I gengäld fick hon mat och vatten, precis det hon önskade. Efter att hon fått sitt, gav jag resterna till de andra katterna på gatan, så till slut var alla nöjda. Jag såg henne aldrig igen, inte heller de andra katterna. De flyttade vidare till nya kvarter i sin ständiga strävan att överleva — precis som vi. För vi fortsätter alla mot framtiden, mot överlevnad, på ett eller annat sätt. Och själva slutsatsen? När du ger, ge från ditt hjärta. Njut av ögonblicket och må bra av det. Förvänta dig inte något i gengäld. När du ger, ge villkorslöst och du kommer att bli belönad på samma sätt, villkorslöst, men inte nödvändigtvis från samma person som du en gång gav till. Detta är det enda sättet att ge. Glädjen i att ge är din belöning, oavsett vad du ger och vem som är mottagaren.

I min erfarenhet som healer, vilken inkluderar många hundar, katter och hästar, men även en del andra husdjur som råttor, kaniner och papegojor, har jag funnit att djur verkar reinkarnera i en varierande omfattning och intensitet. På samma sätt som vi, har djur minnen från tidigare liv, och de minnena kan påverka deras nuvarande hälsotillstånd eller beteende. Jag har bara arbetat med husdjur, ridhästar och gårdsdjur, aldrig med vilda djur i det fria.

Jag minns en liten vit ullig knähund, Lily. Hennes ägare klagade över att hon aldrig kunde lämna Lily ensam. Redan som valp skällde Lily och blev oerhört upprörd när hennes matte skulle lämna huset för något ärende och försökte på alla sätt hindra henne att gå därifrån. Till slut var matte tvungen att skaffa barnvakt för Lily för att kunna gå ut och roa sig någon kväll. Hur kunde vi hjälpa hunden? På samma sätt som man hjälper en människa. Genom att jag förband mig med Ljuset, den Högre Avsikten. På ett ögonblick kom bilder på de energier som gjorde Lily så upprörd.

Jag såg hur Lily hade varit en stor långhårig hund i ett tidigare liv. Plötsligt fick jag en ny bild, där Lily var bunden med kort rep vid en stugknut, kunde knappt röra sig, och hade lämnats ensam utan mat och vatten. Vädret blev allt kallare, det snöade i flera dagar; Jag såg vindbyar och det var isande kallt. Hunden ylade och tjöt i sina försök att kalla dit någon, och försökte själv bita sig fri. Men ingen kom till hennes undsättning. Hunden, som redan var utan mat och vatten, frös så småningom ihjäl, ensam och bortglömd. Så avslutade Lily sina dagar i ett tidigare liv, och de upplevelserna satt fortfarande kvar i hennes cellminnen. Så snart den annars så glada Lily i detta livet märkte att hon skulle bli lämnad ensam, sattes hennes cellminnen i rörelse och utan att själv inse det, upplevde hon rädsla och tappade förtroende för sin ägare. Hon gjorde sitt bästa för att undvika situationen, och hennes sätt var att yla och skälla och på alla sätt försöka förhindra att bli lämnad ensam. Till den bilden skickades stora mängder Ljus.

Efter att blivit upplyst om det som hände i Lilys förflutna framtonade nu långsamt en ny bild för min inre blick: skapelsen av en ny verklighet i hennes cellulära minnesceller. I den bilden levde och frodades hunden. Det var sommar och hon lekte glatt i gräset med andra hundar, väl utfodrad och fri att springa omkring och allt var bra.

Vad hände? Så snart Ljuset föll på bilden med det gamla lidandet, aktiverades det ursprungliga syftet att *återställa i balans.* Lilys cellminne ändrades omedelbart — bort från hunger, is och kyla till en lycklig dag fylld med mat och sommarvärme där alla hennes behov tillgodosågs. Med de förändringar som skett i hennes cellminne och med alla negativa erfarenheter nu utplånade, förändrades även hennes nuvarande verklighet. Detta var allt som behövdes för att ändra på år av svårigheter för hundens ägare, då hon alltid känt att hon måste ta med hunden vart än hon gick, eftersom den inte kunde klara av att vara ensam. Så låg det till med Lily. Det behöver inte vara fallet för alla hundar som har problem med att vara ensamma, men jag har sett flera hundar med liknande problem och en liknande typ av cellminne. Ibland kan det ta ett par sessioner innan resultatet vi söker infinner sig.

Hästar är anmärkningsvärda. Hästars energi är så stark att jag inte kan stå för nära en häst när jag gör en avläsning. Jag måste vara utanför stallet eller på en helt annan plats — t.o.m. i ett annat land.

Hästar har en mycket stark själshistoria. De har varit omhändertagna av människor så länge att de ofta är sammankopplade med sina tidigare ägare eller följeslagare via sina själsminnen. Hästar har också ofta gått igenom en hel del svåra upplevelser och lidande, vilket har skapat starka känslor hos vissa av dem. Hästar är mycket beroende av sällskap. De blir lätt deprimerade av att stå ensamma i stallet eller ute på fältet. De tycker om sina tillhörigheter, sitt hem och de flesta individer, men ibland tål de inte vissa personer och det bör respekteras.

Hästägare kontaktar mig då och då och frågar varför deras häst reagerar på ett visst sätt, och jag finner ofta att orsaken till hästens sjukdom eller depression helt enkelt beror på någon typ av förändring eller på ett respektlöst beteende av någon i dess omgivning. En ny vattenhink eller att en vän försvinner kan ibland störa dem oerhört, liksom att någon behandlar dem illa. Hästar vill att man visar respekt — vissa hästar mer än andra. Jag hade en klient i Skandinavien som var mycket orolig för Hassan, hennes personliga ridhäst. Hästen förlorade i vikt, verkade vara sjuk och deprimerad och ingen kunde förstå varför, då alla hans blodprover visade utmärkta värden. Intuitivt tonade jag in Hassan "på distans." Han befann sig i sitt stall i Sverige, jag var i mitt hem i Florida, granskade Hassan intuitivt och frågade den Högre Avsikten efter anledningen till att hästen inte mådde bra.

Omedelbart fick jag en bild av hästen som står i sin box omgiven av råttor. Speciellt en råtta sitter nära Hassan huvud och umgås med honom. Det var den vanliga stallrutinen och hade varit så i flera år när hästen fick sin dagliga havre. Och så snart stallskötaren lämnat stallet för kvällen kom råttorna fram och åt all havre som hade spillts på golvet. Hästen var förtjust i stunderna som råttorna tillbringade med honom och det hade blivit en daglig ritual för honom att träffa dem: Dags för utfodring, stallskötaren lämnar, råttorna på besök en stund och sedan dags för Hassans vila.

När jag delade min vision med Hassans ägare, kunde jag höra henne ta ett djupt andetag i total förvåning. Ja, de hade alltid utfodrat honom med havrekorn på kvällen. Men under de senare månaderna hade de på rekommendation från andra övergått till ett näringspulver. Snart visade Hassan uppenbara tecken på att inte må bra och var inte sitt vanliga jag. Veterinären kom och undersökte honom, tog några blodprover och kontrollerade hans vitalitet, bara för att upptäcka att det inte var något fel med honom. Hans ägare var fortfarande mycket bekymrad, hon älskade sin häst och kunde inte stå ut med att se honom så deprimerad och utan vilja att ens lyfta huvudet när hon kom in genom stalldörren. Situationen var så eländig att ägaren kontaktade mig i USA.

"Vad är det för fel med Hassan? Han har alltid varit en så vital och glad häst, och nu verkar han vara deprimerad." Ägaren var mycket bekymrad. Hon såg inte något samband mellan det hälsosamma näringspulvret och Hassans plötsliga depression. Det gjorde inte heller Hassans veterinär.

Även om pulvret var bra för honom på många sätt, hade det indirekt orsakat hans depression, men inte på det sätt man logiskt skulle kunna tro.

"Råttorna kommer inte längre, och Hassan saknar dem", hörde jag mig själv säga. "Du måste få tillbaka dem. Han trivdes med det gamla sättet. Han saknar sina vänner. Han saknar aktiviteten omkring sig. Han har fruktansvärt tråkigt."

Hästar är mycket bundna till vanor och fäster sig lätt vid sina vänner, även de små. De tycker inte om stora förändringar om de inte passar dem. När ridskolor lägger ner säljs ofta de kvarvarande hästarna till nya privata ägare, som lämnar sin nyinköpta häst ensam på bete utan sällskap, och tror att de har gett honom en underbar vilsam tid borta från kommandon och bullriga barn. Om hästen snart blir sjuk och deprimerad förstår de inte varför. Jag råder dem i allmänhet att skaffa en get som sällskap, eller kanske bara några höns eller en katt. Hästar är mycket medvetna om livet omkring sig, även en liten varelse som vi kan tycka är oviktig kan betyda mycket för dem.

Hassan blev snart mycket bättre efter att ägaren sett till att det fanns gott om säd på golvet nedanför mathinken för att fresta råttorna att komma tillbaka i stallet. Jag hörde inga ytterligare klagomål.

Den intuitiva intelligensen hos råttor är häpnadsväckande. De är inte bara känslomässigt förbundna med de andra djuren på gården, de vet också så mycket mer om människor än vi tror. Råttor har levt med oss under våra fötter och i våra väggar och runt våra hus sedan civilisationens början. De har hört och varit en del av våra samtal och vår livsstil ända sedan vi började bygga skydd över huvudet.

Egentligen är det lätt att kommunicera med råttor, naturligtvis då med sällskapsråttor eftersom de är enklare att nå. Sällskapsråttor har fortfarande samma gener och begåvning som den frigående husråttan. Intressant är att råttor anser sig ha en högre position och att vara överlägsna många andra djur på en gård, i synnerhet gäss, ankor, höns, kaniner, etc. De är utomordentligt själviska och gillar att reta katter och hundar, men de beundrar hästar. Jag skulle inte bli förvånad om de anser att även mänskliga varelser är "underordnade" och duger mest till att förse dem med mat och bostad. En av anledningarna till att vi är så lite medvetna om råttor i vårt moderna samhälle är att de har en mycket bra hörsel och rör sig med blixtens hastighet — åtminstone när de är fria och oberoende, har de ett sätt att ögonblickligen försvinna utom synhåll.

Vi måste vara försiktiga med hur vi behandlar våra djur, även dem vi anser vilda och oviktiga. En klient kom till mig eftersom hon hade problem med fötterna på ett sätt som hon inte riktigt förstod. Hennes fotproblem dök alltid upp när hon var i sin sommarstuga utanför stan, där hennes fötter blev fulla av blåmärken och såriga. De ömmade och gjorde ont och började svullna utan någon uppenbar anledning. Det fanns tillfällen då hon inte kunde komma i skorna. Ingen förstod vad som pågick. Vad var orsaken till hennes problem? Hon trodde att hon kanske kunde ha sparkat till ett bordsben, ett stolsben, en soffa — ja, vad som helst som stod på golvet, men hon var inte medveten om att hon gjort det.

Utan ytterligare information, "lyssnar" jag intuitivt på min klients fötter för att ta reda på vad som har hänt med dem.

"Jag ser en hel familj med små pälsdjur med fluffiga svansar som hoppar på dina fötter. De biter i tårna och hänger sig fast i hälarna på dig", sa jag plötsligt till henne som i trance.

"Minkar!" ropade min klient. "Är det vilda minkar?" Överraskad och inte helt säker på hur en mink exakt ser ut, medgav jag att det sannolikt skulle kunna röra sig om minkar, för vilket annat djur ser ut på det viset i den delen av världen?

"Det fanns vilda minkar under mitt sommarhus. De förökade sig ständigt och huset började lukta illa. De blev en riktig olägenhet", fortsatte min klient med en förbryllad blick. "Vi trodde att de skulle flytta, men det gjorde de aldrig. Istället fortplantade de sig hela tiden och blev ännu fler. Till slut var jag tvungen att ringa en saneringsfirma för rökbehandling av krypgrunden under huset", förklarade hon.

Intuitivt gick jag tillbaka i tiden då rökbehandlingen skedde. Jag uppfattade hur hela minkkolonin omkom, men de kom aldrig så långt som till "minkhimlen." I stället för att finna frid "i minkhimlen" visade det sig att energin som blev kvar från deras liv gick upp genom golvet in i bottenvåningen, där de aktivt fortsatte att leva — som aktiva energivarelser. När de rasslade runt i sin dimension upplevde de min klients fysiska närvaro som ett intrång i deras nya tillvaro. Genom dimensionerna försvarade de sig nu mot hennes intrång och fick hennes fötter att stöta mot bordsben, stolar, ja mot allt som fanns i hennes väg. Det verkade som om minkarna inte visste att de var döda.

Min klient råkar vara en person med hög medvetenhet och en mycket högfrekvent energi, vilket innebar att hon var väl medveten om livets alla nyanser och mycket mer öppen för det osynliga omkring henne än hon förstod. Av den anledningen kan just en sådan här omständighet drabba henne, men inte någon annan med lägre frekvenser. En annan person med lägre frekvens skulle inte vara mottaglig för de interdimensionella energierna och inte märka någonting alls.

Det här händer ofta i vår upplysta tid: Personer med högre medvetenhet är mer känsliga för andra dimensioners energier än andra — vilket orsakar en massa onödiga missförstånd mellan oss.

Fanns det något sätt att bota situationen? Absolut inte genom vanlig logik, eller med hjälp av någon form av tredimensionell teknik, men lätt med Ljusets kraft.

Medan jag höll kvar bilden av de löpande minkarna för min inre blick, det enda "jag" behövde göra var att kanalisera det Vita Ljusets healingenergi till de livliga minkarna på min bild. Energin i de små djurens själar förenade sig omedelbart med Ljuset, och försvann snabbt och glatt in i det kollektiva "efter detta" och fann sin frid. Allt genomfört genom en intensiv fokusering av en högre avsikt, ett intuitivt förlopp som bara varar ett par sekunder.

Efter det här till synes enkla ingripandet hände inga fler sammanstötningar. Min klients fötter läkte och har varit bra sedan dess.

Enligt kvantfysikens teori tillhör vi alla samma vibrerande energifält där allt är här och nu. Eftersom avstånd inte finns, är det därför inte nödvändigt att träffa mig personligen för en healingsession. Min klient kan befinna sig var som helst i världen och jag kan befinna mig någon annanstans långt därifrån. Den

Högre Avsikten sammanför oss sedan och fullbordar arbetet. Jag är bara ett verktyg för denna högre makt och följer de instruktioner som förmedlas till mig i processen. Det är inte särskilt komplicerat. I själva verket är det så enkelt att det är svårt att tro att processen verkligen ger resultat av bestående värde.

Vad som egentligen kommer först i vår värld är naturen. Naturen är mycket större än vi är — och inte tvärtom. Vi är inte härskare över naturen. Naturen härskar över naturen och vi människor är en del av naturen, där det är meningen att vi ska existera i balans med varandra, som på en gungbräda av samstämmighet. Vi är alla en del av den planen som säger att naturen måste hållas i balans. När vi stör den balansen kommer naturen i oordning, och på ett eller annat sätt börjar naturen återställa balansen — på sitt eget sätt. Hur det kommer att ske avgör naturen. Inte vi. Och i den planen finns inget utrymme för mänskliga önskningar eller preferenser. Även växter tillhör vår samexistens, och många av oss känner ett behov av att vara omgivna av växter både hemma och på arbetet, eftersom vi njuter av deras energi. Många säger till och med att växterna omkring oss verkar må bättre när vi talar med dem.

Andra skrattar och anser att det inte är något annat än inbillning, eftersom en växt inte skulle veta skillnaden. De som säger att du bör prata med dina växter tillbringar mycket tid med växter, kommunicerar med dem och ser dem växa. De som tycker att det är onödigt att prata med växter har aldrig tillbringat särskilt

mycket tid, om någon, tillsammans med växter, trots att de utta-
lar sig som om de vore experter.

∞

Eftersom jag tillbringade så mycket tid i skogarna under min
tidiga barndom fick jag tidigt en djup känsla för det fria, natu-
ren och dess invånare, och började långsamt uppleva en stark
dragning till de stora träden och alla växter omkring mig. Snart
väcktes också en känsla inom mig att tillhöra *Något Mer* och att
naturen runt omkring mig också var en del av detta *Något Mer*.
Den tiden var en upptäcktsfärd som förde mig mot en ny med-
vetenhet och en förståelse för både livet och vår verklighet, en
känsla som med tiden kom att mogna och bli ännu starkare. Allt
i naturen är en vibration av universella energier. Träden är vakt-
poster och spanare för att beskydda det som händer i naturen,
kanske till och med i världen. Genom sina rötter stadigt fästa i
jorden representerar de trygghet och visdom och med sin krona
högt i skyn påminner de oss om förbindelsen mellan Moder Jord
och vårt så obegränsade universum.

Ett träd är medvetet om allt som händer i dess närhet och
ryser när djur dödar varandra i närheten. För att inte tala om
det trauma träden går igenom när människor kommer med
sina tunga maskiner för att avverka dem, eller när destruktiva
människor laddar sina vapen för att skjuta allt vilt runt dem. När
jägarna är på väg in i skogen skickar träden genast signaler i alla
riktningar till dem som är villiga att lyssna, så skogens invånare

ska kunna sätta sig i säkerhet — om det finns tid och möjlighet, för de vistas inte alltid nära sina säkra platser. När jag kommer till nya områden i skogen där jag inte varit tidigare, kan jag höra hur trädtopparna skickar ut en subtil viskning, som ett sus från trädtopp till trädtopp.

"Se upp, människa på väg ..."

Om jag går vidare skickar träden fler signaler och som mjuka viskningar går ett sus från träd till träd för att förmedla min närvaro. När jag slutar gå upphör även trädens sus, de håller andan för att se vart jag sedan tar vägen. Allt finns där om vi bara bryr oss om att lyssna.

Träden är livets ankare i naturen. Jag ber ofta mina klienter eller workshop deltagare att gå ut i naturen och krama ett träd, att under en stund uppleva närvaron och förena sig med känslan av trygghet från trädet. Många gör det och berättar efteråt att det får dem att känna sig lugna och mer i kontakt med sig själva.

För några år sedan bodde jag tillfälligt i ett hus med flera stora krukväxter. Jag gav en serie föreläsningar i området och hade turen att få tillgång till det huset, som annars stod tomt för det mesta. Jag blev förvånad över att se att det fanns så många stora krukväxter i mitt sovrum som endast överlevde på grund av att en vaktmästare kom och städade huset då och då, och uppenbarligen också tog hand om växterna.

"Stackars ni", sa jag högt till dem. "Att vara ensamma så mycket kan inte vara roligt för er." Jag kände medlidande med dessa ståtliga växter som lämnades på det här sättet. Jag märkte

hur de alla hade vänt sina blad mot fönstren, där svagt dags-
ljus sipprade in genom halvslutna persienner. Jag gick till sängs
senare på kvällen, läste en stund, mediterade ett tag och somnade
snabbt. Nästa morgon märkte jag till min förvåning hur alla väx-
ter hade vänt sina stora blad mot mig. Jag kunde bara förklara
det med att det var på grund av min närvaro. Växterna hade varit
ensamma och utan någon mänsklig närvaro så länge. Var det
mitt själsljus, min kropps energi eller den lilla läslampan över
sängen? Läslampan var inte särskilt stark och hade varit tänd
mindre än 45 minuter. Den var riktad mot min kudde, inte alls
mot växterna, så jag kan inte tro att lampan var orsaken. Istället
kände jag att det helt enkelt var Lagen om Samhörighet, livets
längtan att vara tillsammans med annat liv. Växterna kände ett
behov av att ansluta sig till ytterligare en livslinje, en vibration
av Något Mer, en gemenskap som inte varit dem förunnad i det
tomma rummet på länge.

Och skulle inte vi ha gjort samma sak, medvetet eller under-
medvetet, vänt oss mot närvaron av liv — om vi hade lämnats
ensamma i mörker så länge?

Återigen ett bevis på vi alla, vem vi än är, och var vi än befin-
ner oss, så lever vi i en värld av samhörighet.

Änglar mitt ibland oss

Änglar har kommit att bli en del av mitt liv ända sedan min dröm då de två änglarna trädde fram vid min sida, som nämns i Prologen. Jag har aldrig tvekat att dela mina änglaberättelser med andra, privat eller i mina workshops, när jag känt att tidpunkten har varit den rätta. Som jag själv har upplevt det, är änglar en verklighet som existerar i dimensionerna runt omkring oss, energivarelser som är beredda att rycka in med en hjälpande hand när vi verkligen behöver dem.

Änglar infinner sig vanligtvis i rummet under mina healingsessioner med individuella klienter, då de ibland genom mig levererar budskap till personen som sitter framför mig. Ibland meddelanden som kan vara både häpnadsväckande och nästan chockerande rakt på sak, helt enkelt därför att änglar har en större kännedom både om oss och vårt universum än vad vi människor har.

När jag lägger mig på kvällen kallar jag på mina änglar och ber dem bilda en cirkel runt min säng för beskydd och en god natts sömn. Det gör stor skillnad för mitt välbefinnande och skapar en trygg stämning inför en god natts sömn.

Tidigt i livet ser och kommunicerar barn ofta med änglar. Förmodligen inte alla barn, men många fler än vad vi tror. Tyvärr brukar vuxna i barnens närhet berätta för dem att de inte ska tro på änglar eftersom "det inte finns något sådant" och att änglar inte är något annat än fantasi. På så sätt inpräntar de i sina barn att inte tro på något som man inte kan se, även om det är något fyllt av frid och godhet. Barn är naturligt nyfikna på det andliga. Andlighet utgör en del av deras livsplan. En gång var den också en del av vår egen längtan när vi var små, efter att vi fått veta mer om änglar, älvor och goda andar. Tyvärr vet de flesta föräldrar inte hur de ska hantera barnens frågor och säger till och med att det bara är inbillning, eftersom de själva inte kan se vissa saker med sina egna ögon.

Är änglar verklighet? Om du tror på dem är de aldrig långt borta i ditt liv och de kommer att stanna nära dig hela tiden. Om du inte tror på änglar finns de fortfarande nära dig men de kan inte hjälpa dig på samma sätt, eftersom du då aldrig skulle komma på tanken att be dem om hjälp. Jag har funnit att man inte ens behöver be änglarna om hjälp, eftersom änglar redan hör våra uppriktiga önskningar när de kommer från vårt hjärta. Det enda vi behöver göra är att vara i kontakt med, och leva, vårt hjärtas sanning, vilket är det enda språk som änglar hör och verkligen kan förstå. Det är anledningen till att änglar inte svarar om vi frågar efter ett vinnande lottnummer eller ber om ekonomiska eller materialistiska vinster. Men de kan fortfarande komma till oss när vi villkorslöst ber dem om hjälp på andra sätt. Och de är bra på att skicka hjälp om vi har ett sjukt barn eller befinner oss själva i en livshotande situation.

När jag var barn minns jag att jag såg ljusformer omkring mig som jag då trodde vara änglar. Om de inte var änglar, vad var de då? Trots allt verkade vi ju kommunicera med varandra. Jag njöt av deras sällskap och tvivlade aldrig på deras närvaro. Men under min uppväxt, särskilt som tonåring, fanns det tillfällen då jag inte trodde på några superkrafter. Det är normalt att tvivla. För det är meningen att vi ska gå igenom många stadier av tvivel och lärande under hela vår livstid. Med tiden når vi en allt högre plan av medvetenhet, i vår strävan hur vi bäst ska leva vårt liv — innan vi hittar vår ultimata sanning.

Nu som mormor och efter många års erfarenhet erinrar jag mig oräkneliga samtal med mina barnbarn om hur de har sett änglar. De har beskrivit varje ängels utseende, färgerna som den utstrålade och hur de pratade med varandra. De visste till och med änglarnas namn och verkade lyckliga i sina osynliga vänners sällskap.

Sedan plötsligt, när barnbarnen började första klass, försvann deras visioner utan vidare, och de berättade för mig att deras änglavänner inte var med dem längre. Samma sak hände med mig. När jag var liten hade jag många vänner som inte syntes för andra, men när jag började skolan fick jag höra av klasskamraterna och i synnerhet av min lärare att de där änglavännerna var en produkt av min egen fantasi och att bara personer i Bibeln kunde se änglar. I grund och botten kanske de trodde på änglar, men de änglarna var inte nåbara för "vanliga människor."

Jag accepterade min lärares ord och slutade bry mig om mina extrasensoriska intryck. Det verkade fungera bra tills min andliga känslighet återigen satte igång efter att jag tagit studenten — men jag var en motvillig mottagare ända tills jag kände att jag kunde lita på mina upplevelser som del av min verklighet.

Jag fortsatte att skjuta bort mina andliga tankar. Men vi får aldrig glömma Andens envishet. När det är meningen att något ska hända, kan det inte bara motas bort in i Evigheten för att lämnas i evig glömska!

Första gången som jag kan minnas att jag såg en ängel "på riktigt" som vuxen, efter min dröm med de båda änglarna som räddade mig från havsvågorna, var när jag bodde i Tyskland. Den gången var det helt säkert inte någon dröm, och i just det mötet kom ängeln för att rädda mitt liv.

Jag var då gift med min andre man, Hans-Wilhelm. [Inte hans riktiga namn. Redan nämnt honom såsom väl sedd tysk filosof i Kapitel 2.] Jag var lycklig med min tyske man och njöt av att tillsammans med honom utforska mitt nya hemland. Hans-Wilhelm ägde redan ett hus i Schwarzwald i sydvästra Tyskland nära den schweiziska gränsen när vi gifte oss, och vi tyckte om att vara där när vi inte befann oss i Berlin, där vi bodde större delen av tiden. De stora mörka granarna i Schwarzwald påminde mig om de täta skogarna i Västsverige, där jag tillbringade så mycket tid när jag var ung, en trakt som jag alltid bevarat i mitt hjärta och där jag funnit mycket inspiration även som vuxen.

Av någon anledning blev jag ofta sjuk efter att jag flyttat till Tyskland. Gång på gång överväldigades jag av stor kraftlöshet och influensaliknande symptom som tvingade mig att ligga till sängs flera dagar i sträck. Efter hand blev perioderna till sängs allt längre och längre. Snart var jag sjuk större delen av tiden och ingen kunde förstå varför. Det verkade som om min energi försvann under förmiddagen och på eftermiddagen hade jag ingen kraft kvar att fortsätta med mina sysslor. Till slut blev jag så svag att jag inte mer orkade stiga upp på morgonen, och snart inte heller senare på dagen. Jag blev helt sängbunden och ingen kunde förstå varför.

I Tyskland åt man på den tiden mycket kött, och min man hade för vana att äta rött kött varje dag, fläsk eller nötkött, även till frukost. Jag var inte van vid så mycket kött men valde att acceptera den tyska kulinariska traditionen och gjorde mitt bästa för att hålla jämna steg med alla de traditionella rätter, som vår välmenande tyska hushållerska dukade fram på bordet från frukost till middag.

Eftersom ingen kunde räkna ut vad det var för fel med mig, fick jag gå igenom den ena medicinska undersökningen efter den andra, men ingen visade tecken på något onormalt. Allteftersom jag blev allt sjukare och svagare, rekommenderade Hans-Wilhelms gamle husläkare att jag skulle äta mer protein, vilket innebar att jag fick ännu mer rött kött. Jag serverades den bästa rökta Schwarzwaldskinka och det finaste nötkött två gånger dagligen, speciellt levererad av den lokala slaktaren i hopp om att få mig tillbaka till god hälsa. Jag blev rörd av alla välmenande avsikter. Vi var ett populärt par i stan och alla ville hjälpa till, bekymrade eftersom ingen kunde förstå vad det var för fel med mig.

Tyvärr, till allas besvikelse var alla ansträngningar förgäves. Jag blev fortfarande allt svagare och efter några månader var jag så svag att jag knappt kunde resa mig upp i sängen eller knappt orkade äta. Allteftersom tiden gick blev jag fullständigt uttömd på min mänskliga styrka och alla trodde att jag hade någon mystisk bakterie, som de inte kunde identifiera genom sina tester och för vilken det inte heller fanns något botemedel. Läkarna var förbryllade och min make var utom sig. Vi kunde inte förstå varför det här hände oss. Det fanns ingen förklaring att jag var så sjuk och svag, och bara tynade bort framför allas ögon. Mitt tillstånd var ett fullständigt mysterium. Flera experter konsulterades, men ingen kunde förstå vad som var fel. Vad var det som pågick?

En medicinsk specialist föreslog till slut att mitt tillstånd måste vara psykologiskt, eftersom jag, som han påstod, var ovan vid tyska traditioner och kanske inte hade varit så nöjd med mitt nya land som jag låtsades vara!

Men en vintrig eftermiddag efter att vi hade tillbringat flera månader i vårt hus i Schwarzwald, där vi hade stannat kvar för att försöka förbättra min hälsa, hände något som medförde en stor förändring i mitt tillstånd.

Det var redan nästan mörkt ute, och jag följde med blicken de stora snöflingorna som sakta föll genom luften utanför fönstret. Ingen hade ännu tänt lamporna i mitt sovrum, men jag fann den mjuka skymningen behaglig. Jag väntade på att Hans-Wilhelm skulle komma hem och sätta sig på min sängkant och dela med sig av dagens händelser. Plötsligt uppfattade jag i skymningsljuset en märklig närvaro och ett svagt vitt ljussken bredvid min säng. Utan att bli det minsta rädd vände jag mitt huvud mot närvaron nyfiken på vem eller vad jag skulle upptäcka.

Lugnt iakttog jag ljuset nära mig och blev omedelbart medveten om en skepnad inne i det vita ljuset. Naturligtvis var jag fysiskt mycket svag, men förståndet var det inget fel på och mina ögon kunde fortfarande skilja mellan "ingenting" och "någonting!" På ett ögonblick förvandlades bilden av "något" bredvid mig till en mycket tydlig bild av en form som jag bara kan beskriva som änglalik. Ängeln sträckte sin hand mot mig med vad jag uppfattade som ett kärleksfullt leende, och gav mig ett meddelande:

"Du måste ändra på din mathållning. Kött är ingen mat för dig."

Jag hörde inget ljud men jag uppfattade budskapet mycket tydligt i mitt inre och hörde det upprepas i mitt sinne: "Kött är ingen mat för dig ... inte för dig ..."

Jag försökte aldrig att ifrågasätta de ord som kom från ängeln. Tvärtom kändes det märkligt naturligt att jag skulle följa anvisningarna. Jag hade varit så sjuk och utan kontakt med omvärlden att ingen vågade ifrågasätta mina önskemål när jag förklarade att jag inte ville ha någon mer mat utskuren från djurkroppar. Jag var mycket bestämd i min begäran.

Till middag samma kväll ville jag bara ha potatis, hälsosamma ekologiska lantpotatisar med smält smör. Jag minns fortfarande känslan av tillfredsställelse som svepte genom min kropp när jag svalde den ena biten efter den andra med nykokt potatis. Det smakade absolut förträffligt med litet havssalt och smör. Nästa dag bad jag om grönsaker, sallad och färskost men inget kött.

Där fanns ingen tvekan. Nästan omedelbart förändrades mitt tillstånd dramatiskt till det bättre. Viljan att vara frisk hade inte försvunnit. Det var tydligt att ängeln hade hjälpt mig att återfå min goda hälsa!

Vår läkare försökte ingripa och påstod att jag behövde mitt köttprotein för att leva ett hälsosamt liv, men jag ignorerade honom helt. Hans avsikter var goda och han följde det som han en gång hade lärt sig. Men det här var mitt liv och jag hade bestämt mig för att lyssna på ängeln som tydligen visste något som vi inte visste. Veckorna gick och jag fortsatte att be om grönsaker och vegetariska livsmedel. Det var uppenbart att jag stadigt återhämtade mig, och snart tvivlade ingen på att det var meningen att jag skulle vara vegetarian. Vissa människor är helt enkelt skapade att vara det!

Förvånansvärt nog hade vi hittat orsaken till mitt tillstånd, även om det fortfarande tog lite tid för mig att komma tillbaka till det normala: Mitt system var utan tvivel alltför känsligt för att äta kött. Jag visste inte att något sådant kunde vara möjligt, inte heller hade någon annan i min omgivning hört något liknande. Jag hade inte haft några kroppsliga utslag eller svullnader som tydde på att jag inte tålde kött. Det förvirrade läkarna som ansåg att jag borde ha visat symptom på utsidan av kroppen i stället för reaktioner som inte kunde spåras till en viss del av kroppen och inte kunde ses, inte ens med röntgen. Men med hjälp av en ängel fick jag genast rätt diagnos och fick veta vad jag skulle göra för att bli frisk. Jag var och är fortfarande överkänslig för kött. Under mina tonår, studietiden och de tidiga vuxna åren var jag ofta litet sjuk och kände mig trött med förkylning och influensasymptom, och ingen förstod varför. Jag hade den ena infektionen efter den andra — njurinfektioner, öroninfektioner, ögoninfektioner, tandinfektioner, halsinfektioner, ja, listan kan göras lång. Efter att jag slutat äta kött kan jag inte minnas att jag någonsin drabbades av förkylningar eller andra infektioner, som jag ständigt och jämt kämpade med dessförinnan.

Så här var det för mig. Jag säger inte att det gäller alla som kämpar med regelbundna förkylningar och infektioner, men för vissa kan det vara värt att ändra dieten. Det skulle kunna medföra en positiv förändring i deras liv för vår kost är viktigare än vad vi tror. Änglarna visste det — och de ville att jag också skulle veta det.

Jag berättar ofta historien i mina workshops och är förvånad över reaktionerna. Många lyssnar och vet inte hur de ska reagera eller vad de ska tro. Vissa deltagare är övertygade om att jag hittat på historien. Men skeptiker finns överallt, de har bara inte studerat ämnet tillräckligt för att förstå bättre!

Det kan också vara svårt att förstå att så snart du lever ett liv där du undermedvetet är sammankopplad med Anden, kommer din energifrekvens att stiga och ett liv med högre frekvenser kommer att öppnas för dig. Din verklighet vidgas, du ser mer, begränsningar försvinner och nya idéer dyker upp i ditt sinne.

När dina energifrekvenser ökar blir du tyvärr mer känslig för vissa näringsämnen, för kemikalier, artificiella kosttillskott och läkemedel av alla de slag, till och med medicinska behandlingar och miljöförsämringar. Och ibland kan det vara nödvändigt att radikalt lägga om sin kost och livsstil, ja ibland till och med att flytta till annan ort, där miljön är mer gynnsam.

Å andra sidan kommer du att få lära känna ett liv av högre medvetenhet och bli mer känslomässigt öppen för naturen och det som vi kan kalla den "övernaturliga världen" omkring dig, uppleva en inre frid och bli mer själsligt insatt i allt det som sker inom och nära dig. Du kommer att bli mer delaktig i synkronismer och fantastiska nya sammanträffanden på ett sätt som du tidigare inte trodde var möjligt.

Jag är säker på att det finns många på den här Jorden som skulle må så mycket bättre om de justerade sin diet på det ena eller andra sättet. Inte alla kan vara så lyckligt lottade att de alltid har en ängel som vakar över dem och talar om för dem hur de ska må bra igen.

Jag blev till slut helt återställd och var vid perfekt hälsa när jag återigen föll för frestelsen och inkluderade kyckling i min diet. Mest eftersom min man inte ville vara ensam om sin diet, och det var svårt att resa som fullständig vegetarian. Men änglar ser allt och jag fick snart ännu en påminnelse:

DET VITA LJUSET

En söndagskväll när vår hushållerska hade helgen ledig hade hon lämnat ett paket i kylskåpet med en nyligen slaktad kyckling från sin familjegård och som vi skulle laga för vår söndagsmiddag. Hans-Wilhelm och jag hade talat om att kycklingen väntade på oss i kylskåpet och om det bästa sättet att laga till den. Det var min tur att laga mat och när jag tog ut paketet med kycklingen ur kylskåpet och började öppna omslaget runt fågeln, hände något helt oväntat. Plötsligt, som i en explosion framför mig, fylldes hela köket med starkt ljus och jag hörde dessa kraftfulla ord högt och tydligt i mitt sinne:

"Det här är ingen mat för dig!"

Jag tappade kycklingen. Jag kunde inte hålla den längre. Det kändes som om en ljusblixt hade borrat igenom mig, vilket gjorde att kycklingen bara gled ur mina händer och ned på golvet.

Förvånad kippade jag efter andan. Jag var inte ensam. Vi är aldrig ensamma. Vi kanske tror att vi är det, men det är vi aldrig. Chockad satte jag in kycklingen i ugnen och rörde den inte efteråt. Inte heller senare har jag någonsin rört en slaktad kyckling. Jag hade blivit övertygad om min väg beträffande mina framtida matvanor.

Det finns en odefinierad energi, ett "Något" som "vill" leva i harmoni med oss enligt våra frekvenser, och de frekvenserna skickas ut från vårt undermedvetna. I mitt undermedvetna visste jag att jag inte skulle äta kött, och jag hade försökt att fuska. Jag antar att det är därför vi kan säga: "Gud ser allt." Man måste vara renlärig hela vägen. Det finns inget andligt "halvvägs."

287

Allt som mina ögon ser och mina öron hör, allt jag tänker och känner går till mitt undermedvetna, där det hopar sig och skapar en speciell sorts basenergi: så kallad bra energi och så kallad dålig energi, men inte att förglömma — också ett fält av osäkerhet. Utan att medvetet tänka på det skapar vi ständigt en energibas, som styr allt det som händer runtomkring oss till att ske på ett speciellt sätt. Det är på så sätt som vi omedvetet planerar våra val.

Naturligtvis skulle jag inte äta kyckling längre. Det visade sig att ängeln hade menat kött från alla djur.

Vid en senare tidpunkt frågade jag Anden om fisk var med på listan över djur. Jag fick det här svaret:

"Du kan inte äta djur som upplever moderskänslor."

Det slog mig att fåglar har mycket starka moderskänslor, även innan deras ägg har kläckts. Och när äggen har kläckts matar de, vårdar och skyddar sina ungar tills de lär sig att ta hand om sig själva. Med tålamod och omsorg lär de sina telningar att flyga, ser till att de blir trygga och lär dem hitta mat så snart de är ute ur boet. Fåglar lever i samma parförhållande hela livet, hane och hona, håller utkik efter varandra, har känslor för varandra, delar på omvårdnaden av sina ungar, matar och skyddar dem tillsammans och ropar högt av saknad om de skulle förlora sin partner. Fisk, å andra sidan, lägger sina ägg och simmar sedan därifrån, för att aldrig återvända. Fisk har inga i hjärtat kända moderskänslor.

Men delfiner och valar är inte fiskar. De föder levande ungar och stannar hos dem, tar hand om dem och skyddar dem tills de vuxit upp. Enligt änglarna borde de inte användas till mat. Varför kom ängeln över huvud taget till mig när jag var sjuk? Och varför exploderade mitt kök plötsligt av ljus tillsammans med en röst som bestämt påminde mig om att hålla mig fast vid det råd jag fått tidigare?

Varför händer inte detta alla andra?

Eller kanske sker detta hela tiden, fast vi inte accepterar det som en del av vår verklighet? Stänger vi medvetet våra sinnen och tillbakavisar Andens hjälp vid alla dessa tillfällen då det skulle kunna vara av betydelse för oss?

Var och en av oss vibrerar på våra egna karakteristiska nivåer och representerar ett energipaket som skapats för att uppfylla ett visst syfte. Frekvenserna i det här energipaketet signalerar till världen vilka vi är och vad vi har för behov. På ett sätt är vi som radiostationer som kommunicerar med resten av världen genom de signaler som vi sänder ut. Anledningen till att vissa saker nu kommer i vår väg är ingen tillfällighet: Den är helt enkelt effekten av den frekvens som vi förmedlar. Var och en av oss är ett kraftverk som skapar sin egen energi och som orsakar en mängd effekter beroende på om energin är bra eller dålig, positiv eller negativ. Det som kommer i vår väg beror på de signaler som vi producerar — vilket gör oss mycket mer ansvariga för våra liv än vad vi kanske förstår.

DET VITA LJUSET

Vi kom till den här världen med en evig plan, fylld med många lärdomar att ta till oss och uppgifter att utföra, en plan som ofta inte är så lätt att förverkliga. En del av oss har bett om mer komplicerade planer än andra. Lyckligtvis har jag funnit att vi genom våra egna handlingar kan revidera vår ursprungliga plan. Vi kan välja att förbättra planen, att öka planens intensitet, eller fördröja dess förverkligande till en senare tidpunkt, när vi kan ta itu med den på ett bättre sätt — den kommer ändå inte att försvinna, må den vara god eller inte så god.

Detta är hur lika energier attraherar lika krafter. En positiv person finner en annan positiv person, en negativ person finner samma sorts negativa person bland hundratals eller till och med bland tusentals positiva personer — vi har en fenomenal talang för att hitta varandra, det slutar aldrig att förvåna mig.

När du har ett öppet sinne skickar du ut en viss frekvens, och när du har stängt ditt sinne vibrerar dina frekvenser på en helt annan nivå och kommer att dra till sig detsamma. Vi alla representerar många variationer och frekvenser — det är genom dem vi hittar varandra den ena gången efter den andra.

Jag säger alltid: Jag träffar bara personer som tänker och känner som jag gör. De andra kommer aldrig i min väg. Därför tror jag helt felaktigt ibland att hela världen vet det jag vet, och jag kan också bli förvånad när inte alla känner på samma sätt som jag gör, eftersom jag bara möter de individer som gör det. Jag tenderar också att tro att alla tror på det jag tror på, eftersom det är de människorna som alltid kommer på min väg. De verkar dyka upp vart jag än går och börjar samtala med mig — i snabbköpet,

290

på parkeringen, på tillställningar eller bara genom att stå i kö i väntan på bussen.

Tyvärr är detta även fallet med dem som har motsatta åsikter — på något sätt finner de alltid varandra. Det finns obeskrivliga mängder med trossystem och kulturer som hänger ihop i sina särskilda frekvenser. Fastän de på inget sätt har kontakt med andra grupper, tror de fortfarande att alla eller åtminstone de flesta människor i världen praktiserar deras tro och att de övriga också borde tro på det sätt som de gör. Det är så vi skapar och har alltid skapat allvarliga problem mellan varandra och över hela världen.

Under min tid i Tyskland, efter att jag fått tillbaka min goda hälsa, åkte min man och jag till ett väl ansett spa söder om München i Bayern för att vila ut ett par veckor i sydöstra Tyskland. Hälsoanläggningen drevs av en äldre medicine doktor med en mycket fängslande personlig historia. Han var villig att berätta om sitt liv för oss, men ville inte att vi skulle uppge hans namn till andra. Han var, trots sin upplevelse, socialt mycket konservativ. Men hans historia om hur han blivit en världsberömd läkare hade också börjat efter ett möte med en ängel.

Historien började med hur den nu erfarne läkaren var en ung man som just hade avslutat sin skolgång i en avlägsen del av det alpina området i södra Bayern. På inrådan av sina föräldrar, som ägde en liten gård i utkanten av byn, blev han lärling på det lokala bageriet.

Att vara bagare ansågs som överklass i hans by, och Thomas (inte hans riktiga namn) var glad över sin nya position. Han älskade naturen men hade absolut inga andliga intressen eller ambitioner. Istället var han begeistrad över bakning och hade redan fått beröm för att ha skapat ett recept till en läcker brödlimpa med hasselnötter som alla älskade för den fick dem att må bra.

En dag efter att han avslutat sitt arbete i bageriet, tog han en genväg genom skogen på väg tillbaka hem till föräldragården. Han tyckte om att promenera genom skogen när vädret var tillräckligt bra och njöt av de stora träden och den lilla floden som vindlade sig genom skogen.

Plötsligt blev han stående. En ängel, eller något som han bara kunde beskriva som en ängel, uppenbarade sig framför honom och stod i hans väg. Han såg aldrig var den kom ifrån, men visste att den hade kommit för att träffa honom.

Den unge Thomas, eller Tommy som han tyckte om att kallas, förundrades över hur lätt han kunde kommunicera med ängeln och lyssnade villigt på de helt fantastiska nyheter som ängeln delgav honom.

"Du blir en berömd läkare", talade ängeln om för honom. "Och du kommer att öppna en privat klinik på den mark som du ser framför dig just nu, och människor kommer att besöka dig från hela världen för att du ska hjälpa dem att bli friska."

Det var ett otroligt budskap för en ung bagarlärling, och i djupa tankar fortsatte han sin promenad tillbaka hem till familjegården.

Som om ingenting hänt gick han tillbaka till bageriet nästa dag och de följande dagarna. Några veckor förflöt, kanske månader...

Men något hade definitivt förändrat unge Tommy efter att han mött ängeln i skogen. Han hade aldrig varit där förut, men nu började han oväntat göra dagliga besök på det lokala biblioteket och fördjupade sig i böcker om människokroppens funktion. Och när han inte fann tillräckligt med information beställde han fler böcker av den överraskade bibliotekarien.

Det ena ledde till det andra och genom ovanliga omständigheter fick Tommy ett överraskande stipendium att läsa till läkare. Efter flera år och många uppoffringar tog han så småningom läkarexamen med högsta betyg. Ingen kunde vara mer förvånad än han själv över att ha förvärvat en medicinsk akademisk utbildning, eftersom han fortfarande i sitt hjärta var pojken från landet som älskade att baka bröd.

Vid det här laget hade han blivit en passionerad vegetarian och förespråkare för en hälsosam livsstil. Dessutom hade han funnit att rätt andningsteknik är avgörande för produktionen av hälsosam energi i kroppen, för våra nerver, alla inre organ och särskilt för hjärnan. Han påstod också att om du andas dåligt och om hjärtat på så sätt berövas på syre, kan det orsaka en framtida hjärtinfarkt.

Dr. Tommy fortsatte att förmedla ny information om hur man på ett naturligt sätt hjälper sina patienter tillbaka till god hälsa. Hans läckra nötbröd såldes nu över hela Tyskland, och hade han velat, skulle han ha kunnat utveckla det till ett eget affärsområde.

Han ansåg också att när normala kroppsceller inte får tillräckligt med syre kan de förvandlas till cancerceller, och han var övertygad om att vi kunde andas oss tillbaka till god hälsa med en god andningsteknik. Även syn och hörsel kunde återställas genom andning. Folk lyssnade på vad han hade att säga och nya patienter kom till honom från alla delar av det tyskspråkiga Europa. Hans praktik blomstrade.

När Dr. Tommy studerade medicin började han måla, något som han aldrig hade prövat på förut, och snart visade han sig vara en begåvad konstnär. Han skulle förmodligen ha kunnat leva gott på sin konst om han inte hade blivit läkare eller bagare.

Men Dr. Tommy glömde inte det budskap som han hade fått av ängeln om att äga sin egen klinik. Allt som ängeln sagt till honom hade dittills besannats. Han var nu en känd läkare och många kom från andra länder för att träffa honom och tog del av hans sunda inställning hur man kan återställa kroppens hälsa genom en speciell andningsteknik. Dessutom hade hans hälsosamma vegetariska kost blivit mycket framgångsrik.

Dr. Tommy närmade sig nu pensionsåldern. Han drömde fortfarande om att öppna sin egen spaklinik, där hans patienter kunde vistas under längre tid, ta hälsosamma bad, äta god vegetarisk mat och lära sig andas rätt för att bli friska. Men det kunde han inte — pengarna fanns inte där för honom.

En dag kom en välbärgad affärsman för en konsultation hos Dr. Tommy. Han hade besökt Dr. Tommy ett flertal gånger under årens lopp.

"Jag skulle vilja köpa den där målningen", utbrast mannen plötsligt efter konsultationen och pekade på Dr. Tommys favoritmålning som hängde över hans skrivbord. "Nej, inte den", svarade Dr. Tommy. "Den målningen är inte till salu. Du får köpa en annan målning." Men affärsmannen gav sig inte, han ville absolut köpa just den tavlan. Dr Tommy ville inte lyssna och höll fast vid att målningen inte var till salu. Till slut erbjöd mannen en miljon dollar för målningen. En otrolig summa pengar på den tiden och precis vad Dr. Tommy behövde för sitt spa-projekt i de bayerska Alperna.

Och resten är historia. Den mark som ängeln hade berättat att han skulle äga köptes. Spa-anläggningen ritades och byggdes utan svårigheter, och snart kom patienter från när och fjärran för att lära sig äta ekologisk vegetarisk mat och andas ordentligt. Oftast var ingen medicin nödvändig, bara en hälsosam grönsaks baserad kost och korrekt andning.

Dr. Tommy arbetade efter principen att vi blir sjuka eftersom vi genom vår livstid skapar ohälsosamma vanor och förgiftar vårt fysiska system på många olika sätt. Och när vi inte andas ordentligt levererar vi mindre syre till alla delar av kroppen och får svårt att göra oss av med de miljögifter som vi ständigt andas in. Det enda sättet att bli av med ett ohälsosamt tillstånd är att rengöra sin kropp — genom en djup och effektiv andningsteknik och naturligtvis genom en välbalanserad kost.

Forskningen har visat att brist på syre kan vara en viktig orsak till hjärtsjukdomar, stroke och även cancer. Det visade sig också att Dr. Tommys metod med naturligt syre som flödade genom hela det fysiska systemet hjälpte patienterna på en relativt kort tid tillbaka på vägen till god hälsa. Hur kommer det sig att Dr. Tommy utvecklade sin läkarpraktik i en riktning som ingen före honom hade vågat pröva eller ens visste något om? Var det en plan som gjordes "i en högre sfär" och som bara kunde förmedlas med hjälp av en ängel? Och varför hade ängeln valt honom och inte någon annan som redan höll på att utbilda sig till läkare eller som redan var etablerad läkare?

Min man och jag deltog i alla aktiviteter på Dr. Tommys spa, som på den tiden kallades "andningsklinik", och även om vi inte hade åkt dit på grund av vår hälsa, märkte vi en otrolig förbättring i vårt välbefinnande. Ett av Dr. Tommys typiska hälsoråd var: Stå med armarna utsträckta i olika positioner och gör dina andningsövningar under några minuter, det ger samma effekt som att lyfta vikter.

När vi lämnade kliniken efter tre veckor, hade vi en känsla av att vi tränat fysiskt många timmar dagligen, men så var naturligtvis inte fallet. Vi var övertygade om att hela hälsoanläggningen och dess hälsometoder hade grundats med Himlens välsignelser, och vi förstod också att vi hade hittat ett nytt sätt att hålla oss friska och må bra — med dagliga andningsövningar! Så lätta och billiga att utföra.

Fantastiskt hur allt detta hade börjat på grund av en bagar-
lärling som valde att lyssna på ett budskap förmedlat av en ängel
mitt i skogen.

Jag tror att det vi kallar änglar kan visa sig i många former
och skepnader, inte alltid förklarliga med jordisk logik eller att de
liknar de änglabilder som vi ser i målningar. Ibland tror jag att de
kan se ut som någon av oss och även tala som vi gör.
Ett annat möte under mina år i Tyskland förvånade både min
man Hans-Wilhelm och mig. Vem var främlingen som oväntat
besökte oss i vårt hus i Schwarzwald en snöig vintereftermiddag?
Var kom han ifrån och hur kunde han finna oss?
Mötte vi en ängel? Vi undrade eftersom vi aldrig såg honom
komma och det fanns inga fotspår i snön efter att han lämnat oss.

Jag hade blivit påkörd av en bil på gatan utanför ett hotell i
Schweiz där vi bott ett par dagar, och fått en nackskada som inte
bara orsakade allvarliga och anstötliga spasmer i hela ansiktet
och förvred min mun, utan också gav mig huvudvärk och gjorde
det svårt för mig att tala. På grund av de vanprydande spasmerna
i mitt ansikte, var jag rädd och mycket generad inför att möta
andra människor. Jag visste att jag inte var någon vacker syn och
var naturligtvis mycket olycklig inför mitt framtida öde.
Läkarna kände inte till något botemedel. Jag fick höra att
mitt tillstånd orsakades av nervskador i nacken och att de kunde
försvinna med tiden, men återigen, kanske inte. Ledsen valde jag

att stanna hemma för det mesta, och hoppades och väntade på ett mirakel. Och det skedde verkligen.

En dag knackade det på ytterdörren. Min man öppnade och blev litet förvånad, när en man som han aldrig sett förut frågade efter mig. Förbryllad bjöd han in främlingen, en äldre man som såg vänlig ut med vitt hår, och vi satte oss alla i vardagsrummet. Besökaren ville inte ta av sig rocken. Enligt hans ord hade han bara kommit för att leverera en present till mig. Och medan han talade tog han upp en liten glasflaska med kristallklar vätska ur en ficka.

"Det här är ett recept som jag har fått av Gud. Allting i vätskan kommer från naturen och är absolut rent", sa han allvarligt. "Häll vätskan över huvudet och nacken varje dag, och när innehållet är slut kommer du att må bra igen!"

Vi hade vid den tidpunkten försökt allt vi kände till för att återställa min goda hälsa, men ingenting hade varit till någon nytta. Vi hade inte mycket hopp om att det här skulle hjälpa heller, men naturligtvis var vi tacksamma och såg fram emot att ta vara på tillfället.

Främlingen ville inte ha några pengar och svarade inte på våra frågor om hur han visste att jag behövde ett mirakel för att bli frisk. Och hur visste han var han skulle hitta mig? Det var inte många som kände till min fysiska situation. Jag ville inte att någon av våra vänner skulle se mig i mitt tillstånd, och hade alltid hittat på olika ursäkter när någon ville att vi skulle träffas.

Vi följde främlingen till dörren fyllda av tacksamhet och goda känslor. Så snart vi stängt dörren bakom honom gick jag till fönstret för att vinka adjö. Främlingen fanns inte någonstans. Vi skyndade tillbaka till dörren för att ta reda på vad som hade hänt. Det syntes inte ett spår av honom och det fanns inga fotspår i snön. Den vänlige hjälparen hade försvunnit in i tomma intet. Vi hällde oljan över mitt huvud och nacke i gryningen varje morgon, och följde de instruktioner som vi fått av främlingen. Sju dagar senare var innehållet i flaskan slut och jag var helt läkt, på alla sätt — exakt som främlingen hade utlovat. För oss var det ett verkligt mirakel. Vi var övertygade om att mannen som besökte vårt hus bara kunde ha varit en ängel, ange- lägen om att hjälpa. Det fanns ingen annan förklaring. Absolut ingen.

Flera år senare hade jag ännu en gång ett möte med någon, som jag tror var en ängel. Jag bodde då i Amerika och var gift med Jack (återigen, inte hans riktiga namn). Min man var en amerikansk affärsman och vi levde ett soligt liv i södra Florida. Ett liv fyllt av skratt och många sociala evenemang — tyvärr överskuggat av materialism, konkurrens och många maktspel, vilket var en del av spelet i dessa kretsar. Men det som var viktigt i mitt liv just då var att jag nyligen hade fött barn. Jag hade blivit mor.

Jag hade önskat och längtat så länge och jag upplevde nu att min lycka var fullständig.

Allt hade gått så snabbt de senaste åren. Hans-Wilhelm hade dött i en bilolycka och jag hade lämnat Tyskland och alla mina minnen för att börja ett nytt liv i USA. Jag var omgift och hade anammat en helt ny livsstil. Att slutligen föda det barn som jag alltid velat ha, var den största bedriften hittills i mitt liv.

Naturligtvis var jag lycklig och tacksam över mitt barn, men snart drabbades jag av spädbarnsdepression. Jag brukade vara och är fortfarande en lycklig och glad person, alltid redo för skratt och samtal, men så var det inte den här tiden. Jag var alltid nedslagen och det kändes som om jag bara ville gråta hela dagarna.

Tyvärr verkade ingen i min omgivning förstå varför jag var så nere, antagligen för att jag tidigare varit så full av glädje att ingen ville ta mig på allvar när jag var tyngd av gråt och vemod. Jag gick igenom stunder då jag bara ville ta mitt barn och springa iväg från huset och min trygghet. Men å andra sidan var jag inte säker på vad jag sprang ifrån, eftersom jag i stort sett var nöjd och tyckte om mitt liv, och dessutom, om jag skulle springa iväg, vad skulle bli slutstationen på min flykt?

Min man var upptagen av sin verksamhet hela dagarna och var ofta tvungen att möta affärskontakter tidigt på kvällarna på sin klubb. Han var knappt medveten om mina känslor. Vi bodde vanligtvis i Florida men tillbringade den här tiden mest i vårt hem i Baltimore, Maryland. Jag kände mig ganska isolerad i denna så konventionella och borgliga affärsstad, så långt borta från änglar, Anden och den värld som brukade vara min.

∽

En dag hade jag varit i centrala Baltimore och shoppat och var på väg hem. Jag körde nu på en av huvudgatorna som gick norrut mot vår förort, och kände mig nöjd med min dag. Den lilla utflykten hade gjort mig gott.

Jag hade haft barnvakt under dagen och hade njutit av min lediga dag och av att vara omgiven av främlingar och stadens brus. Jag var bekant med området och hade kört på just den här gatan otaliga gånger förut. Plötsligt i den långsamma trafiken upptäckte jag en stor, röd skylt som hängde utanför en byggnad på vänster sida av gatan. På skylten fanns en bild av en stor handflata — den vanliga symbolen för en klärvoajant person. Det var något med skylten som attraherade mig. Jag fick genast en stark känsla att jag måste träffa en synsk person, så jag kunde få veta mer om min närmaste framtid. Lyckligtvis hittade jag genast en tom parkeringsplats framför de stora trappstegen som ledde upp till porten, också den skarpt röd.

Det fanns en liten skylt med texten "Stig på" på porten, så jag öppnade den och gick igenom den ena mörka hallen efter den andra, var och en skild från den andra med draperier av färgglada glaskulor. Det slog mig att det var mycket ovanligt med den sortens draperier på en plats som Baltimore, men fortsatte tills jag nådde ett tomt mörkmålat rum med en stol i mitten. Efter att jag suttit ner och i den fasta tron att endast Det Goda väntade på mig på denna underliga plats, blev jag glad över att äntligen få se en kvinna i odefinierbar ålder och svårbedömd härkomst komma in i rummet. När jag tänker tillbaka på det ögonblicket, kom hon aldrig från någonstans, utan plötsligt stod hon framför mig. Hon log mot mig och undrade hur hon kunde hjälpa mig.

"Jag är trött på mitt liv", hörde jag mig själv säga. "Jag borde vara glad. Jag fick det friska barn som jag alltid velat ha, jag har en omtänksam make, vackert hem, och allt jag önskar ..." utbrast jag. "Men någonting saknas. Jag är fortfarande inte lycklig."

Det kändes bra att vara tillsammans med någon, särskilt en främling, som tog sig tid att lyssna på mig.

Kvinnan såg på mig och log igen.

"Allting kommer att bli bra", svarade hon och log. "Du förstår inte", fortsatte jag. "Jag mår inte bra. Jag tror inte att jag kan fortsätta att leva på det här sättet. Jag behöver goda råd hur jag kan bli lycklig igen. Det måste finnas något vi kan göra för att förbättra mitt liv."

Kvinnan (jag vet fortfarande inte vad jag ska kalla henne) såg på mig, fortfarande med samma leende på läpparna.

"Oroa dig inte, allt kommer att bli bra." Hon fortsatte att le och sa inget mer. Jag var orolig för att hon inte ens lyssnade på mig. "Allting är bra i ditt liv, oroa dig inte längre", fortsatte hon. "Sluta oroa dig, allting är i sin ordning", upprepade hon. Hon fortsatte att säga samma ord om och om igen. Konstigt, hennes närvaro och ord gjorde att jag kände mig både lugn och nöjd, bättre för varje gång, som hon talade om för mig att "allting skulle bli bra", Jag gick igenom känslor som om hon omfamnade mig med Ljus. Känslor som gjorde att jag kände mig längre, rakare och med mer självförtroende.

Efter en stund var det dags att lämna henne och åka tillbaka hem. Jag vet inte hur lång tid som hade förflutit medan hon ännu en gång upprepade samma ord — "allting kommer att bli bra i ditt liv."

"Vad är jag skyldig dig?" frågade jag slutligen medan jag förberedde mig på att ge mig av.

"Åh, ingenting", sa hon och log igen.

Jag hade velat veta om min framtid. Hon hade svarat: "Allting kommer att bli bra!"

Vare sig jag trodde på det eller inte, så var detta det svar som det var meningen att jag skulle komma ihåg. Kanske ett svar som detta är det enda rätta svaret för alla — i alla tider av nöd. Eftersom "allting kommer att bli bra" kanske är allt vi behöver veta om vår framtid ...för den blir vad vi gör den till i vår tro.

När jag kom hem litet senare var min man redan hemma. Han hade beslutat att lämna sitt kontor tidigt och hade förberett en överraskningsmiddag för oss. Jag blev förvånad. Det här var utöver det vanliga för honom.

"Jag har tänkt efter och tycker att vi ska resa tillbaka till Florida och bo där på heltid igen. Du har alltid känt dig så glad över att bo där, flyg dit och leta efter ett nytt hus för oss. Låt oss börja på nytt...", fastslog han. "Ring upp flygbolaget, du kan resa så fort som du har packat och är klar att resa."

Och under dagarna som kom var allt i sin ordning. Jag var glad och mådde alldeles utmärkt. Ja, alla var lyckliga och glada. Precis som kvinnan hade berättat att det skulle bli.

Vem var kvinnan? Säkert inte en vanlig klärvoajant. Märkligt nog hade hennes få ord påverkat mig så mycket att jag rekommenderade henne till en av mina kvinnliga vänner. Jag påstod att den främmande kvinnan var en extraordinär psykisk begåvning med magiska krafter och att det skulle göra min vän gott att träffa henne. Hon fick adressen, husnumret och beskrivningen av huset.

Min väninna berättade senare hur hon körde fram och tillbaka på den gata som jag hade nämnt för henne. Men hon hittade aldrig huset och husnumret existerade inte. Hon försökte på granngatorna men fann inget sådant hus eller gatunummer. Jag blev förvånad över att hon inte kunde hitta huset, eftersom det hade varit så lätt att se det bland alla andra hus.

Dagen därpå bestämde jag mig för att köra samma gata igen, fast besluten att hitta det rätta numret åt min vän. Jag var bekant med gatan, men det var även hon, så jag var smått förbryllad att hon inte hade hittat huset. Gatan var en välkänd genomfartsled i Baltimore. Jag körde upp — och nerför gatan flera gånger, bara för att finna att gatunumret inte existerade, inte heller huset. Där fanns inte ett spår av huset med den röda skylten och dörren.

Hur kan ett helt hus försvinna?

Jag körde igenom hela området och letade efter huset med yttertrappan och den stora röda dörren, men det fanns ingenstans. Det existerade helt enkelt inte. Jag förstod inte. Jag hade ju varit där, träffat kvinnan, hört hennes ord, och på något sätt visste jag att hon hade åstadkommit en avgörande förändring i mitt liv.

Hade jag kört in i en annan dimension där någon väntade på mig bara för att ge hjälp och stöd?

Var allt detta förutbestämt?

Det som hade hänt var helt verkligt — huset, trappan, dörren, kvinnan, även de roliga draperierna med rader av glaskulor. Jag kommer fortfarande ihåg korridoren och det tomma rummet med stolen och hur kvinnan med den bleka hudfärgen plötsligt hade dykt upp framför mig. Det var en realitet — men var existerade den verkligheten? Var hon kanske en ängel?

Jag undrar fortfarande vid skrivandet av dessa rader.

Änglar har kommit att bli en del av min verklighet under hela mitt liv och jag är inte generad att nämna det för andra, när jag känner att tidpunkten är den rätta.

Om du vill att änglar ska besöka dig eller hålla dig sällskap behöver du bara bjuda dem att stiga in och vara med dig. De hör dig. De kommer att vara där. Änglar är ständigt en del av ditt liv, i mycket högre grad än du kanske tror. Att komma i kontakt med din ängel eller dina änglar är en ensak mellan dig och änglarna. Det finns ingen anledning att fråga andra hur man får kontakt, om det överhuvudtaget är möjligt att konsultera en "änglaexpert." Att möta en ängel är en mycket personlig erfarenhet. Allt som krävs är din egen sanna och innerliga önskan för att göra det möjligt. Med ett öppet sinne kan vi höra änglar, även se dem, och de kan besvara våra behov och önskemål. Med ett slutet sinne har vi blockerat ingången för dem och vi kan varken höra eller se dem. Tyvärr är det ett val som vi har gjort.

Vi glömmer ofta att vi inte alltid behöver få ett godkännande från andra, när vi önskar göra konstruktiva förändringar i våra liv eller vill utforska nya möjligheter eller en ny verklighet. Var och en av oss har förmågan att göra det på sitt sätt. Varenda person är fullt kapabel att avgöra vilka önskemål och önskningar som ska bo i det egna hjärtat, vilka resor som ska göras eller vilka ämnen som ska studeras. Ingen annan bör göra dina val åt dig.

Allteftersom åren gått har jag funnit att livet är en resa där ödet vill att vi ska lära oss av våra erfarenheter om och om igen — tills vi äntligen förstår. Varje ny erfarenhet får oss att känna oss en aning rikare. De verkliga rikedomarna i vårt liv är ett resultat av vad vi gjort med våra liv. Inte bara de världsliga ägodelar som vi har samlat åt oss själva, eller att vi oförtjänt tar åt oss äran för det som andra gjort för oss.

Som jag senare upptäckte är "Att ha kunskap" och "Att leva kunskap" två helt olika ting. Att veta något, att ha kunskap är värdefullt, men att ha kunskap utan att leva din kunskap är fortfarande att vara utan kunskap. Jag träffar ständigt människor som försöker lära andra hur man ska leva ett liv med god hälsa, välstånd och lycka, som rekommenderar alla möjliga knep och principer hur man blir framgångsrik. Men själva är de sjuka, fattiga och olyckliga, och långt ifrån lever just det som de säger att de vet så mycket om.

Poängen är: Om du inte praktiserar i verkliga livet det du redan vet i teorin, visar det bara att du fortfarande inte har kunskapen. "Man måste leva som man lär." Det kan ta lång tid att finna sann kunskap. Ingen kunskap är kunskap, innan man har insett och bearbetat sina egna misstag. Det tar tid att förstå prövningar och felsteg, innan vi kan finna visdom. Det räcker inte alltid att läsa alla passande böcker och att känna till alla de rätta orden, som du lärt av andra. Belöningen blir så mycket större när du får *leva* din kunskap. Vi behöver ibland verkliga erfarenheter för att lära oss att bemästra vårt liv och nå verklig kunskap.

När jag träffade änglarna första gången i den dröm som jag berättade om i början av den här boken kan det ha varit det enda sättet som änglarna kände att de kunde kommunicera med mig vid den tidpunkten i mitt liv. Jag befann mig bara i början av mitt andliga uppvaknande, och var fortfarande mycket påverkad av logik och min sociala omgivning. Och ännu mer av min västerländska kultur och tänkesätt.

Som så många av oss hade jag på förhand bestämt mig för vad som var möjligt och vad som inte var möjligt i livet. Jag tror nu att om man en gång har öppnat upp sitt medvetande för en ängel, har man redan öppnat dörren för ytterligare änglamöten. Och fler änglamöten kom i min väg allteftersom jag vandrade vidare på mitt livs väg — och änglarna gav mig alltid en hjälpande hand när jag behövde stöd som mest.

Och detsamma gäller dig. Änglarna finns där för dig — när och om du vill ta emot dem...

Jag tror också att jag har träffat många fler änglar på min väg än jag har vetat om, och vågar så här i efterskott tryggt säga: jag är säker på det.

Och jag tror också att många av er som läser dessa rader på samma sätt har träffat änglar någon gång i ert liv. Ja, jag är säker på det.

Detta är vad livet handlar om: att utveckla sig vidare, öppna vår förståelse och villkorslöshet och mest av allt — öka vår medvetenhet om Det Som Är.

Och Det Som Är, är helt utan gränser. Allt som krävs är återigen — ett öppet sinne.

Och en god känsla i ditt hjärta.

Med Tacksamhet

Först skulle jag vilja tacka Anden för att jag fått möjlighet att skriva den här boken. Utan Anden i mitt liv skulle jag inte ha fått de upplevelser som jag nu gläds åt och jag skulle aldrig ha kunnat skriva en bok med ett innehåll som i *Det Vita Ljuset — En obegränsad potential.*

Min djupa tacksamhet går till mina föräldrar för att de alltid uppmuntrat mig att utveckla mina egna tankar och åsikter redan som ung — så värdefullt för min fortsatta utveckling genom livet. Jag är oändligt tacksam för min dotter och mina tre underbara barnbarn som konstant håller mig medveten om dagens realiteter och allt nytt som ständigt dyker upp i vår framåtskridande värld. Lärdom tar aldrig slut.

Min redaktör i Sarasota, Susan Hicks, Tuula-Riitta Leikkola, min förmedlare i Finland, Annika Pfilzer för all hjälp i Österrike och Tyskland, Rigmor och Ola Bruseth i Norge. Christine DeLorey för dina goda råd, Margaret Copeland, för din artistiska talang och tålamod med mig. Arianna Romano, du är en fantastisk medhjälpare, och naturligtvis, Tamas Burger i Palm Beach, min outtröttlige arrangör.

För denna svenska version är jag så gränslöst tacksam, främst vill jag tacka Inga och Karl Gustaf (Cagga) Levander för att de så osjälviskt kastat sig in i ett så omfattande material. Utan deras översättning skulle det aldrig ha blivit en svensk version. Tack David Levander för din genomgång. Stort tack till Håkan Risberg, för din förmedling. För hjälp under mina besök i Stockholm tackar jag Kerstin Lenné och Hagar Söderlund. Wildfrid de Flon, du har bidragit med så mycket hjälp genom åren. Stefan Degerlund, du var den första som läste boken. Anita Willner, Ulla Grynberger, mer hjälpsamma än ni anat. Britta Bergstedt, Ingalill Wener, Sirkku Björklund, tack för förmedlingar till nya kontakter, Titti Grönblom, din otroliga talang som arrangör. Sigun Waerland, Agneta Palmqvist, Ann Wängsjö, Gitte Östling, Maria Vallin, Lorie Vifot, stora famnen av tack. Nei Jing Akademin i Enköping, Karin Idar, i tacksamhet för värdefull medverkan. Varmt tack Kristiina Nattstjärna för din hjälp. Och slutligen, tack Anna Bornstein för att så generöst bidragit med råd, insikter och ytterst värdefull hjälp.

Om Författaren

Helena Steiner-Hornsteyn, även känd som Helena Margareta, är föredragshållare, andlig healer och intuitiv healing coach. Hon är ursprungligen svensk, bosatt i USA sedan sjuttiotalet och född med gåvan att intuitivt kunna se energifält inom och runt omkring en fysisk kropp. Med tiden upptäckte hon att vi inom oss har speciella minnesceller som kan rymma den verkliga orsaken till fysiska och även mentala obalanser och att den informationen kan ändras — intuitivt — så att en individ kan må bättre igen. Hon har rankats som en av världens mest framstående inom intuitiv healing och personlig utveckling och arbetar med principen att vi är energi och att energi aldrig dör. Hon är prästvigd, har doktorerat inom ämnet Divinity (USA) och arbetar dagligen med individer över hela världen per telefon och Skype. Hon upprätthåller praktik i både USA och Europa.

Innan hon fick sin andliga kallelse var Helena aktiv inom den internationella affärsvärlden, och ägnade sig därefter åt välgörenhetsarbete för att hjälpa de mindre lyckligt lottade i samhället. Men extraordinära andliga upplevelser kom att förändra hennes framtid fullständigt. Det var aldrig hennes avsikt att komma in på healingbanan, men något "större och mäktigare" drog henne oväntat in på den vägen.

Hon grundade Das Institut fur Positive Lebengestaltung i Berlin och Baden-Baden. Senare etablerade hon The Symphony Guild of South Florida, som årligen delade ut studiestipendier för lovande ungdomar inom kulturlivet samt hade som uppgift att stödja internationella kulturella ungdomsprogram. Hon grundade två betydande Symfoni Orkestrar och var länge en viktig drivkraft inom välgörenhetsvärlden där hon hjälpte många att få ett bättre liv.

Helena är bosatt i Florida, USA och arbetar internationellt.

**Energyworks International, Inc &
ACTIVALE Institute and Books**

A Global Enterprise for Human Development and World Peace
Founded in 1987 under the laws of Florida/ USA

8466 Lockwood Ridge Road, Suite 203
Sarasota, FL 34243 / USA
activale@gmail.com
drHelenainfo@yahoo.com

For more books written by Rev. Dr. Helena Steiner-Hornsteyn
and for digital downloads of her Channeled Power Meditations,
go to **Amazon.com**

Enjoy her channeled meditations to make you feel better
about you and your life.

For more information, go to **www.FindingYourInnerLight.com**

www.ingramcontent.com/pod-product-compliance
Lightning Source LLC
Chambersburg PA
CBHW032035080426
42733CB00006B/90